我
思
COGITO

CONTENTS

目 录

译　序

王立业

　　鲍里斯·康斯坦丁诺维奇·扎伊采夫（1881—1972）是才华横溢的俄罗斯散文大师，富有印象主义特征的小说家，俄罗斯白银时代文学的杰出代表，同时也是俄罗斯第一次侨民文学浪潮中最重要的作家之一。他虽没有像梅列日科夫斯基、布宁或列米佐夫，以自己的创作开辟一条新的路径，也没有像勃洛克、别雷或维亚·伊万诺夫那样发现新的世界，却比上述任何一位文学家都倾尽心力去展现20世纪俄罗斯文学对传统文学的继承。五十年（1922—1972）的侨民生涯中，俄罗斯传统文学成为他侨居创作最重要的书写对象之一，一生写下五十多篇专论，涉及19世纪作家的文章和他们写给同时代人的大量相关书信与回忆。其中最集中体现扎伊采夫文学观念和对经典作家独特见解的是三本文学传记，即《屠格涅夫传》（1932）、《茹科夫斯基传》（1951）、《契诃夫传》（1954）。此乃侨民作家扎伊采夫对19世纪俄罗斯经典文学的深情回望，因其思想主题的一致、艺术手法的统一，被俄罗斯学界称为扎伊采夫精心绘制的俄罗斯经典作家三联画。在这一传记系列中，作者立足于史实与丰富的传记材料，按照生平事件发生顺序去完成对传主内心世界的揭示和个性刻画，寄托了作者本人对三位与其"精神亲近"的经典作家的深厚感情。

扎伊采夫认为，茹科夫斯基是一位艺术价值未被充分认识，成就亦被后世诗人遮盖的作家，他作为普希金老师的地位不可动摇，是19世纪俄罗斯文学腾飞的坚实起点。此外，扎伊采夫在他的论文《屠格涅夫与〈父与子〉》中指出，俄罗斯文学中存在两种对立，即普希金（日神，光明之神）和果戈理（酒神，黑暗之神）。扎伊采夫把屠格涅夫和契诃夫归为第一类，并将二位视为自己的老师，而把陀思妥耶夫斯基和一定程度上的托尔斯泰列为第二类。扎伊采夫自认为接近普希金一脉，其"展示清晰可见的东西……什么也不证明，什么也不教化"的阿波罗精神，是扎伊采夫眼中的"纯粹的艺术"，并为他所偏爱。而果戈理一脉则与宗教和道德世界有着深刻的联系，与他的旨趣相去甚远。扎伊采夫自认为是一位印象主义者，加上他本人的抒情气质，因此他在这一派作家，尤其是屠格涅夫洋溢着浪漫主义气息的现实主义作品中找到了自己的钟情之处。扎伊采夫的文学传记作品中始终充盈着色彩描绘与抒情调子，以此搭建传主活动的时空，从而构成他经典人物文学传记的最鲜明特色。同时，作者着力于对三位作家精神世界的本真描述，不一味为传主唱赞歌，而是客观写出三位作家的性格弱点，以及由此而来的情感人生的坎坷与传奇。

一份独特的屠格涅夫情感存档

扎伊采夫对屠格涅夫的兴趣由来已久，1918 至 1969 年间扎伊采夫写下 18 篇随笔专论屠格涅夫的创作，其中也包括一些文学传记性文章，《屠格涅夫传》一定程度上可以说是扎伊采夫的屠格涅夫生平研究汇集。它以材料的准确性、真实性，思想认知的政论性，写作手法的文学性，颠覆了当时国内外传记写作模式，被认为"从实质上更新了这种体裁"（普罗库波夫语），是区别于欧洲当时流行的"小说化传记"的一部文学传记。传记作家扎伊采夫对屠格涅夫的情有独钟应该归结为其与屠格涅夫内心世界的接近和艺术观念的投缘，传记写出了他对自幼热爱的屠格涅夫的真情实感，同时也颠覆了此前大众对屠格涅夫的传统认知。该书写成于 1931 年，1932 年在巴黎出版，扎伊采夫认为此书是纪念屠格涅夫逝世五十周年（1933）的心血奉献。

《屠格涅夫传》首先是一部情感传记，"对历史事件、社会背景的描写退居次要位置"[1]，写出了屠格涅夫一生中的男女爱情、母子亲情、朋友情及爱国情。

正如扎伊采夫所写："爱情与对女人的崇拜充盈了屠格涅夫的整个人生，陪伴着他走向坟墓。"对此，屠格涅夫自己也给出了理由："只有爱情才能赋予自然界万事万

1　张玉伟：《评扎伊采夫的文艺传记〈屠格涅夫的一生〉》，《俄罗斯文艺》，2018 年第 2 期，第 66 页。

物以生机……"[1] 还说，"只有爱着，我才能够写作"。诚然，如同普希金，"一生无数次的情感体验使得他的爱情诗创作激情源源不断"[2]，只因为有爱，才有了屠格涅夫传世百年、蜚声世界文坛的文学创作。

传记从屠格涅夫的外貌写起。扎伊采夫笔下的屠格涅夫是美的传奇，美的化身，美的经典，乃至美的不朽，这既体现了扎伊采夫对屠格涅夫的膜拜与爱戴，也为这部传记对这位经典作家的情感世界的展示拉开了帷幕。屠格涅夫家族有强大的美的基因，先祖阿列克塞·屠格涅夫就因为相貌俊美而当上女皇的侍从，也因为英俊才得到苏丹王后的救助，得以逃离苏丹皇宫。父亲"谢尔盖·屠格涅夫融合了祖先的不同品质：直率大胆，非常英俊，贪恋女色"。他的俊美令女庄园主瓦尔瓦拉看了一眼就心旌摇荡，难以自持，费尽一切心计要嫁给他；他的俊美跨越了国界，竟让一位德国皇亲国戚艳羡不已，惊叹他是"亚历山大一世以来最美的男子"。作家屠格涅夫的俊美在扎伊采夫的笔下更是举世无双，他不吝惜光彩辞藻，不厌其烦且绘影绘声地描写屠格涅夫的容貌，用世界文学中众多经典形象来类比，认为他各个年龄段都有各不相同的高贵儒雅之美，及至死时反而显现出了超乎一生的美："有一张他在棺材里的照片：真的很英俊，也许他从来没这么英俊过。"

如果说屠格涅夫的文学才华来自母亲，那么他的容貌，他吸引女性的魅力，他"挥霍不尽的情欲储量"，则来自

1　Цит. из кн.: В.Боровицкая. Эпилог. М.,1992. С.12.
2　王立业：《生命与爱情的激情交汇》，《俄罗斯文学名著赏析（诗歌·戏剧篇）》，外语教学与研究出版社，2015年，第18页。

他的父亲，所以说他荟萃了父母最优秀的基因，成了俄罗斯文学中才情双绝的艺术家。有别于其父，他能把自己的私情事件融进文学创作，变成流传百世的爱情故事和文学杰作。在情场上赢得女子芳心的与其说是他的仪表，不如说是他的非凡才华和勾人魂魄的情语表达，他具备深谙女性心灵的卓越天赋，而远不像父亲只是"一位身着白色卫兵制服的交际花"[1]。用扎伊采夫的话说，屠格涅夫乃"女人的心灵，男人的肉身"，他有着其父亲无法比拟的品位，可以说什么样的女子只要被他看上，他都能迅疾揣摩出女人的欲求，投其所好，稳妥而自如地将其俘获，尽享爱欲的甘甜；而一到触动爱情本真尤其是决定爱情最终走向时，他就陷入哈姆雷特式的优柔寡断、患得患失，甚或望风而逃。

《屠格涅夫传》围绕美男子屠格涅夫，衍生出一众女性群像，扎伊采夫将屠格涅夫心悦的女性分为两类，一是"阿芙洛狄忒-乌拉尼亚"型，二是"阿芙洛狄忒-潘得摩斯"型。前者为天上的爱神阿芙洛狄忒，后者为地上的，也就是俗世的阿芙洛狄忒。前者代表灵魂，后者代表肉体。应该说，"乌拉尼亚"型是屠格涅夫所神往的，可与其精神世界在一定程度上达到共振。比方说巴枯宁娜，屠格涅夫钟情于她精神的高贵、灵魂的有趣，对她作出"我从未爱过一个女人胜过爱您"的表白。我们相信屠格涅夫的表白在当时当地确是出于真情，因为此前他在斯帕斯科耶交往的女性，不管是"乌拉尼亚"型的齐娜伊达，还是"潘得摩斯"型的裁缝女奴杜涅奇卡（前者只是一种恋母情结，

1　（法）莫洛亚著，谭立德、郑其行译：《屠格涅夫传》，山西人民出版社，1983年，第10页。

后者只是给了少不更事的他以爱欲体验），都不能和巴枯宁娜相提并论，唯有在巴枯宁娜这里他至少是找到了对等的情感倾诉对象，找到了一片令他备感新奇的精神世界，同时塔吉娅娜[1]爱他也爱得神魂颠倒。可当她明白表示要跟他走到一起时，屠格涅夫却避之唯恐不及，完全置巴枯宁娜于痛苦中而不顾，一走了之。除了塔吉娅娜，据说列夫·托尔斯泰的大妹妹玛利亚，因为屠格涅夫的亲近而果断与丈夫离婚，表示想要嫁给他，屠格涅夫听说了此事非但没有感动，反而随即逃之夭夭。可以说，无论是这两类女性中的哪一类，只要出现在屠格涅夫生活中，都是以悲剧为结局。

我国学者孙乃修对屠格涅夫生活中的两类女性作出了形象的概括，与扎伊采夫界定的类型不谋而合：出现在屠格涅夫现实生活中乃至作品中的爱情对象，要么是"无花果"，要么是"无果花"。依笔者之见，"无果花"型在屠格涅夫的人生中可对应为巴枯宁娜、伯爵小姐拉姆拜尔特、男爵小姐弗列夫斯卡娅、奥尔加·屠格涅娃，甚至是沙霍夫斯卡娅等"乌拉尼亚"型，这些精神之爱纵然热烈奔放，也都化成一次次无果之爱情。被扎伊采夫直接划归为潘得摩斯型的屠格涅夫堂姐家的女奴菲奥克吉斯塔，还有他妈妈身边的裁缝女奴阿芙多吉娅等，也就是屠格涅夫情感生活中的"无花果"型，即以肉欲为旨归的所谓爱情。不管面对哪一种女人，屠格涅夫的"爱情"表白自一开始就没有将爱情进行到底的打算和勇气，而且一旦真正临到跟前，便陷入迷糊，患得患失，拿不出决断。面对"乌拉

---

[1] 俄罗斯人名分三个部分，即名、父称、姓，这里的塔吉娅娜是巴枯宁娜（姓）的名字。

尼亚"型的巴枯宁娜,他一边表白着从未有过的爱,同一句话的另一半却又是"但是我也不能对您葆有永恒和全副身心的爱";对"潘得摩斯"型的阿芙多吉娅,他也只是赋以这样的诗:"你的大眼睛泪光婆娑/一弯寒月/凄冷地亲吻你的头。"对伯爵小姐拉姆拜尔特示爱只是因为回到斯帕斯科耶以后他和维亚尔多感情降温,需要寻求安慰,同时后者能帮助他成功出国。后因与维亚尔多关系不明朗仍不断向拉姆拜尔特寻求安慰,直到维亚尔多真正接受了他的亲近,这种安慰再不为他所需要,他便彻底无声。

可悲的是,他这种毛病在"阿芙洛狄忒-乌拉尼亚"型痴情女子眼里却变成了一种特殊的"温柔、多情"的迷人之处,害得塔吉娅娜为他欲死不能,拉姆拜尔特因他郁郁而终,似乎只有冷静精明的波琳娜·维亚尔多把屠格涅夫的这种弱点看得一清二楚:"她在和屠格涅夫的爱情游戏中凭着强势而固执的女人口味来感受他,觉得在她的全部爱情里屠格涅夫不是丈夫,不是为她遮风挡雨的一堵石墙,不是她人生的靠山。他——有着诗人的模糊不清,长吁短叹,慵倦无力,彼特拉克气质……"

波琳娜·维亚尔多在屠格涅夫的情感人生中占据了大半光阴。这是位被普遍认为集"乌拉尼亚"和"潘得摩斯"于一身的特殊女性,屠格涅夫对她有着精神与肉体的双重依恋。这位女性自在屠格涅夫生活中出现就备受争议。长期以来,人们对屠格涅夫的情感悲剧有足够的想象与描述,总觉得屠格涅夫一生未娶,始终执着爱恋着这位西班牙血统的法国女歌唱家,同时盛赞维亚尔多对屠格涅夫的全身心相爱,至死不离不弃。鲍戈斯洛夫斯基的《屠格涅夫传》

在我国流传甚广，其中把维亚尔多写成屠格涅夫终生爱恋的美女，是忠实于屠格涅夫感情的天才艺术家。

其实，屠格涅夫与维亚尔多的情感悲剧早在扎伊采夫的这本《屠格涅夫传》中就得到了真实展示。可能为了保全苏联文学界所需要的屠格涅夫形象，扎伊采夫的屠格涅夫传记长期不能在苏联国内面世，直至20世纪80年代随着回归文学的兴起才于苏联国内出版，紧接着就有一批披露屠格涅夫真实情感世界的传记作品相继问世。1991年出版的波罗维茨卡娅的屠格涅夫传记《人尽曲终》，与扎伊采夫的这本传记达到了高度一致，均依据大量生平事实写出了作家与女演员的爱情悲剧。

维亚尔多无论是对婚姻还是对爱情都有自己的精明算计，每每在屠格涅夫最需要的关键时刻将其撇下，保全自身。其实就连维亚尔多的大名也是凭借屠格涅夫流传至今的，第二次赴彼得堡演出时她便已经倒嗓了。在感情上，她既不忠实于与路易·维亚尔多的婚姻，也谈不上珍惜屠格涅夫的爱情，一生情人不断，致使她的家庭成了个血缘混杂的组合。扎伊采夫的传记中写出屠格涅夫与维亚尔多的关系自一开始就呈不对等态势："他爱恋上她了，而她则'允许他爱她'。"善良谦卑的屠格涅夫明明自己就是一颗巨星，却在维亚尔多那里甘愿做痴情的追星一族，一生仰视，终生期待着维亚尔多的垂爱；再加上他在情感上的迷糊、软弱，甚至慵懒，甘愿把情感寄托在这位已婚女人身上，从而使他在别人的巢边做了一辈子"无望的守望"。据波罗维茨卡娅书中所写，屠格涅夫晚年时维亚尔多对他已经非常苛刻，连用她几张稿纸都格外计较，之所以还能容忍屠格涅夫，只是冲着屠格涅夫在法国的文学声誉与日俱增，只是因为屠格涅夫出版小说《父与子》得了六百卢布的稿酬。依扎伊采夫之见，则是因为屠格涅夫在巴登的维亚尔多一家附近盖起了一座豪华别墅，她可以用来办班授课，举办各种文艺沙龙与演出，一方面重拾或扩大她中断了的艺术声誉，一方面向来自欧洲各地的学员收高价学费。同时，声震欧洲的屠格涅夫心甘情愿为她的作品跑龙套，甚至常常为她编脚本，极大满足了她的虚荣心。

在爱情表现上，屠格涅夫是一位十分感性而又主观的男人，这无疑决定了他的悲剧人生。就他对波琳娜·维亚尔多的执着而言，扎伊采夫断定他是一生只爱一个的男人，这位研究家给出的理由是，尽管在与维亚尔多分别的六年间他身边没有缺过女人，但他的一生真正发自心底依恋的仍然是维亚尔多，"维亚尔多走过了他的整个人生，但生命本身却不是一条直线"。那是对维亚尔多与自己的精神和鸣和艺术天才的心底认定，其间不乏肉体上的迷恋。就其长相，乔治·桑、帕纳耶娃等直言，维亚尔多长得很难看；究其人品，赫尔岑、安年科夫也都对她颇有微词；但在屠格涅夫眼里她却是美貌无比的女人，直言看上的就是她充满异国情调的美。就像当年母亲身边的女仆的"木讷"却被他看成"庄重"，与她贪享了人生第一次肉体之欢。屠格涅夫看上的堂姐的女佣菲奥克吉斯塔，在别人看来，充其量是"ничего"（一般般），可在屠格涅夫眼里，却是美若天仙。阔少爷屠格涅夫毫不在乎堂姐对他的"宰熟"和各种附加条件，与她的女奴过上了王子和灰姑娘的童话生活，天天纵马驰骋在斯帕斯科耶村，要命的是，这个女奴完全不喜欢文学，对屠格涅夫给她念诗极其不耐烦。这部传记让我们认识到，屠格涅夫与他认定的女性即便建立起情爱也未必就幸福，我们从他的短篇小说《佩图什金》便可一睹端倪。

小说写于1847年，应该是屠格涅夫寄居维亚尔多法国家中的第二年，主人公是一位懒惰而又蔫头耷脑，但心地和善的军官佩图什科夫。这位单身汉正与偏僻小镇一位面包铺老板娘瓦西里萨私通，而瓦西里萨又给自己找了个男友，他们全都容不下佩图什科夫，意欲将他赶走；佩图什科夫为此痛苦万端，"离开愚笨的瓦西里萨他便活不下去，会遭到所有人的羞辱"，就此成了酒鬼。这分明是屠格涅夫与维亚尔多相交之初心态与处境的高度写真，扎伊采夫写的传记借助作品来暗示或展现传主生活的相应场景，让作品与事实互为印证。作者借叙述人之口作了提示："假如屠格涅夫处于兴高采烈之中，处于坚定而又充满希望的爱的火焰中，他还会像这位佩图什科夫那样行事吗？"

可以说，这种痛苦存在于屠格涅夫与波琳娜·维亚尔多相处的始终，从而构成了屠格涅夫"为赋新词强说愁"的丰足泉源，成全了他的"无愁而愁"的苦味咀嚼，反刍出一篇篇"甜蜜而痛苦，缠绵而枉然"的爱情小说。扎伊采夫指出："屠格涅夫本来就不喜欢婚姻、家庭——所谓'人生的基础'。在生活的辛酸和庸俗中，他特别憎恶'市侩的幸福'。"屠格涅夫自己也曾说过，不幸的爱情才是作家的幸福，唯有痛苦中才能咀嚼出佳作，就如同唯有爱着才能写作，尽管他在悲凉的晚年中切身感受到寄人篱下所经受的凉薄与寡情，后悔并劝年轻人应该给自己营造一个属于自己的"窝"（гнездо）。常言道，世间没有不散的筵席，悲剧的是，屠格涅夫与维亚尔多的爱情是一场散不了的筵席。

扎伊采夫运用对比的手法写出了屠格涅夫一生中最重要的两个女人，即母亲瓦尔瓦拉与情人波琳娜·维亚尔多，以此在"传记"结构上以首尾照应的形式写出了屠格涅夫悲凉的情感人生，即一生都活在女人的奴役之下。

无须说，每个男人，都是从第一个女人——母亲那里首次了解女人的世界。母亲瓦尔瓦拉狂暴的天性自幼起就剥夺了他全部的个人意志，同时也使他那懦弱的天性早早定型，结果是，男人型的妈妈管教出了女儿型的儿子，而且正是母亲强化了屠格涅夫对情感王国的认知，即一方（女人）是皇上，另一方（男人）是奴隶。为了心仪的女人，无论是他本人还是他作品中的爱情男主人公，都心甘情愿将个性完全放弃。

他一生漂泊孤独，没有婚姻，没有家庭，不断涉足情场却终未能为自己寻得情感港湾，这与母亲对他的影响关系很大。瓦尔瓦拉出于算计巧"娶"了屠格涅夫的父亲，婚后对家庭经济大权的独揽换来的是丈夫对她至死都无爱，似乎是以纵情泄欲于庄园女仆来报复这场婚姻；维亚尔多一直以利弊得失来权衡与屠格涅夫的亲疏，却最终接纳了屠格涅夫对她至老至死的依附，"作家临死之际她还是守在屠格涅夫身边的"（科维娜语）；瓦尔瓦拉将斯帕斯科耶视为王国，自比女皇，暴躁凶残，任意毒打农奴（这是屠格涅夫最厌恶的事情），凶狠对待自己的孩子，对屠格涅夫动辄打骂羞辱，甚至霸王式强控他的感情生活，曾以切断屠格涅夫在国外的经济来源相威胁来阻止他与"戏子"胡来；波琳娜·维亚尔多自与屠格涅夫初识，就以女皇的姿态居高临下，来施舍，来允许，同时也像施魔法一样恣意主宰着屠格涅夫的情感世界：屠格涅夫和任何别的女人相处都能感觉得到她"黑眼睛"的神秘掌控，只要她发出一声召唤，屠格涅夫会第一时间飞到她的身边。

但屠格涅夫生活中这两位专横的、霸王似的女性却又是才华奇特的女人。屠格涅夫的母亲远不止是凶狠残忍的女农奴主，她乃"伟大而天才的女性"（切尔诺夫语），一个心性高傲的女人经受着丈夫背叛的崩溃式灾难，独自把偌大的庄园和数十个领地管理得井井有条，数千农奴对她服服帖帖。最让人惊叹的是她的文学才华，似乎不输任何职业作家，若不是一场大火将其几十本日记化为灰烬，她该也是佳作等身了。而维亚尔多在自己的艺术生涯步入绝境以及战祸频仍所带来的颠沛流离中，仍能让艺术青春再度焕发，全身心投入复杂家庭的经营和子女教育……只是两个强势女人对屠格涅夫的影响各不相同。母亲给他造成的后果是怨恨、记仇，在国外期间纵使母亲千呼万唤他也只字不回，及至母亲去世他也没有送上一程（尽管也有客观原因）；而对维亚尔多，尽管心有凄凉，但直至闭眼，直至咽下最后一口气时，屠格涅夫对她才华的景仰仍未动摇，仍然在说："您就是女皇中的女皇！"

屠格涅夫有句名言："我的所有生平都在我的创作中。"扎伊采夫的传记写作似乎是在兑现屠格涅夫的创作自白。扎伊采夫呈现屠格涅夫形象，并非简单地利用作品回放生平事件或现实人物，而是寄予某种立意与情感升华。两个最亲近的女性——母亲和情人，在屠格涅夫的作品中均得到高频率复现，但却都是负面呈现。母亲在他的一大批作品中或是专横暴戾的女地主形象（《猎人笔记》《木木》），或是品位低俗的老太太（《初恋》）。现实生活的所有女性中，维亚尔多形象被作品"援引"最多，也最复杂，有时显性，有时隐性。

一生在维亚尔多那里没能实现的爱情促使他写下一篇篇不得团圆的男女悲情，甚至有人发现，屠格涅夫作品的体裁生成都与维亚尔多有关，即屠格涅夫的中篇小说多为"回忆的中篇"，源于对维亚尔多夫人的性饥饿。《佩图什金》中那个粗俗的有着可怕蛮劲的面包店女老板分明就是维亚尔多的投射，《春潮》中杰玛和波罗佐娃有如维亚尔多这枚硬币的两面，《春潮》再次展示了爱情的"可怕"力量，女人的主宰与霸道，男人的懦弱与耻辱。扎伊采夫还以小说《梦》为例，旨在证明屠格涅夫的小说中很少有男人开展行动的情形发生，通常是一个女人，掌控了一个软弱的男人，一个没有意志力的男人。《爱的凯歌》被称为一部富有魔术特征的神秘小说，其女主人公瓦莉娅融合了维亚尔多和萨维娜的双重形象。屠格涅夫的很多作品都有作家生平的投射。作家时隔六年后返回巴黎，发现维亚尔多身边已经多了一个男人，即德国画家阿利·舍费尔，屠格涅夫愤懑地去国外旅游散心，这种愤懑与怨艾在屠格涅夫许多作品中都能读到，如《阿霞》的开头，屠格涅夫借叙述者之口喋喋不休地抱怨那位"寡妇"的出轨，"负心女人"和情敌也是为"作者的我"所羞辱的。作品颇有意味的是可恶的寡妇形象是被如诗如画的大自然和阿霞这一纯净少女形象硬生生挤了出去，第一叙事人称"我"似乎再也不屑提起她。在《贵族之家》中背叛丈夫的瓦尔瓦拉分明也有维亚尔多的影子，同样也是遭到屠格涅夫鄙夷的；为摆脱痛苦，拉弗列茨基选择的方法与屠格涅夫一样，外出旅游，目的地也是意大利。这样处理也是作家刻意而为之，是对情感背叛行为的不齿，同时也依艺术真实的需要而重置道德价值权衡。

此外，屠格涅夫善于将生活中真实发生的事件整体纳入作品。众所周知，小说《初恋》的情节是作家家事和本人经历最真实的再现，齐娜伊达就是他家的女邻居沙霍夫斯卡娅。但作品又绝不是现实的简单照搬，小说多了一份对美好初恋的抒情性赞颂，强调美好爱情对人精神上的滋养。"骑士"父亲在东突西进中俘获了儿子偶像齐娜伊达的爱情，但屠格涅夫把自己的性格特征给了这位"父亲"，也分给了所有的屠格涅夫小说中的爱情男主人公们，即燃起女性芳心，却又不能满足她们，且正如扎伊采夫所言："他当然能够打动少女心灵并点中其要穴，但是他在关键一步面前却停了下来。"正当高傲甚至狂野的齐娜伊达决定就范于这位能够制服她的"骑士"的时候，"父亲"却拉弗列茨基式地回归坟墓般的家庭，将女主人公只身一人抛掷于精神的死地。

在这里，作家将长篇小说人物塑造因素融入其中，那位父亲是"多余人"形象的复现，作家通过齐娜伊达的爱情（何尝不也是她的初恋？）悲剧，开启了俄罗斯文学中"生、死、爱"的永恒主题。小说结尾极富寓意地写了享受过爱情甜美的齐娜伊达难产而死和一生"既不知道欢乐也不曾尝过幸福甜味"的"贫苦老妇人"的死，构成鲜明对照，揭示同一个主题：纵使你人生经历了惊天动地的爱情，或是一生悲凉，苦苦挣扎，人生的归途都是一样的，那就是死，在死神面前任何人都毫无二致。

屠格涅夫的《浮士德》被扎伊采夫认为是作家神秘小说中最经典的作品。其实男主人公就是屠格涅夫自己，而女主人公的原型就是菲奥克吉斯塔和托尔斯泰大妹妹玛利亚的合成。小说《死后》（又名《克拉拉·米利奇》）固然是以女演员卡德米拉服毒自杀的真实事件为基础，但也是对他与萨维娜的爱情难以如愿的宿命的悲观妥协，通过阿拉托夫的悲情结局揭示"爱并不止于死亡，爱大于死亡"，即对来世的浪漫与神秘设定，别样演绎了茹科夫斯基的相关命题。在长篇小说《罗亭》和短篇小说《塔季扬娜·鲍里索夫娜和她的侄子》中均能看到巴枯宁娜的影子，男爵小姐弗列夫斯卡娅既是《前夜》中叶莲娜的原型，同时也是著名散文诗《致弗列夫斯卡娅》的同名主人公，屠格涅夫对其私情的珍藏上升为对女英雄献身公众事业精神的钦佩与讴歌，视二位女主人公为基督精神的高度体现。与此同时，扎伊采夫带领我们目睹了作家将生平事件变成文学故事的卓绝才华。扎伊采夫让我们明白，屠格涅夫近乎所有作品的主人公都有原型，同时我们了解到一个人物常常是两个或两个以上原型的合成，最典型的莫过于罗亭这个形象。作家将同时代进步知识分子如巴枯宁、赫尔岑、格拉诺夫斯基等的性格特征都融合到了罗亭身上，从共性中提取个性，再将各个个性拢聚成代表着新的共性的独特能力，"而且很多都是屠格涅夫本人面貌的合拢"。这部划时代作品并非一蹴而就，而是屠格涅夫几易其稿，广泛听取文友们的修改意见打磨出的精品，打破"他是怎么任性地去爱，到头来也就怎么任性地去恨"的生平事件局限，创造出了它的经典概括意义，即写出了以罗亭为代表的19世纪30年代先进知识分子的心路历程，为俄国文学史贡献出了一位继奥涅金、毕巧林之后又一个光彩照人却也极具争议性的"多余人"形象。对于作家本人来说，《罗亭》的意义更是非同小可，它打开了屠格涅夫长篇小说与屠格涅夫最广泛荣誉的通道，用扎伊采夫的话说，罗亭是在此之前俄罗斯命定不幸的人物，没有这个人物俄罗斯就不是俄罗斯（就像屠格涅夫也就不是屠格涅夫了）。所有的"多余人"，所有的俄罗斯的哈姆雷特和倒霉的契诃夫医生都来自罗亭，因此屠格涅夫在这个人物身上注入了许多新的东西（尽管他也曾想以巴枯宁为原型）。

在扎伊采夫的描述中，屠格涅夫是位善良慷慨的地主老爷，其人生格言是"凡是人性的东西我都珍爱"，所谓反农奴制主要是反对其对农奴的残酷压制和对人性的肆意践踏。当年母亲对他久唤不归，就曾以要毒打庄园农奴相要挟，因为母亲知道他同情农奴。母亲死后他只接管了斯帕斯科耶，其他财产毫不计较地全归哥哥；当了庄园老爷后便主张解放农奴，同时大方地济助贫困家奴，待陪读仆人也情同手足。

屠格涅夫在文坛与安年科夫、费特、沃隆斯基等私交甚好，与法国作家乔治·桑、龚古尔兄弟、左拉、都德、莫泊桑，尤其是与福楼拜，都是亲密朋友，这在世界文坛成为美谈。

在俄罗斯文豪中，他唯独与列夫·托尔斯泰水火不相容，两人可以说是生活和文学的两极。有资料称，托尔斯泰一生不辍的日记里写满了对屠格涅夫的咒骂、崇拜与爱。至于两个人决斗的原因，扎伊采夫称屠格涅夫是为保护自己女儿的名声，但据波罗维茨卡娅书中所写，是因为屠格涅夫搅乱了托尔斯泰大妹妹玛利亚的宁静生活，托尔斯泰为此指责屠格涅夫只恋爱而不爱。后因屠格涅夫在欧洲传扬了托尔斯泰的文学声名，称他为俄罗斯第一位艺术家，托尔斯泰彻底转变了对屠格涅夫的看法，"想起屠格涅夫并不是一个'小人'"，至此二人成为文学上相互鼓励的好友。扎伊采夫写出了屠格涅夫对待文友的仁义厚道，胸襟博大，以及将俄罗斯文学传播到世界，并视之为自己的神圣使命。

不仅仅对托尔斯泰，对另一位大文豪陀思妥耶夫斯基，屠格涅夫也极为宽厚，顾全大局。在普希金塑像落成仪式上，"日神"屠格涅夫与"酒神"陀思妥耶夫斯基再度碰头，陀思妥耶夫斯基满以为西方派首领屠格涅夫会羞辱他这位斯拉夫主义者，但事情远非陀思妥耶夫斯基想象的那样，屠格涅夫早已将《群魔》小说那桩公案抛却脑后，不失时机地对陀思妥耶夫斯基文学成就作出肯定，同时因了普希金纪念大会上陀思妥耶夫斯基的演讲，两位文豪尽释前嫌，成为好友。

关涉屠格涅夫的西方派问题，俄罗斯部分斯拉夫文人对这位"俄国的欧洲人"多持讽刺揶揄态度。扎伊采夫与屠格涅夫有着相似的侨民经历，连时长与地域都达到了一致，他对自己所钟爱的作家的域外生存状态与情绪及创作有着深深的理解和情感共鸣，故而《屠格涅夫传》融入了浓厚的扎伊采夫的主观认定和个性认知，这使得这部传记时常闪烁着政论色彩，大胆陈述自己对"西欧主义者"屠格涅夫的个人见解，以回应斯拉夫派对屠格涅夫的不公正定论。在扎伊采夫看来，虽然作家长期生活在西方，在西方建立了广泛的文学人脉，他的大部分作品也是在西欧完成的，西欧还给了在国内被诟病的《父与子》以巨大的文学荣誉，但是屠格涅夫身上流淌的依旧是俄罗斯的血液，而且恰恰是他在西欧完成的大量作品最具俄罗斯特征。这正是这部传记的特征：传主与作者患的是同一种"怀乡病"。扎伊采夫认为，"屠格涅夫的西欧主义全然渗透着他对俄罗斯大地的热爱"，意在将西欧的精神文化成果与俄罗斯民族特点相结合，以促进俄国的民族文化与社会的发展；同时，通过屠格涅夫与斯拉夫派的争执写出西欧主义作家屠格涅夫对俄罗斯矛盾而复杂的感情，即在与斯拉夫派争执时常常诅咒俄罗斯，却又全身心关注俄罗斯。扎伊采夫就此也抒发了自己对祖国俄罗斯的独特情怀：没有俄罗斯就没有我们的光荣，他（屠格涅夫）尽可以随意责骂生活的落后和不文明，同时也可以尽意书写美妙的卡西扬和充满魅力的"女奴"。

难能可贵的是，扎伊采夫将屠格涅夫的这种思乡情怀乃至艺术品格融入了自己的创作中。扎伊采夫的小说《轻松的粮袋》通过叙事人之口讲述了他虽然身处法国，却对俄罗斯怀有血肉相依的感情。叙事手法也完全沿袭了屠格涅夫的第一人称讲故事的形式，讲述的是马赛货运站运货工的切身经历。抑郁的作品中没有忘记描绘记忆中的俄罗斯大自然景色，这同样也是屠格涅夫的叙事特色，只是扎伊采夫笔下的库班麦子的喷香和四季景色的多姿多彩被赋予了印象主义特征。二位作家的作品一同担负起表达对俄罗斯故园的刻骨思念和与祖国血肉相依的深沉爱恋的重任。细节上，就作家的心绪而言，那海边的相守之地旺代也使人想起屠格涅夫笔下的库尔塔维涅尔。

扎伊采夫这部传记的特色还在于用传主文笔写传主，传记叙事语言是标准规范的俄罗斯语言，有着屠格涅夫式的纯净优美。固然可以说，唯美抒情是印象主义大师扎伊采夫所自带的，但却因了他的艺术特质而对屠格涅夫的艺术世界有了印象主义的发现，实现了象征主义首领梅列日科夫斯基对屠格涅夫中短篇小说所作的评价："艺术家屠格涅夫的价值在于为未来文学创立了印象主义文体。"同时我们发现扎伊采夫的极具印象主义特色的风景描写总是为屠格涅夫的爱情事件发生的场景描写服务，与屠格涅夫本人小说的爱情描写特色达到了呼应。无论是与"阿芙洛狄忒-乌拉尼亚"型女神的灵肉相融，还是与"阿芙洛狄忒-潘得摩斯"型女子的肉体之欢；无论是法国近郊的库尔塔维涅尔别墅，还是俄罗斯的斯帕斯科耶庄园，抑或普列穆辛诺村，都能让读者饱览扎伊采夫的如诗如画、浸心入骨的自然画图，感受到他独具匠心的时空建构。大自然虽散发着屠格涅夫般的女性芬芳，呈现出月光般的柔媚，但作为爱情事件环境的却是清新明丽的光彩组合，以及由此而来的浪漫抒情，比屠格涅夫的爱情场景描写多了几分光感质地与感官认知。

作家的个性在一定程度上源自特定的时代。扎伊采夫散文中充满印象主义特征，无疑与文学印象主义于 19 世纪末20世纪初的滥觞有关，同时此时正值俄罗斯文学"白银时代"的鼎盛时期，扎伊采夫的个性与旨趣决定了他与象征主义文学有着千丝万缕的联系。以他的屠格涅夫研究为例，一方面他眼中的屠格涅夫对象征派理论的生成产生了一定的影响，屠格涅夫乃"永恒女性"的缔造者，梅列日科夫斯基甚至由此认定屠格涅夫乃索洛维约夫的前辈，索菲亚学说的奠基人；另一方面扎伊采夫对屠格涅夫的唯美与象征的批评无疑受到象征派理论的浸染，尤其是和梅列日科夫斯基达到了一致。梅列日科夫斯基1892年出版演讲集《论现代俄国文学的衰落和若干新流派》，书中指责屠格涅夫是双面人，明明是艺术家作家，却要把自己打扮成思想家作家；认为依社会需要写出的长篇小说是作家屠格涅夫的败笔，只对屠格涅夫的中短篇作品予以肯定，即认为屠格涅夫是成功的中短篇小说家，失败的长篇小说家。

扎伊采夫1918年写下的论文《论屠格涅夫》中所阐述的观点无疑可以看作梅列日科夫斯基观点的继续，他认为屠格涅夫的天才呈两面，即"社会活动家屠格涅夫"与"诗人屠格涅夫"的对立，而且在《屠格涅夫传》中将他说成一个"纯艺术"代表作家，在世界文化中可与普希金、拉斐尔、彼特拉克、莫扎特相媲美的作家，正如学者库德尔科研究发现："扎伊采夫从屠格涅夫那里汲取的可能并不是最主要的，但却是他自己想要的；屠格涅夫吸引扎伊采夫的并非创造社会历史典型的天赋，而是屠格涅夫所发明的散文叙事的抒情性。"[1] 在《屠格涅夫传》中，扎伊采夫对屠格涅夫的思想与社会意义几乎闭口不谈，甚至走向极端，偏激否定《猎人笔记》的社会政治意义，只承认其艺术价值，主观认定屠格涅夫的"《猎人笔记》是诗，而非政治，权且是从诗中作出人生的总结，诗依旧是它的本真，胜过一切的存在。农奴制在这里已经杳无踪迹"。

尽管屠格涅夫经历过法国大革命、普法战争等，但在扎伊采夫看来那都是走马观花，对屠格涅夫的情感人生没有本质性触及，"对战争、对革命他都只是游子和看客，他的使命就是观看积累，以及自我定型，不去行动"。年轻的托尔斯泰尚能经常去塞瓦斯托波尔，参加作战，并写下《塞瓦斯托波尔的故事》，但战争无论如何也影响不到屠格涅夫，更不会令他的生活有丝毫改变，作家也不会为这些花费笔墨，他最关心的事情应该是"恋爱"和在恋爱中写恋爱，不管侨民生活有多么动荡，他都能写出他的《春潮》；哪怕是农民解放运动波及全国，他也能熟视无睹，一门心思去写他的小说《初恋》。所以屠格涅夫说到底是一位艺术家（诗人），而非思想家（抑或社会活动家）[2]。

扎伊采夫书中同样是更青睐屠格涅夫的中短篇小说。颇有意味的是，1892年梅列日科夫斯基还写过一篇文章，题为《永恒女性的诗人》，似乎是对扎伊采夫屠格涅夫传记研究的内容提炼，由此探讨屠格涅夫生活和作品中爱情

1　Куделько Н. « «Тургеневское» в прозе Б.Зайцева». // Межвузовская научная конференция «Проблемы мировоззрения и метода И.С.Тургенева». Орел. 1993. C.95.
2　转引自（法）莫洛亚著，谭立德、郑其行译：《屠格涅夫传》，山西人民出版社，1983年，第83页。

的意义，并认为屠格涅夫乃"俄罗斯文学中女性这条线"上的代表，认为正是屠格涅夫揭示了爱情的神秘内涵和"在俗世实现爱"的不可能，持此观点的还有丘尔科夫、巴尔蒙特、安年科夫、罗赞诺夫等。扎伊采夫读出的是印象与唯美的屠格涅夫，与梅列日科夫斯基观点不谋而合，甚至梅列日科夫斯基的象征主义三要素，即"象征、神秘和艺术感染力"的拓展也是基于屠格涅夫的"神秘小说"而得出，所以作为艺术家、中短篇小说家的屠格涅夫在19世纪末、20世纪初的俄罗斯现代派文学中得到热捧。

《屠格涅夫传》远离苏联的地理时空与政治时空，不受特定的意识形态制约与影响，侨民作家扎伊采夫依据自己的理解与认知，写出了印象主义作家眼中的屠格涅夫，同时践行了维亚泽姆斯基的"将文学带入生活，将生活带入文学"的传记理论，酿就了扎伊采夫人物传记的独特个性，即作家的情感生活与创作互为因果，相互映照与推动，成就了一部真正意义上的"文学传记"。

扎伊采夫正是因了《屠格涅夫传》《茹科夫斯基传》《契诃夫传》三部传记的书写确立了他文学传记作家的地位。传记作家以其独特的思想认知和艺术价值取向，分理出了一派日神型俄罗斯文学，不仅对三位代表作家的人生与创作予以客观而又艺术的展示，同时也以此构建出19世纪俄罗斯文学发展的重要一维。这三部文学传记著作均写于20世纪上半期，第一部传记，即《屠格涅夫传》与我们已相距整整90年。三部传记一道经历了政治命运的坎坷，直至80年代中期起才与俄罗斯本国读者见面。但任凭历史风雨的剥蚀，它们至今读来仍然鲜活如昨，没有丝毫的陈旧感，此乃俄罗斯回归文学浪潮对经典传记文学的重要钩沉，也应和了20世纪90年代在俄罗斯兴起的"作家写作家"的传记书写新浪潮。我们坚信，这套丛书定会给读者带来跨越时空与"经典重塑"的审美享受。

屠格涅夫传

屠格涅夫像（1857 年）

摇　篮

　　奥廖尔算不上多么风景如画：一块块大小均等的田野铺展开去，有的隆成小山岗，有的被切割成沟壑；成片的小树林，一条条白桦带沿着大道向蛋白色的远处延伸，通往上帝才知道的地方。挨着土坡的简朴村庄，有池塘、花草。炎热处，一群懒惰的人躲在柳树下乘凉，周围的青草全都被踩得七零八落。田野中间，有一绿茵覆盖之处，一座地主庄园掩映其中。一切看上去都是寂寥的，寻常的。临近7月，田野被成熟的黑麦覆盖，风匀速掠过麦海，裹挟着麦浪像是在无休止地鞠躬行礼，向两旁闪开。矢车菊、百灵鸟……怡然自得，尽情享受盛夏大自然的照拂。

　　这是前黑土地带，罗斯中北部与南部、莫斯科与草原的交汇处。向西进入卡卢加州，向北进入莫斯科，图拉和奥廖尔地区仿佛就是俄罗斯的托斯卡纳[1]。富饶的土地，丰富多样的语言，培育了一代又一代艺术俊才。圣徒们出现在北方密林中。屠格涅夫们、托尔斯泰们、陀思妥耶夫斯

---

[1]　指意大利托斯卡纳区。该区因其丰富的艺术遗产和极大的文化影响力被视为意大利文艺复兴的发源地，许多有影响力的艺术家和科学家都在此留下印迹。这里意指这个地区在俄罗斯文化发展中的重要地位。译者注。（本书脚注除特殊标明外均为译者注。）

基们都诞生在这片宽厚慷慨的热土。

斯帕斯科耶-卢托维诺沃村坐落在奥廖尔省，离姆岑斯克县城几俄里的一个地方。一座巨大的田庄掩映在白桦林中，有一个马蹄形的宅院，对面是一座教堂。这是座拥有四十个房间的大房子，那里昼夜不停地在劳作，那里有温室、酒窖、储藏室、马厩，庄园里还有著名的公园和果园。19世纪初，它就像一个小王国的首都，有政府、官员和臣民，甚至还有好几处管辖地，隶属于此的是各种领地和村庄，像柳柏夫什、托普基、霍洛多夫。

斯帕斯科耶村属卢托维诺沃家族所有，现今的庄园主为待字闺中的老姑娘瓦尔瓦拉·彼得罗夫娜，她是从叔父伊万·伊万诺维奇那里继承下庄园的。当年轻军官谢尔盖·尼古拉耶维奇·屠格涅夫来到斯帕斯科耶村，欲从她的马场购买马匹时，她已经年近三十。这是一个非常出众的"购马人"。瓦尔瓦拉·彼得罗夫娜一下子就迷上了他：他非凡的相貌让她心旌摇荡。她请他闲暇时常来家里坐坐，她把他的佩带留下来，为的是让这件事坐实。谢尔盖·尼古拉耶维奇开始频繁现身于斯帕斯科耶。1816年，她嫁给了他。一年后，他们有了儿子尼古拉，然后是伊万。

瓦尔瓦拉·彼得罗夫娜无法夸耀她的祖先：祖父是个守财奴；父亲是一个惹是生非，惯于打架斗殴与打家劫舍的主儿，还是年轻军官的时候，就抢劫过瓦尔代的车夫；叔父是一个阴沉着脸的吝啬鬼（只喜欢买珍珠制品）。关于卢托维诺沃家族的苦涩历程，瓦尔瓦拉·彼得罗夫娜声名远扬的儿子写下了不止一本书。

她的青春时代并不轻松。母亲早早丧偶，嫁给了一个叫索莫夫的男人。这个男人和卢托维诺沃家族的人没什么不同，也是个酒鬼，很喜欢喝香草伏特加和甜薄荷伏特加。他虐待他的继女——一个长得并不好看，但有着炽烈而独特的灵魂的女孩。她的母亲也不爱她。孤独、受辱、被打，构成了瓦尔瓦拉·彼得罗夫娜的童年。多年以后，她已经是斯帕斯科耶的主人，她常常带上她的养女日托娃光顾她度过少女时光的领地。她们挨个走过屋子的各个房间，从大厅走到走廊里的时候，碰到了一扇用十字木板钉住的门。日托娃走到门前，摸了摸从木板下面凸出的旧铜锁。瓦尔瓦拉·彼得罗夫娜抓住她的手："别碰，你不能碰！这都是被诅咒的房间！"她没有透露到底发生了什么。但是，众所周知，在她快十六岁时，在这个房子里，她的继父企图占有她的青春。那个可怕的夜晚，一个备受折磨，遭受"可耻惩罚"威胁的姑娘在保姆的帮助下得以从家中逃离。她衣衫不整，步行了六十俄里来到斯帕斯科耶村，到她叔叔伊万·伊万诺维奇那里避难。

在这里，等待着她的同样是苦难的生活，她将与一个刚愎自用而又吝啬古怪的老人共处。情况大概是她被叔父剥夺了财产继承权，她也曾从他身边逃跑过。瓦尔瓦拉·彼得罗夫娜自叹悲怜，她的第二次逃跑已经让她的人生颇具传奇色彩。莫非她生来就注定有着不断逃离的命运？然而命运之神终于垂青于她，谁也未料到叔父猝死于中风，甚至都没来得及写出收回侄女财产继承权的遗嘱，而且伊万·伊万诺维奇的死情通报也很模糊。

不管怎么说，她最好的年华充满了深重的苦难。她在叔父家生活了十年，那时她才二十七岁，突然从灰姑娘变成了坐拥数千农奴，在奥廖尔和图拉有着数以万计肥沃土地的庄园主。

这些农奴和这些土地确定了她的爱情生活，即与屠格涅夫的婚姻。

屠格涅夫家族与卢托维诺沃家族不同，乃古代鞑靼人的后裔，颇为高贵。自15世纪以来，屠格涅夫家族就有人在军事和公共部门任职。据传："他们以诚实和无畏为特征。"其中有为国捐躯者，即彼得·屠格涅夫，他毫不畏惧地揭穿伪季米特里："你不是约翰沙皇的太子，而是格里什卡·奥特列彼耶夫，你是修道院的逃犯，我知道你的底细。"为此，他被施以酷刑并遭到处决，就像后来督军季莫菲伊·屠格涅夫死于好汉斯捷潘·拉辛之手，因为这位屠格涅夫不愿意把察里津拱手交付于他们（他被禁闭在配有十个特种常备军兵士的塔中，瓦西里·乌斯[1]将他五花大绑拖至伏尔加河，让他葬身河底）。

18世纪的屠格涅夫家族已经不再那么骁勇善战和英勇无畏。他们安于本分地在军队服役，谋得中等军职后退役，多半在乡下过着懒散的日子。他们中只有一位有着不寻常的命运，这还是沾了他长相俊美和情事不断的光，这人就是阿列克塞·屠格涅夫。阿列克塞年少时曾是安娜·伊凡诺夫娜[2]的侍从。出于嫉妒，毕隆[3]让他充军去参加土耳其战争，他也是在那里被俘的。进入土耳其后宫后，他经常

1　瓦西里·罗季奥诺维奇·乌斯，顿河哥萨克人，1670—1671年斯捷潘·拉辛发起的农民战争的领导者之一。
2　安娜·伊凡诺夫娜（1693—1740），伊凡五世的女儿，彼得一世的侄女，1730年以限制皇权为条件登基成为沙皇（1730—1740）。
3　毕隆（1690—1772），女皇安娜·伊凡诺夫娜的情夫。

给苏丹国王端咖啡，点烟斗。假如不是屠格涅夫的非凡仪表打动了苏丹王后，那他怕是要给国王点烟斗点上一百年。王后给了他满满一钱袋的金子，并帮助他逃脱了。

谢尔盖·尼古拉耶维奇·屠格涅夫融合了祖先的不同品质：他直率大胆，非常英俊，贪恋女色。儿子说他是"耶和华面前的伟大猎手"。谢尔盖·尼古拉耶维奇在军中服役的时间非常短，二十八岁左右就退役了，但是直到生命的最后一口气都很好色，俘获了很多女人。只要情势所需，他可以柔和、温存，抑或坚定而又执着地对待女人。他熟谙追求女人的战略战术，他的某些手段都非常人所能及。

就是这样一位年轻人出现在瓦尔瓦拉·彼得罗夫娜的面前。他有一张像姑娘似的消瘦而又温柔的脸，"天鹅般的"颈项，一双蓝色的"美人鱼"眼睛，有着挥霍不尽的情欲储量。

他只有一块有着130个农奴的领地，而她的农奴不少于5000个。如果两个人的位置调换一下，他能娶她吗？也许长着一双美人鱼眼睛的骑兵会引诱上几个头脑不怎么灵光的女孩，但是要娶妻……却必须是斯帕斯科耶的这位。就像土耳其的苏丹王后曾经把其祖父从后宫中解救出来一样，娶了瓦尔瓦拉·彼得罗夫娜就能确保生计无忧。

婚礼完成后，屠格涅夫夫妇或住在奥廖尔城，或生活在斯帕斯科耶。瓦尔瓦拉·彼得罗夫娜与丈夫在一起生活得并不幸福，她一往情深地爱着他，但丈夫却对此毫无回应。这位谢尔盖·尼古拉耶维奇长着一双摄人魂魄的眼睛，一副彬彬有礼的做派和高冷的样子，就是这位谢尔盖，惹出了数不清的风流情事，且克制地忍受着妻子的嫉妒。在雷暴式的吵闹中他也学会了如何向她施以威严。总的来说，瓦尔瓦拉·彼得罗夫娜对他无能为力，因为冷漠的意志和男人的力量全都为他所有。

无论怎样，谢尔盖·尼古拉耶维奇还是得和丑陋且年长的妻子过日子。毫无疑问，他懂得实际的爱为何物，就算他有时候亵渎了这份爱，但他也会时不时地把自己毫无保留地给她，因为他了解这种爱的可怕和女人的力量。"惧怕女人的爱吧，惧怕这种幸福，这份毒药……"他对儿子说。谢尔盖·尼古拉耶维奇一向稳操胜券，但他终究是了解爱欲的致命特征的。在他身上没有优柔寡断和犹疑不决的毛病，他走的是一条残忍的，毫不知怜悯的，几乎一直伴随着罪恶的道路，他在这条路上不曾转弯。他的座右铭是：抓住人生的一切，不要放掉任何一个瞬间——而接下来的便是深渊。

他非常像唐璜。

* * *

奥廖尔城与周围别的地区没什么两样，可谓其貌不扬，无华美可言。流经这里的奥卡河也很细瘦，没有像在卡卢加州那般风景如画的陡峭河岸。这里也没有遥远的河景，森林里也没有教堂。当然了，大教堂和城市花园还是有的。与列瓦绍夫山毗邻的是横贯整座城市的博尔霍夫山，还有丽莎·卡里金娜[1]生活过的德沃里扬斯克山。奥廖尔城的特

---

1 屠格涅夫小说《贵族之家》中的女主人公。

色之处在于，这座城市夏天很热而且满是尘土——街道上空飘荡着蒙了白色灰尘的云朵。

"1818年10月28日，星期一，儿子伊万降生，身长12俄寸，生在奥廖尔，自己家中，半夜12点。11月4日菲奥多夫·谢苗诺维奇·乌瓦罗夫和他的妹妹费多霞·尼古拉耶芙娜·捷普洛娃为他施行洗礼。"瓦尔瓦拉·彼得罗夫娜在记事簿里这样写道。当然，她根本没有想到，她为俄罗斯生下了未来的荣耀。

屠格涅夫与奥廖尔相关联的只是他的出生，仅此而已。刚出生不久父母就带着他搬到了斯帕斯科耶，因此，奥廖尔在他的生命中就如在他的创作中一样，占据很小的位置。

他真正的摇篮是斯帕斯科耶，这座庄园完全可以说是富丽堂皇，房屋体量重拙，带有持重而又威严的风格。这房子几乎就是一座宫殿。家丁、仆役、女佣、跑腿的侍从、厨师、马倌、园丁、裁缝、食客，一切都运行得有条不紊，全都听从统治者瓦尔瓦拉·彼得罗夫娜的指挥。谢尔盖·尼古拉耶维奇退居第二位。他们过着闲散而富足的日子。他们衣着华丽，经常举办舞会、化装舞会。回廊里常常演出戏剧，露天的花园里则上演歌剧，都是自家的乐团在演奏，还有农奴乐队。每逢节日忐忑不安的神父会做祷告，有女家庭教师教孩子们学习。

屠格涅夫的童年本来应该是非常美好的，但事实并非如此。他的母亲实在太苛刻了，她以过于残忍的方式毁了他本该享有温情的岁月。她非常爱她的儿子，同时也让孩子吃尽了苦头。就在这幢豪华的房子里，斯帕斯科耶的未来领主几乎每天都要挨鞭笞，都是因为一些鸡毛蒜皮的小事情。哪个傻呵呵的食客向瓦尔瓦拉·彼得罗夫娜悄声嘀咕了些什么，她便要亲自动手惩办他。他甚至不理解他挨打的原因，他的母亲如是回应他的哀求："你自己知道，你自己知道我为什么打你。"

第二天，他声称他仍然不明白为什么被打，这时他就会再次遭到鞭打，并被明确告知，他每天都会被打，直到他意识到自己所犯的过错为止。

瓦尔瓦拉·彼得罗夫娜似乎应当记得她自己是如何逃离让她憎恶的索莫夫家的，但是此时的她却像是得了失忆症，忘了过去的疼痛，差点让儿子重演她的悲剧。"我非常害怕，感到如此的恐怖，以至于晚上我决定逃离这个家。我已经起身，悄悄地穿好衣服，摸着黑，贴着走廊进入门厅……"被老师，一个心地善良的德国人（托尔斯泰式的卡尔·伊万诺维奇！）抓住了，号啕大哭的小男孩向他坦承，自己之所以要逃离这个家是因为他再也不能忍受侮辱和无来由的惩罚。德国人拥抱了他，安抚着他，并亲切地答应以后"保护"他。实际上也就是暂时哄他平静下来。

除去母亲的严苛，斯帕斯科耶给予了他许多。他并不是整天都在跟着家庭教师们上课，在这里他了解了大自然的运转，动物尤其是鸟类的生活，了解了俄罗斯普通人。每当他逃进著名的斯帕斯科耶公园时，便能获得几分钟甚至几个小时的快乐时光。父亲优雅且无心家事，成天捣鼓唐璜式的风流韵事，一会儿是和奥廖尔的某位太太，一会儿又是与某个年轻的女奴。母亲统治着这个王国：她不停地回应厨师提出的各种问题，还要过问领地管家的一摊子事，巡视他们干的活计，同时自己还要读书，每到中午亲自喂鸽子，和食客们聊天，总是唉声叹气，顾影自怜。

当然，仆人里面也有与他处成朋友的。往池塘里放小船是十分美妙的事情，还有，用没长成的菩提树树枝做哨子，玩相互追逐的游戏，捕捉小鸟。他特别喜欢捉小鸟，为此他备下了各种各样的纱网兜、面渣、捕鸟器。从七岁起，他就对鸟格外着迷，把心思和兴趣用在了小鸟上，了解了它们的生活习性，听得懂它们的鸣叫，并弄清了哪一种鸟清晨最早开始鸣唱。在斯帕斯科耶的开阔树林里，还能少得了像金莺、杜鹃、斑鸠、知更鸟、黑鸟、戴胜、夜莺和红雀这些鸟吗？椋鸟在中空的菩提树中做巢，到了春天，在林荫道，在温柔的泛着鹅黄的嫩草中，到处都留有它们色彩缤纷的蛋壳儿。房屋周围，燕子穿行如织。园子的偏僻处有成群结队的喜鹊，一棵橡树上蹲着一只笨重的乌鸦，池塘上方鹡鸰穿梭往来尽情飞翔，或是一蹦一跳地在树荫浓重的池塘岸边戏耍，摆动着各自长长的尾巴。炎热中，光影斑驳的公园里，阒无一人，水面泛着白光，菩提树繁花锦簇，蜜蜂不停地发出模糊不清的嗡嗡声。

除了领略大自然的魅力，他在这里还熟读了诗书。他对诗歌的热爱源自家奴普宁，就在这个公园的偏僻一角，普宁经常给他念书。在小说中，屠格涅夫声称自己的第一位文学老师为普宁，一个可爱的老头儿，在池塘那边偏僻的林中草地，他既可以把白头翁叫过来，也可以朗读赫拉斯科夫的诗。当然，与普宁的友谊是半公开的，这一切都远远避开那些寄居在庄园的家庭女教师，背着所有人。在实际生活中他叫他什么并不重要，重要且美好的是，诗是通过普宁这位温顺又迷恋诗歌、"底层"同时又"崇高"

的半家奴半老师呈现在小男孩屠格涅夫面前的。在公园里，绿荫中，沐浴着当头的阳光，他第一次感觉到了"狂喜的战栗"。

普宁是一名农奴，文学爱好者，自学成才，他以一种特殊的方式阅读：一开始喃喃自语，先草草地读个大概，而后便发出"巫神般"的如雷轰响，"一会儿像做祷告似的，一会儿又像是发号施令"，这种行为既神圣，同时也有效。他们就这般读啊读，不仅读完了罗蒙诺索夫、苏马罗科夫和康杰米尔，还读了赫拉斯科夫。在斯帕斯科耶公园的绿色深处，男孩的命运已经定型了。不管瓦尔瓦拉·彼得罗夫娜多么看不起当作家（在她看来，写坎特歌[1]的人，"要么是醉汉，要么就是头号傻瓜"），就在她的身边，这样的作家渐渐长大。默默无闻却又心地善良的普宁触动了小少爷的一个隐秘特质，在他身上已经没了地主的特征，一个诗人诞生了。

更准确地说，在这个人身上同时也开启了另一种人生。这个醉心于诗歌的梦想家同时也是瓦尔瓦拉·彼得罗夫娜的儿子，是个有着老爷派头的臭小子。虽然他本人也为周围环境的粗鲁与残酷而痛苦，但只要觉得下人们对他不够恭敬，他便会立即抬高声调：

"我不高兴他叫我小少爷。干吗那么亲密！"

"您大概不认得我，"我说，不再像先前

1　一种诗体歌曲，当时流行于俄罗斯、乌克兰、白俄罗斯地区。

那样地随便了，却带了一种傲慢的调子。"我是这儿太太的孙少爷。"[1]

* * *

瓦尔瓦拉·彼得罗夫娜自认为是信徒，但是她对宗教的态度很奇怪。对她而言，东正教是一种"庄稼汉"的信仰，她看不起它，特别看不起这个教派中的侍从，就像看不起俄国文学一样。在斯帕斯科耶做祈祷用的是法语！养女每天读的是"Imitation de Jesus Christ"[2]一章的内容……谢尔盖·尼古拉耶维奇则远离这一切，他过自己的日子，孤独而心无上帝。尽管他有着勇敢的和不信神的人普遍都有的全部胆识，但他还是很迷信：虽然他不惧怕上帝，不惧怕死亡和审判，但他害怕家神。年幼的屠格涅夫记得父亲是如何走在牧师的身后，牧师在深夜将大房子的一角视若神明，记得烛光如何摇曳，以及它多么令人毛骨悚然。（在这里，谢尔盖·尼古拉耶维奇的神父有点像个巫师，是个念咒的人——一种神秘的力量与另一种力量相对立。）遗憾的是，当时流传于几个领地的东正教日常诗歌并没有对屠格涅夫产生影响。在他的祖宅，他并没有领略到友善和轻松的安慰——从某种意义上说，他从一开始就发现自己很孤独。

1　出自屠格涅夫的中篇小说《普宁与巴布林》。此处引用意在说明屠格涅夫性格的两面性。
2　法语：效仿基督。

谢尔盖·尼古拉耶维奇疏远的冷淡和骄奢淫逸，瓦尔瓦拉·彼得罗夫娜的离奇的卡拉马佐夫性格（苦难的童年，相貌平平，独揽大权的渴望，终生刻骨铭心的怨恨）：屠格涅夫对斯帕斯科耶的一连串回忆都源自这些往事的混合，一些回忆几乎带有幻想的特征，其余的记忆则是残酷无情的。

瓦尔瓦拉·彼得罗夫娜着力把庄园的一切都打造得气势庞大，并打算将其建成一个"朝廷"。仆人被称为大臣。管家是宫廷大臣，甚至还冠以时任国家宪兵总督的本肯多夫的名字。一个约莫十四岁的男孩负责邮局，被称为邮政部长，贴身女仆和女性家奴则是皇族侍从长、女侍从官，等等。有一个远近闻名的拜见女庄园主的仪式，"大臣"是不能马上与她交谈的，必须等到她本人给出允许的手势，他才能上前说话。

每天都有一个骑马的人被派去姆岑斯克取邮件，但取回来的信件并不是立马就送交给她。瓦尔瓦拉·彼得罗夫娜总是神经兮兮的（看到剪刀掉下来她都会激动得难以自持，旁人不得不给她递上一小瓶酒精）。"宫廷大臣"将这些信做了分拣，查看是否有打着噩耗邮戳的信件。"宫廷长笛演奏家"根据信件的内容吹奏欢快抑或悲伤的乐曲，准备应对太太即将出现的不同感受。

一个外人，尤其是一个陌生人，并没那么容易就能进入斯帕斯科耶庄园。进来后你会不知道该去往哪里！但"宫廷大臣"知道。警察局长可以戴着摇铃径直走到房子跟前，而次一级的警务人员在一俄里或一里半开外就得把他身上的铃铛解下来，以免打搅太太。县里的大夫也只能进厢房。

这一切并无恶意，尽管有些过于敏感，但常常有比这要糟糕许多的情形发生：就因为桌子上有没擦拭干净的尘土，女仆们就被关进牲口院，或是被打发到遥远的村庄去干苦活累活；郁金香花被人从花坛扯下，所有的园丁都会因此遭到鞭笞；对太太鞠躬行礼不够恭敬的人则会被打发去充军（在那个时代等于服苦役）。

童年时代的屠格涅夫，斯帕斯科耶时代的屠格涅夫就已经知道了很多生活中的事情。除了公园的鸟鸣和激动人心的诗的吟诵，他听到了马厩里发出的哭号，还有自身体会过的"惩罚"。所有乡下来的同龄朋友都私下里向他详细讲述谁被抓去当兵，谁被流放，谁又被毒打。他并不是在温室里长大的，但也不能说瓦尔瓦拉·彼得罗夫娜对孩子的管教拉近了孩子与她的距离。他身上已经埋下了促使发酵的真菌。母亲培养出的不仅仅是远离自己的儿子，而且就秉性而言，是相当决绝又绝对的敌人，她本人就是自身秉性的狂热固守者。

年少时光

1827年，屠格涅夫一家搬到了莫斯科，在萨摩杰卡买了一座房子。夏天，他们照旧去自己的庄园，他们与乡村的联系并没有中断。

这时，谢尔盖·尼古拉耶维奇患上了结石病，为了治病，他和瓦尔瓦拉·彼得罗夫娜不得不去巴黎，途经埃姆斯和法兰克福。

伊万则留在莫斯科，在威登加迈尔寄宿中学就读（大儿子尼古拉被送到了彼得堡炮兵学校）。在威登加迈尔，伊万度过了一年半光景，而后到亚美尼亚寄宿中学（后来的拉扎列夫东方语言学院）上了几个月学，最后他就读于一所新的学堂，在克拉乌兹附近。

可以想象得出他是一个优雅又斯文的男孩，学习成绩很好，带有几分多愁善感，同时不失清高。如果他倾向于与学校里的贵族人士，即公爵与男爵结交的话，并不令人奇怪；同样不足为奇的是，他全神贯注地聆听外籍教师讲述的《尤里·米洛斯拉夫斯基》[1]，并为之赞叹不已，还将

---

1 全名《尤里·米洛斯拉夫斯基，或1612年的俄罗斯人》，是俄罗斯作家、戏剧家、莫斯科皇家剧院和莫斯科克里姆林宫军械库经理米哈伊尔·尼古拉耶维奇·扎戈斯金（1789—1852）的第一部长篇历史小说。

这个故事倒背如流。有一回，见有同学影响他听讲，他竟然扑过去打起架来。不难理解的还有，当寄宿中学学生屠格涅夫看完棒球比赛后，于院子的丁香灌木丛后面看到一名谦逊的青年手里拿着一本德语书时，他不无傲慢地问："您还会念德语？"那个青年人不仅会念，而且念得比他强得多，还很喜欢诗歌。于是他像珍惜上流社会的挚友一样去珍惜这份友情，他们成了莫逆之交。不只如此，他完全置身于此青年的影响之下。

屠格涅夫青年时代的友情始于寄宿中学，这种友情让人愉悦，同时也很短暂，但是友情总是萌发于"更崇高的"土壤中：那里有探索美与追求真理的辛劳，并有对世界之谜的深刻体验，等等。这全然是一个浪漫主义依恋、打开心灵与襟怀坦诚的时期，有时这些友情会持续很久。你也可以对这种"打动人心的空谈"报之一笑，这种空谈有时候以过去的朋友成了现在的劲敌而结束。但也并不总是这样，因为对青春美妙激情的记忆会封藏很久，再说这种激情本身难道就分文不值？难道当"朋友"朗读诗的时候涌起一种甜蜜的激动不好吗？（现在已经是席勒时代，而非赫拉斯科夫时期。）趁大家伙都睡着的时候，他带着他趁夜色悄悄溜入寄宿学校的花园，坐在他们相识并喜欢上彼此的丁香灌木丛旁，感受夜风的微微吹动，透过树叶看到可爱的繁星闪烁的莫斯科天空（和坠入临近教堂的十字架后面的大角星），呢喃着，幻想着……而当朋友看了眼天空，"轻声"赞叹道：

在我们上方

天空与永恒的星星

而造物主则盘踞在星星之上……

"重又体验'虔诚的'悸动并'依偎'向肩头，——难道不好吗？"

但是少年屠格涅夫正处于耽于幻想而且容易动情的年龄。浪漫的友谊随着青春而来，又随着青春逝去，爱情与对女人的崇拜充盈了他的整个人生，陪伴着他走向坟墓。

青春早期的爱情向屠格涅夫呈现出两副面孔，他几乎同时认识了阿芙洛狄忒-乌拉尼亚和阿芙洛狄忒-潘得摩斯[1]——她们是分别出现的，也被永远分开。

"俗世的"阿芙洛狄忒与农奴日常生活及其生活方式有关（"地主的"享乐来自知善恶之树）。瓦尔瓦拉·彼得罗夫娜身边有个女仆，"很美，但一副木讷的样子"，这种木讷却赋予了她几分"庄重"。她比他大也比他老到——他当时也就十五岁，来到斯帕斯科耶度假。

一个湿漉漉的春日，洋溢着青春活力的年轻人漫步在公园里。向晚时分，乌鸫翻飞，穿梭于苹果树林，满园的黄莺四处飞舞，斯帕斯科耶小树林铺展在绿色而又黏滞的绒毛中，阿芙洛狄忒带着一种"木讷的庄重"出现在他眼前。她是他的奴仆，但同时也是他的女皇。她抓住他后脑勺的头发并说：

"咱们走吧！"

---

1 阿芙洛狄忒是希腊神话中的爱情与美丽女神，曾被人们分成阿芙洛狄忒-乌拉尼亚和阿芙洛狄忒-潘得摩斯，前者代表理想的爱，后者代表欲望的爱。

晚上，在伸手不见五指的夜色里，他偷偷与她幽会，朝着空荡荡的被弃置的农舍奔去，途中爬过一道道沟渠，钻进荨麻地，跋涉过长满苦艾泛着银光的水洼，冒着暖乎乎的、噼里啪啦的小雨，幼苗泛着绿色，猫头鹰在院子里凄切地嚎叫着。也许，谢尔盖·尼古拉耶维奇也是在那个夜晚顺应了爱的呼唤。

在少年屠格涅夫的生活中，这场体验了无踪痕，这位村野女神杳无踪影！甚至她的名字他都没有记住。

他的第一次真正的爱恋是因为他自己的讲述而为众人所知晓。他在半大孩子的年龄体验了一种高尚的、痛苦的却又快乐的感情，长大后他将此经历写成了一篇优秀的爱情小说，叫作《初恋》，是让陀思妥耶夫斯基和托尔斯泰都可能羡慕不已的一部中篇，他们羡慕人间的爱神阿芙洛狄忒-潘得摩斯降临于这位十五岁少年的生活中。

这篇故事大家都知道。好像你从孩提时代起就能看见，并十分熟悉这座带有齐娜伊达家房子的公园，这位女郎就是屠格涅夫家位于莫斯科近郊的斯库奇诺别墅的女邻居，她带着一种神秘的美妙，还有爱与痛苦的迷幻，带给小男孩苦甜参半的爱情——幻想、希望、眼泪、醋意与怀疑。最重要的是，在小屠格涅夫的命运中，他人生真正的爱的邂逅是毫无回应的。"单恋"，最优雅最聪明的一位美男子和伟大艺术家的人生就这么开始了。

在这场情事中，让人们更感兴趣的是另一个人，他留给人谜一样的猜想又让人产生激动的印象，他的意义更为重大，这"另一个人"就是作家的父亲。

虽然谢尔盖·尼古拉耶维奇·屠格涅夫的形象出现在

这一故事中，但儿子屠格涅夫并没有记恨父亲，相反，被父亲击败以后，他近乎怀着爱慕之情描写父亲。让步于这样的情敌并不是一种罪过。这并不是微不足道的胜利，父亲的步态那么轻盈，穿着那么雅致，他是多么"优雅而平静"，冷漠又柔情，他的骑马技术那么高超……而且他善于拥有！他只要想要，面对什么样的事情也不会停下脚步。"我无法喜欢那些只能让我俯视的人，"齐娜伊达说，"我喜欢凭借自己的力量把我征服的人。"一个耽于幻想，对父亲既崇拜又害怕的小男孩能够把她征服吗？他总是想入非非，止于幻想，而那位却是在行动。

父亲屠格涅夫对这场情事使出了浑身解数，挑逗女邻居对他来说不只是一次冒险。他将她驯服并拿下，但他自己也下了许多赌注。悲剧色彩很快就落到他们的爱情上。让人刻骨铭心的是他们策马漫步于克雷姆浅滩边的场景，当时齐娜伊达已与父亲相好，并住在一个小市民的房子里（儿子厌倦了牵马，于是他偷看了齐娜伊达与父亲的私会。齐娜伊达坐着，父亲站在小木屋的窗户外，和她交谈、争吵，并用鞭子抽打她那只裸露到臂肘的胳膊，她亲吻那道鞭痕。父亲狂怒地冲进小木屋）。

儿子再次跑到河边去看马……"父亲时不时会爆发狂怒的冲动"。他打了齐娜伊达没有？她并没有打算避让。也许没有打，儿子觉得打了……而儿子究竟做了些什么呢？他坐在河边哭了。他崇拜自己的父亲，但也非常害怕他，他很爱齐娜伊达，但没有行动起来，在她落难的时候帮助她——即使是在想象中也没有施以援手。

这基本上已经完全是屠格涅夫的风格了，此处所说的屠格涅夫并不是长着美人鱼的眼睛，富有强劲的男性力量的谢尔盖·尼古拉耶维奇，而是未来声名远扬的伊万·谢尔盖耶维奇。

谢尔盖·尼古拉耶维奇与邻居公爵小姐的罗曼史具有悲剧色彩——他们无法将生活建立在自己的爱欲上。对于儿子屠格涅夫来说：父亲不爱家庭，他并不希望与自己所爱的人过上温馨舒适的日子。他给他们留下了死亡。死亡先是追上了"唐璜"，随后又赶上了齐娜伊达，但是他们的爱情以永不凋谢的形式逝去。

* * *

屠格涅夫大学生活的第一年是在莫斯科度过的。他学习成绩很好，但大学并没有对他产生什么特别的影响。1834 年秋，父亲将他带到了彼得堡，在那里与上近卫军炮兵学校的尼古拉一起生活更方便一些。10 月 30 日谢尔盖·尼古拉耶维奇病逝——他患结石病已经很久。他去世时太年轻，四十一岁就走了，因此他和齐娜伊达的恋情的确只持续了很短时间。说实在的，他的人生也太短促和令人唏嘘了。

此刻，伊万·屠格涅夫就只有母亲了，而她住得很远，暂且管束不了他在彼得堡的青春年华。

他是如何接受父亲的死亡的？他对父亲有一种虔敬之情，近乎顶礼膜拜。但是失去了父亲，他也不见得有多痛苦，只是总感觉到一种凄凉。他过着自己的生活。他对父亲的感情并没有那么深厚——即便后者以俊美俘获了他。

总之，屠格涅夫轻而易举就把父亲忘记了，有着敏感心灵的少年，那份敏感来得快也去得快，他很容易就沉湎于生活的变化，适应生活湍流的锐不可当。他年少时如此，成年后也是如此。他遇到了新的人，并对其温存以待，说足了满怀善意且彬彬有礼的话，答应了很多事——并且在当时十分真诚；而一旦离开，依旧是真诚地将其忘记。他怀着一种浪漫情怀迷恋他的父亲，父亲死后他也就随即忘记了他。

彼得堡的生活安排得井然有序。他对"科学与艺术"有着浓厚的兴趣，且十分博识。彼得堡大学的学生屠格涅夫不只是学习成绩好，他求知欲极强，什么都想知道，既学拉丁语，又读经典作家作品；既去看布留洛夫的《庞贝城的末日》画展，又去看卡拉特金演出；既去看《钦差大臣》首演，又去拜见普希金。

他自己也到了该写"坎特歌"的时候，不过他既不是"醉汉"，也不是"头号傻瓜"，他只是喜欢做这件奇怪的事情。

在彼得堡，依旧是在彼得堡大学，他从尊长那里找到了赞许他的人，这人就是彼得·亚历山大罗维奇·普列特涅夫，一位不事张扬、性情沉稳的教授，讲授的是俄罗斯文学。这已经不是普宁和他的赫拉斯科夫了，普列特涅夫的天赋并不出众，但他是普希金、茹科夫斯基、巴拉丁斯基、果戈理的朋友，有着很高的鉴赏力，执着地行进在普希金、果戈理这条文学之路上。只是这条路线的重要性尚未被大家察觉，例如就在前不久，屠格涅夫喜欢上了马尔林斯基，甚至还有别涅季克托夫。在文学品位的取向上屠格涅夫明显受到了普列特涅夫的帮助。

1837年初，屠格涅夫向他呈上自己的第一首长诗《斯杰诺》，这是一首有些幼稚的模仿《曼弗雷德》的作品。这首长诗在艺术上流于一般，但却意义非凡地证明了年轻屠格涅夫的才气。当然，拜伦写下那首长诗时也很年轻。无论是普希金还是莱蒙托夫，都从拜伦那里获得了创作营养，屠格涅夫的心灵也早就为拜伦所占据，拜伦的声音进入他的作品，并在他的笔下形成了自己的色调。他模仿了拜伦，但他选这篇作品作为模仿对象并非偶然。

普列特涅夫用他那双老花眼认认真真地读完了《斯杰诺》，并认定其为一部不成功之作。在课堂上他不点名地剖析了这首长诗，但这种解读是温和并满怀善意的。退休之前，他还把英俊却又神色焦虑，长着一双美妙的灰色眼睛的三年级学生叫到跟前，继续给他打气。"坎特歌写手"大着胆子给了他几首诗。普列特涅夫挑出其中两首给了《现代人》杂志社，这两首诗于一年后发表了。我不知道屠格涅夫给他的究竟是哪几首作品，但是普列特涅夫选择了一首用平静语调述说的哀歌体诗《年高德劭的森林之王》，像是在给他指出一条明晰又清醒的道路，此外还邀请他参加在自己家举办的文学晚会。

这可是初出茅庐者参加的第一次晚会，他将第一次与作家们相会！可以想象屠格涅夫有多么激动，他沿着彼得堡冰天雪地的街道去往普列特涅夫家，那是瓦西里岛上的一座普通民宅。

在前厅里他遇见的第一个人恰好是普希金，即普列特涅夫给他提示的那条文学之路的生动面貌。这场遇见转瞬即逝，普希金在他面前一闪而过。普列特涅夫甚至都没来得及给他们做介绍，这位戴着礼帽穿着外套的人以响亮的嗓音赞叹道："是的，是的！我们的大臣们可都真是好样的，没的说！"然后就走了！留在人们脑海中的是他那双炯炯有神、顾盼生辉的眼睛！是的，还有洁白的牙齿。

客厅里屠格涅夫胆怯而又犹豫地站在真正的文学家们中间，他们有些上了年纪，有些与他同龄。这些人中有沃耶伊科夫、格列苯卡、奥陀耶夫斯基公爵，还有一个衣着朴素的人，穿着一件长的双排扣常礼服，一张俄罗斯小市民的面孔，一副恭恭敬敬的模样，当有人请他诵读一下他的诗作时，他面红耳赤并挥着双手："那怎么能行呢，在亚历山大·谢尔盖耶维奇之后，我还怎么朗诵自己的作品！"这个人就是柯里佐夫。沃耶伊科夫读了别涅季克托夫的诗。普列特涅夫的妻子一副病容，举止文静，掌管着自己简朴的沙龙。来这里的人对政治问题全都噤若寒蝉，恪守着文学这一不变的议题，予以学究式的评说，他们常常交谈至深夜。贵族少爷屠格涅夫离开时，驾着雪橇将穿着常礼服、身染微恙的沃罗涅什牲畜商人[1]送回府上，此人系着一条打了蝴蝶结的颈巾，戴着一块垂着天蓝色珠链的手表，一双聪明又忧郁的眼睛。柯里佐夫与他在寒夜中道别后便隐没在夜色中。此后他们再也没见过。

之后他还见到过一次普希金——在后者决斗的前几天，在恩格利加特[2]家大厅举办的晨间音乐会上。普希金站在门旁，两手交叉在胸前，满脸阴郁不快，屠格涅夫盯着他上下打量，像一个钟情的恋人，这一次把他的一切都给记住了：带有愤慨之情的一双深色眼睛，高高的额头，几乎看

---

1 指柯里佐夫。
2 恩格利加特（1785—1837），波将金公爵的后裔，普希金的朋友。

不出来的双眉，一头卷发，络腮胡子，露着白色大牙齿的非洲人的嘴唇。

就风度气质和内在性格而言，在这位优雅的、轻而易举就被"毒害"的年轻人和那位现实生活中激情奔放的"非洲人"之间没有任何共同之处，后者几天之后便倒在雪地上抽搐，腹部被对手的子弹击中（想象一下屠格涅夫在决斗中会是什么样子！）。但是在语言中，在艺术精神上，他们俩是一对近亲，一对俄罗斯艺术才俊。在屠格涅夫心中普希金是永生不死的，对他来说普希金甚至成了一种可以穿透一切的力量。如果有什么东西与普希金敌对，他一定会认为是大逆不道的事情，不管不顾地护着他；如果有人赞扬普希金，那就是理所当然的。

屠格涅夫成绩十分优异，以至于毕业时曾有人建议他留校任教。也许他真的想过留校，但是他去斯帕斯科耶度假时迷上了打猎，竟然没能把毕业论文写完。

异国他乡

1838年5月瓦尔瓦拉·彼得罗夫娜将儿子伊万从彼得堡送到了国外。儿子小的时候她动辄用鞭子打他，此时此刻她却坐在喀山教堂的长椅上痛哭，为儿子做临别祈祷（但哭归哭，如果有机会的话，也许她还是会打他）。儿子乘轮船去德国，径直去了吕贝克，从吕贝克走旱路应该能够到达柏林，继续他的学业。

码头上，在最后时刻的忙乱中，人们热情地道别。大家把瓦尔瓦拉·彼得罗夫娜搀扶上四轮马车。轮船启航了，笨拙地拖着轮子，冒着浓烟。瓦尔瓦拉·彼得罗夫娜在回来的路上晕倒了，随从们给她嗅盐并在她太阳穴上涂抹香水。这时她的儿子正站在船舷旁看着海岸缓缓隐退。他当时二十岁，长相英俊，一副阔少爷的样子，在前方，阴沉的波浪那边是一个崭新的世界，新的相遇、学业，也许还有爱情……他未必牵挂母亲，与她分别，他并没有感到多么难过。

别看如今看起来像是个玩具，在那个时代，"尼古拉一世号"轮船算大吨位的了，很多俄罗斯人都乘坐过它，一家家的父母亲、奶妈和孩子，以及各种童车和周游列国的轻便马车，全都聚集在这条船上。年轻的屠格涅夫胡子

屠格涅夫像（1838—1839）

剃得精光，留着时尚的"李斯特"发型，领带绕着脖子系成围巾的花样，他很快便有了一种获得自由的感觉，而且他尽可能地享用了这份自由：他迷上了公众舱的赌博。这份迷恋战胜了他给母亲许下的再也不打牌的承诺。是一个来自彼得堡的牌迷诱惑了他。也正如大家所想，新手开赌总是运气好，他赢了钱，激动得涨红了脸，坐在那里，他面前放着好几堆钱币。幸好瓦尔瓦拉·彼得罗夫娜没有见到他在这儿玩牌！

不过，没有母亲插手的这次赌博其结局也是悲惨的。轮船行至吕贝克不远处，就在大家伙儿赌兴正酣的时候，船舱里跑进来一位气喘吁吁的女士，她喊出"着火啦！"便跌倒在沙发里，昏厥过去。赌徒们全都跳起身，什么金币纸钞，什么输赢，全都抛至脑后，大家一窝蜂逃到甲板上。甲板下方，烟囱附近蹿出了火苗，黑烟滚滚而来，船上顿时狼藉一片，混乱不堪。屠格涅夫不知如何是好，他有气无力地坐在舱外的旋梯上，海水拍溅上他的面庞，身后火焰发出沉闷的响声，像穹窿一样罩在周身，炽烈灼人。他身旁坐着一位虔信的老妇人，她是一户俄罗斯人家的厨娘，她在胸前画着十字，低声做着祷告，并拽住年轻人，因为他动了跳海的念头（或是做出要跳海的样子）。屠格涅夫自己也承认，他多多少少是在她面前做戏……但无论如何眼前的情景是很可怕的。水手将他们二位带离这个地方，跳上停放在甲板并且因起火而下陷的马车顶棚，他们吃力地到达船头，那里已经聚集了很多乘客。他们正往下放舢板。

就在此时，屠格涅夫向水手求救，并用母亲的名义答应付给他一万卢布，如果他能救他的话。

水手没有救他。年轻的屠格涅夫在懊丧与绝望中大声呼救，幸亏火灾发生在离海岸不远的地方，船长将轮船驶向岸边，他得以及时逃到了浅滩上——乘客们一个接一个地跳上舢板，到达浅水处，浑身湿透，冻得牙齿咯咯响，全部慌乱不堪，庆幸悲剧最终没有发生。但这场事故给屠格涅夫留下了阴影。他缺乏阳刚果断的气魄，非常惜命。第一次与死亡直面相遇就让他接受并理解死亡，无论当时还是之后，他都是万万做不到的。死亡是他的敌人，是恐惧，是无稽之谈。他还年轻健壮，才华横溢，人生还长，在这条人生路上他还将发出自己的声音——这是一种强烈的存在感，这是出类拔萃者忠实的旅伴，于是他扯着嗓子大喊：

"我不想死！救救我！"

在他漫长而又充满荣誉的一生中，人们都没有忘记他的这次求助的呼喊。年轻时人们责备他，即便当他成为有名望的老者的时候，人们还记得他的这段往事，并对此予以歪曲、污化，以此凸显评述人自己的全部人性魅力。

* * *

30年代的柏林是一座不大的城市，相当安静，相当乏味，同时也是德性极其高尚的城市。国王恭顺地敬畏尼古拉皇帝。德国人早上六点起床，工作一整天，十点时所有人都回家了，只有一些"郁郁寡欢、灌饱啤酒的守夜人在空旷的街道上到处游荡，或者某个性情暴躁、醉醺醺的德国人从蒂尔加滕[1]蹒跚走来,在勃兰登堡门旁小心翼翼地熄灭手中的雪茄,因为他向来乖乖地遵纪守法"。

但是科学在这里蓬勃发展。柏林大学在学术上的井然有序吸引了来自远方的年轻人,其中也有俄罗斯的学生。老师和学生之间的关系还很浪漫,就像我们的知识界一样:教授被认为是人生的导师,仿佛是精神领袖,学生可能还会有崇拜、兴奋,比方说,这种情怀可以在唱夜曲的风俗中表达出来。学生们聘请演奏的乐师,晚上聚集在他们喜爱的教授家里,序曲结束后,他们会唱起向科学、大学和教师致敬的歌。教授走上前来——在热情洋溢的演说中感谢支持者,尖叫声响起,学生们扑过去握手、流泪,诸如此类。

来到柏林后,年轻的屠格涅夫主要心思都用在学问上,丝毫不逊色于在彼得堡的时候。在楚姆普特课堂上听拉丁语,在博克那里听希腊文学史,回到家死记硬背拉丁语和希腊语语法——这些在彼得堡大学学得不充分的课程。最重要的是,他研究了黑格尔。就是这位黑格尔最能吸引俄国人到柏林来。屠格涅夫身上有一种踏实肯干的意志力,他可以征服拉丁语和希腊语。柏林大学给了他古代语言的知识——他一生都能流利地阅读经典著作,而黑格尔以另一种方式掌控了俄国人的灵魂和心智。柏林这些年云集了格拉诺夫斯基、巴枯宁、斯坦凯维奇等堪称我们知识界奠基人的人,他们语言慷慨、热情高涨,并不逊色于德国学生,比德国学生更气宇轩昂。黑格尔哲学让他们觉得振聋发聩,

---

1 柏林市中心的一座城市公园。

醍醐灌顶，提出了最"基本"的问题——他们难以只从学术角度理解黑格尔。按照俄国的习惯，人们把黑格尔奉为偶像。年轻的学术殉道者们、埋头书堆之人与狂热者，他们将伫立于这座"殿堂"并聚集在门边，不放过每一个小问题并为之争论不休。"绝对精神""自我否定""自我意识"——由于对这些概念的争执，彼此亲近的人可以整整几个星期互不说话，人们全都沉迷于关于黑格尔的书籍和小册子，直至将它们"读穿读烂"。

屠格涅夫沉浸在这激情高涨的沸腾状态之中，经历着"小组"和夜晚的争论。他明白此为何物——每到晚上聚集在大学生房间里，那里供应茶水（还有夹着一片冷牛肉的三明治）——口中念着的都是黑格尔，一直喊到早晨。他时常光临歌唱晚会，自己也参与其中。

这里的学生特别喜欢一位叫维尔戴尔的老师，他是一名黑格尔主义者，以崇高而满怀激情的精神阐述黑格尔，经常将教义应用到生活中。维尔戴尔是一个年轻而有信仰的人，心地非常纯洁和善良，是斯坦凯维奇的朋友。屠格涅夫听了维尔戴尔的讲座，非常尊敬他，就像尊敬斯坦凯维奇一样。屠格涅夫对青年人的那些"小组"、争论和年轻人间的热情交流持保留态度：他喜欢且珍视一些参与者，自己却置身于聚会之外。他是否也太孤僻了？或者他已经是一位非常精深的艺术家？他喜欢与自己说话，但他做的更多的是讲述和描绘。教条主义和教育精神将其排斥在小组之外。屠格涅夫从小就喜欢精神上的自由，这当然也会导致他的孤独。

在柏林，屠格涅夫不仅学到了许多，看到了令人着迷而且精神世界崇高的德国人，同时也与一批卓越的俄罗斯人相遇，正是他们对他产生了影响。

1838年秋天，在格拉诺夫斯基的引荐下，屠格涅夫认识了斯坦凯维奇。一开始，斯坦凯维奇对他很疏远。屠格涅夫在他面前胆怯、畏缩。但这个虽疾患在身却性格开朗的青年的魅力是巨大的。屠格涅夫爱上了他，并慢慢接受了他，同时也就进入了斯坦凯维奇的圈子，沉浸于斯坦凯维奇那种崇高的真诚、质朴与不懈奋进中，这些特征都是斯坦凯维奇所特有的。是的，斯坦凯维奇建立了自己的"小组"，其中包括格拉诺夫斯基、涅维罗夫、屠格涅夫，还有其他人，而他自己没有压制任何人，也没有将任何东西强加于人，更没有在任何人面前表现自己。他沉默且实干，小组成员们可以随心所欲地谈论黑格尔和其他各种新生事物——斯坦凯维奇只是发散自己的某种热能，并以此培育他人。

屠格涅夫有一个让他备受折磨的缺点，即尚不够诚实——他小时候就注意到了它的存在。是想象力的鲜活？是"卖弄"与"表现"的愿望？还是个人本真的流动和多变？而且他有时候还会撒谎，这让很多人远离了他……他给人的印象是一个装腔作势的人，一个不能依靠的人（他确实也是不能依靠的！但也确实具有诱惑人的天赋）。

斯坦凯维奇和后来的别林斯基一样，接受了屠格涅夫，爱他的本来面目，喜欢这个既不是好人也不是坏人，而是多姿多彩、鲜活生动的屠格涅夫。他们以自己的爱接纳了他，并重塑了他。在斯坦凯维奇面前，大学生屠格涅夫不可能那样放纵。斯坦凯维奇的诚实质朴和发自内心的激情影响了他。

他和斯坦凯维奇一起拜谒了一所相当出色的房子——H.弗罗洛夫一家的文学沙龙。弗罗洛夫是不显山露水的人，翻译了洪堡的《宇宙》，出版了《地球科学与旅行商店》。他的妻子，一个不年轻、憔悴、非常苗条和聪明的女人，是家里的中心。她与屠格涅夫的交谈给他带来了精神上的优雅和高度的启蒙。她的家里曾聚集过亚历山大·洪堡、瓦恩哈根·冯·恩泽和贝蒂娜·阿尼姆。二十岁的屠格涅夫在这个俄罗斯家庭中看到了德国文化界的顶峰。洪堡是一位著名的科学家，瓦恩哈根用德语写了关于普希金的文章。与贝蒂娜一起，歌德思潮进入了屠格涅夫的生活。

一句话，就像总是发生的那样，无论屠格涅夫在哪里定居，他总是迈向智力与精神的顶端，而后在他周围结晶出他想要的人。

但在柏林，他不只埋头研究学问，也不只从事繁重而严肃的工作，他喜欢光顾游艺会、化装舞会，非常喜欢在蒂尔加滕策马而行。在这里，他没有沉迷于狩猎带来的激情，也没有酗酒。然而，他却经常光顾一个半地下室的小酒馆，浪漫主义作家霍夫曼曾在这里喝得酩酊大醉，并对庸人们严厉斥责。他光顾了很多家剧院——这完全是屠格涅夫的喜好，将来也是如此。

他的仆人波尔菲利·季莫费耶维奇·库德里亚绍夫和他住在一起。这是一个相当可爱的人，也不乏优点，他自学成才，是瓦尔瓦拉·彼得罗夫娜的家庭医生、文秘和大臣。但这位仆人的不同一般之处在于，他是这位年轻的贵族少爷——柏林黑格尔主义者的同父异母兄弟。伊万·屠格涅夫是否知道他的家奴波尔菲利的父亲是谢尔盖·屠格涅夫？也许不知，至少在那些年是如此。

波尔菲利在他手下像是一个秘书，有时给瓦尔瓦拉·彼得罗夫娜写信。他比他的老爷/兄弟大一点，但他们相处得很友好，经常做相当孩子气的事情：养一条偶然来到他们身边的狗，然后训练它去捉老鼠。他们还一起玩士兵小人。然后，弟弟用德语代他的哥哥写情书。

他自己和母亲的通信很不顺利。真可惜他的信没能保留，但她的书信却幸存了下来。这些信写得情深意重。没有它们，瓦尔瓦拉·彼得罗夫娜似乎只是一个自以为是的农奴主。事实远非如此。

谢尔盖·尼古拉耶维奇去世后，她把所有的爱都转移到了儿子身上。"伊万是我的太阳。当太阳落山时，我什么也不能看见，我不知道自己在哪里。"对儿子的眷恋和对丈夫的爱恋一样痛苦。儿子也不爱她。她很难和他通信，他不仅写得很少，而且写得了无生气。他只是不感兴趣——这对爱来说是最可怕的字眼！他时常忘记回复（犯懒），有时突然感觉很委屈，于是很长时间不回信。

"啊！所以你就这么生我的气了，不写信；你已经欠下五封信。你听听吧，第一趟邮班来了——我叹了口气，第二趟邮班——我想了很多，第三趟邮班——人们开始劝我，秋天……河流……邮局……解冻了。我信了。第四趟邮班来了——没有信！自己也吓坏了的叔叔努力让我平静下来。'不！是不是瓦尼契卡[1]病了？'我说，'不！他又

---

1 伊万的爱称。

把胳膊摔伤了……'嗯，没有力量能把我说服。这是第五趟邮班。每个人都惊恐不已……他们以为我疯了。这一周，我像一个木偶，天天夜里睡不着觉，每天都吃不下饭。晚上我躺不住，就坐在床上想……我的瓦尼契卡死了，他不在这个世界上了。我形容枯槁，脸色蜡黄。而瓦尼契卡却在生气……"

动动鞭子就能制服瓦尼契卡的时代已经过去了，也许那时她爱他爱得太少。当时他特别需要温存和爱，而现在他离开了她，开始了自己广阔而光荣的成年人的生活。

她的信中流淌着多少激动之情！语言是多么的华丽动听！为人母的情感又是怎样的沸腾！多么的满腔热血！她的言辞灵活富有弹性，俏皮而又锐利，语词混乱却又有如珠玑，热情似火，这很不像她惯常写下的平静又圆润的散文，正是这样的文字赋予了儿子人生的荣光。她的书写是一段独白，不带任何假设，发自内心深处，出自"天性"。

"……我的生命因你而存在。就像针穿着的一根线；针在哪里，线就在哪里。Cher Jean！ [1] 有时我怕你被我的责备和训诫激怒。但是！你必须听进去我的辩白。在我的时代我有的只是敌人，只有嫉妒者。"

就是这个带着感叹号的"但是"，谁人的散文能让你读出如此丰富的感情？既神经敏感，又威严、任性，它们都是从哪里令人沉醉地汩汩流出的？

这根本不像是野蛮的草原女地主从斯帕斯科耶村写给双重面目的黑格尔主义者的信。瓦尔瓦拉·彼得罗夫娜本

---

1 法语：亲爱的伊万！

人也旅行过，她相当开明，喜欢读书，读了很多书，主要是法语书籍。她几乎不认可俄罗斯文学。一般说来，她对文学同对宗教一样——态度完全是矛盾的。对她来说，作家就像一位 Gratte-Papier（抄写员），但她自己却很乐意阅读，很有学问，她在写给儿子的信中还会引用拉丁谚语，并责备婆婆只会打牌。重要的是，她差不多就是一位作家。看看她是如何描述自己的一天的，又是怎么描写火灾的，字里行间都闪烁着她的艺术天性与天赋。这就是痛苦与快乐并蓄的话语，就这样一位萨尔蒂科娃[1]来说，这是令人意外的。人们就把这样的她推到我们面前。

"……我再重复一遍我作为一家之主的专断命令。""你可以不写信。""你可以任性错过邮班，但是你必须告诉波尔菲利：'这趟邮班我没有给妈妈写信。'那么波尔菲利就可以拿过纸和笔，简明扼要地给我来上一句：'伊万·谢尔盖耶维奇安康无恙。'不需要更多，这已经足够支撑我在第三趟邮班到来之前都心平气和。这个要求听起来并不过分苛刻吧。但是有一宗！若是你们俩都空过那趟邮班，那我一定用鞭子抽打尼古帕什卡；我也舍不得这么做，而且他是一个很好、很可爱的小男孩，我很关照他，他很健康而且学习很好。但有什么办法呢？可怜的小男孩将忍着……你们就看着办吧，可不要逼我干出这种不公正的事儿来……"

屠格涅夫和波尔菲利果真逼她"干出这种不公正的事儿"了吗？

---

1 萨尔蒂科娃，一个因残暴而出名的女农奴主。

只有一件事是清楚的：屠格涅夫对母亲总是很冷淡。他对她没有兴趣，也没有感情。比方说，瓦尔瓦拉·彼得罗夫娜要求他从柏林寄来鲜花种子（装在信封里）——她一直非常喜欢花，而且在她看来，这些种子也像是维系和儿子的感情的纽带。他有时寄，有时不寄，视心情而定。他只是既没有想到她，也没有想到她的愿望。

爱是不能命令的！屠格涅夫对母亲没有产生出这种感情，他有充分的理由不爱她。然而，他也做不到对近在身旁的爱的火焰持冷漠态度；母亲常常粗暴地责备他（自私、花钱大手大脚），但在她疯狂的爱与痛苦中，在她一个个不眠之夜和一桩桩"不公正的事儿"中，她又唤起了他的同情。

* * *

这个时候他生活如常。他写了一些诗，但都藏起来了，没有发表，重要的是他在成长。他尽情地吸纳，从维尔戴尔的讲座到蒂尔加滕和贝尔塔的游玩，再到去追求某个女孩。他在见识着，生活着，丰富着青春岁月应该享有的！而母亲在某个奥廖尔省……

斯帕斯科耶的老房子于1839年5月的一个晚上因一场大火化为灰烬，母亲绘声绘色地描绘了客人们逃离时的情形：她是如何躺在沙发上，孩子们在她四周玩耍，她开始"和莉塞塔争论什么"，突然一束火花从窗前飞过，她身后是燃烧着的碎片，整个花园立刻被火光照得通亮。瓦尔瓦拉·彼得罗夫娜逃到教堂。牛在哞哞地叫着，女人们哭泣号啕，男人们拿着水桶和长杆钩乱作一团并相互推挤着。乡村失火非常恐怖也让人束手无策……在深红色的光里，粉红色的烟团翻滚着，吓得受惊的鸽子四处乱飞。到了午夜，除了一个侧翼，老宅什么也没留下。瓦尔瓦拉·彼得罗夫娜暂时搬到了姆岑斯克。

也许，身在柏林的黑格尔主义者只是叹息了一下，沉思了一下，仿佛这一切都发生在遥远的斯基泰[1]，奴隶与君主的国度，因而在他的脑海中一闪而过。而洪堡、斯坦凯维奇、维尔戴尔这些人，他们才是现实的、就在身边的生活。

但是年底，屠格涅夫还是回了一趟这个"斯基泰"，在彼得堡待了一阵子，并在 1840 年初途经维也纳抵达意大利。40 年代的罗马！就是现在也很难想象。科尔索的狂欢节，西班牙阶梯上的花童阿尔班克斯，强盗的帽子，女人身上的阿布鲁兹天鹅绒紧身胸衣，驴子，教皇的警察，被历史烟尘埋没半身的古罗马广场上的牛……紧接着铺展在眼前的是坎帕尼亚，那里是一片草地，现在是法院所在地，每到晚上街上还有拒马护栏……酣畅的诗歌气息，还有罗马的酸涩且充满活力的空气。

在这第一次意大利之行中，屠格涅夫心中只有青春和想要获取一切的激情。他什么都不想错过，想要知道得更多。于是他过上了一名意大利朝圣者的可爱而光明的生活。他碰上了一个极好的伙伴、朋友和领袖——依旧是那位斯坦凯维奇。罗马之行时的斯坦凯维奇有着消瘦优雅的外形，卷发很长，系着一条很大的横条领带，一件样式端

1　也译为西徐亚，指黑海北岸的一片辽阔区域。

庄的骑装长外套。斯坦凯维奇住在科尔索。屠格涅夫、霍夫林夫妇和弗罗洛夫都去过他的小公寓。公寓离果戈理住的斯特拉达·费利斯（Strada Felice，现今的西斯廷大道[Via Sistina]）不远。他们可能经常坐在康多蒂大道（Via Condotti）上那个自歌德时代以来就很有名的希腊咖啡馆里。这是著名的歌德时代。罗马生活的主要魅力当然是在户外，在游荡和远足中。屠格涅夫和斯坦凯维奇经常出门，长了很多见识。"不知道自己出身的沙皇之子"（屠格涅夫后来这样称呼他的朋友）勇敢地带领他穿过斗兽场、梵蒂冈、地下墓穴。屠格涅夫的受教仍在继续。意大利帮助"沙皇之子"打磨另一位年轻的王子——俄罗斯文学的王位继承人。正是在意大利，在拉齐姆的风景中，靠近拉斐尔的"雅典学院"和"帕尔纳斯"，斯坦凯维奇的精神掌控了屠格涅夫，那是诗歌和真理的精神。他还在年轻时就见到过的，后来熟知并爱上的，正是意大利，它的光辉印记永远留在了这位贵族身上。

斯坦凯维奇病了，得的是肺结核，也许这使他变得更为敏感，情感更细腻，赋予他某种锐利的眼光。屠格涅夫怀念着霍夫林的大女儿舒舒，但已经毫无痛感。也是肺结核患者的波兰人布雷克钦斯基请他们听音乐。屠格涅夫打算上绘画课，但一直没准备好。不过，他画了各式各样的漫画和幽默画。这可能是晚年屠格涅夫讽刺艺术的最初萌芽。

罗马有种忧郁倾向，但也透明，富有创造性。在罗马，一个人能感受到的既有自己的渺小，又有自己的永恒。歌德、果戈理在罗马创造了许多东西，屠格涅夫在这里学习了。

斯坦凯维奇已经在向深渊窥视。他登上四楼去霍夫林家时，边上楼梯边读普希金的诗，突然喘不过气来，停下来咳嗽，在捂住嘴巴的手帕里有咳出的鲜血。

或许他和屠格涅夫是从阿尔巴诺乘马车取道阿庇亚公路返回的。黄昏即将来临。空气一片清澈，右边的萨宾山峦在天空下暗哑无声，它们的山顶被粉色空气所触动。渡槽、羊群，一切都没了声息，变得僵硬。左边是穿皮裤的牧羊人，圣彼得大教堂无边的穹顶，向左便是奥斯提亚，夕阳静静地闪烁着，落在大海里，被一座孤零零的塔划破。

在一片长满常春藤的高大废墟旁——他们分走在路的两边——屠格涅夫停住马车，探出身子，喊道：Divus Caius Julius Caesar![1] 回声以某种呻吟作答。斯坦凯维奇本来是个开朗健谈的人，他突然脸色苍白，把尖尖的下巴垂在他的宽大领带上。

"您为什么要这样做？"当马车开动时，他问道。直到抵达圣塞巴斯蒂安港，他都沉默不语。夜幕降临，坎帕尼亚这片古老的土地上弥漫着尘土。

他的预感应验了。暮春时分与屠格涅夫分手后，他再也没有见到他。夏天他死于诺维，死在迪亚科娃和叶夫雷莫夫的怀里。屠格涅夫当时在那不勒斯，他取道热那亚回到柏林。

斯坦凯维奇的死使他非常激动，这种情绪无法抑制。也许，透过浸润着真挚泪水的雾霭，世界本身会变得更加明晰。他在瑞士徒步旅行，穿着旅游服，肩上扛着棍，挑

1　拉丁语：神圣的盖乌斯·尤利乌斯·恺撒！

着背包。路过法兰克福时，他爱上了一个在糖果店遇到的美少女（《春潮》中的女主人公杰玛便出自此处——只是她本是犹太人，而不是意大利人）。他差点因为她被困在法兰克福——他的命运当然不会是被拴在一个偏僻的面包店。到达柏林后，他给格拉诺夫斯基写了一封关于斯坦凯维奇去世的言辞优美的信。

斯坦凯维奇是一位偶然出现的贵宾，是俄罗斯的诺瓦利斯。他像一只鸽子飞来，在所有认识他的人身上留下一道纯洁而温柔的痕迹，然后飞走了。不知为何他为屠格涅夫所需要，不知为何还有另外一个人也为屠格涅夫所需要，这个人已经不再是一只鸽子，也不再是一闪而过，他的命运也和他连接到了一起。斯坦凯维奇死后一个月，屠格涅夫与米哈伊尔·巴枯宁相识。他们甚至住在了一起，很快就亲近了，一整年都情投意合。这位新朋友和他以前的朋友只有一个共同点——也是一位黑格尔主义者。他是一个体格健壮、相貌英俊、吵吵闹闹的人，口才好极了——纯粹的一股咄咄逼人的劲儿，具有领导力。他身上有一种东西吸引了屠格涅夫。是与斯坦凯维奇不同的宽大的身躯、"灵感"、鬈发，还是他的力量吸引了他？年轻的屠格涅夫喜欢的正是"这号人物"。就在不久之后，他对马尔林斯基和别涅季克托夫也产生了兴趣。一幅屠格涅夫在40年代初的罕见的肖像画描绘了他"致命"的转头，不无挑战性的目光，浪漫的圈状鬈发——一个非常美丽和美妙的年轻人，但当然有些做作。在斯坦凯维奇面前，他并不觉得他要硬往前者身上靠，而面对巴枯宁却恰恰是这样。屠格涅夫和巴枯宁是优秀的搭档，在讲座和各种会议上都表现出众。

他们在柏林著名的斯帕尼亚帕尼咖啡馆引起了安年科夫的注意，那里有许多外国报纸和杂志：当然，俄罗斯的黑格尔派贵族少爷们美化了这个机构。

虽然当时巴枯宁大吵大闹，但一点也没有"坏了规矩"，相反，他用俄国的愤怒来捍卫和证明一切存在的东西都是合理的，把黑格尔理论发挥到极致。屠格涅夫则是在静听——他从来没有对极端上瘾。

也许，除了思想上的亲近，他和这位开朗的贵族老爷住在一起，只是因为有一种舒适和愉快的感觉，某种意义上来说，他像是"自己人"。他们的共处生活留下了一些新鲜的痕迹。他们也许还记得美好的时刻、"无眠的夜晚"，正如巴枯宁所说，在他们的房间里，屠格涅夫守在他心爱的炉子旁，巴枯宁坐在沙发上。姐姐瓦莲卡一次次筹办起晚会，他们则在晚会上听贝多芬的交响乐，用熏黑了的舌头喝茶，唱歌，谈笑风生，也在争论不断……或者一起拜访佐尔玛小姐（一位年轻女演员）——屠格涅夫穿着绿色天鹅绒背心，巴枯宁穿着紫色的。还有那个斯帕尼亚帕尼咖啡馆……

看来，屠格涅夫的这一时期，即柏林—意大利时期，是他人生中最好的一段时期。

在俄罗斯

屠格涅夫回归故里时乃一位风度翩翩的青年。他穿着讲究，戴的是长柄眼镜，身着不同颜色的配有坎肩的长礼服，做工时尚的瘦腿裤子，裤脚口上配有套在脚底的套带，裤子颜色非常柔和。他口齿伶俐，滔滔不绝。不消说，常常是夸几句海口。在相当长的一段时间里，他的外表与他实际该有的样子并不一致。他的外在打扮迷惑了许多人。后来，在涅瓦大街上，帕纳耶夫遇见这位高大英俊、风流倜傥的青年，都不曾想到他是一位诗人、哲学家，还以为他是上流社会的公子哥儿。彼特拉克当年在阿维尼翁不也是这么打扮自己的吗？只是那个年代的时尚是另外一个样子：意大利诗人把自己遮住额头的一头卷发捯饬得工工整整。

屠格涅夫夏天住在斯帕斯科耶村，冬天和母亲一起住在莫斯科奥斯托仁科大街上洛沙科夫斯基家的房子里，租了阁楼的几个房间，温暖舒适，带有莫斯科居所中难以言说的美妙，散发着百年家具的味道和几分淡淡的熏香，墙角的圣像前放有神灯，灯里的柳枝已经干枯。他常常外出，经常出没于莫斯科的沙龙。那里汇聚了文坛群星，例如普希金、格里鲍耶陀夫，还可以遇到果戈理和霍米亚科夫、阿克萨科夫、恰达耶夫。屠格涅夫一心想通过硕士学位考试当哲学教授，但计划完全落空。自此屠格涅夫依旧是妈妈的爱子，心有诗人志向的年轻人。

屠格涅夫与母亲相处得温馨和谐，彼此彬彬有礼。妈妈因儿子的归来备感幸福。在斯帕斯科耶她不停地给儿子熬制他爱吃的醋栗果酱，他吃撑了，倒在带靠背的大沙发里给年幼的妹妹瓦拉·日托娃（瓦尔瓦拉·彼得罗夫娜的养女）讲各种故事，有时候两人还一起"扫荡"人人皆知的斯帕斯科耶食品柜，那里面什么吃的都有。这个食品柜放置在从火灾中完好保留下来的石廊里，亦即庄园图书馆门边，并由已故的谢尔盖·尼古拉耶维奇的男仆，耳朵有点背、有点呆傻的老头儿米哈伊尔·费利波维奇看护。屠格涅夫经常领着瓦拉钻到柜子里面去——这位少爷已经成年，已经没人能管得了他！——而且把里面所有"好吃的东西"和甜点都倒腾空。[1]老头儿吓得张皇失措，很难过，却拿他们毫无办法。他随后沮丧地向瓦尔瓦拉·彼得罗夫娜汇报说："太太，他们把柜子里的东西又全都吃完了！这样下去怎么成，准保会把胃毁了的！"当然，最让仆人难过的还是，主人在柜子里储存多年的那么多最金贵的"食品"被他们挥霍一空。

但是瓦尔瓦拉·彼得罗夫娜并没有因此惩罚屠格涅夫："哦，没关系，费利波维奇，我们得派一辆大车去奥廖尔，或者是姆岑斯克。"

---

[1] 屠格涅夫是个嗜甜食如命的人，自小起他妈妈就非常严厉地管控他吃甜食，但老太太却下令在斯帕斯科耶通往图书馆的石砌游廊入口处放了一个巨大的食品柜。

田园牧歌式的生活就此暗哑，取而代之的是黯淡无光的日子。瓦尔瓦拉·彼得罗夫娜特别擅长摧毁生活。她特别器重管家波利亚科夫，而管家的妻子，恭顺的阿加莎可以说也很受她喜欢……但当得知阿加莎生了孩子，她却大动肝火，原因首先是孩子爱哭闹，其次是这个孩子让他妈妈从此不能全心伺候瓦尔瓦拉·彼得罗夫娜（她坚信自己的神圣是不可撼动的）。

"如果你把孩子带在身边，你就不能够尽职尽责服侍好我！"

于是她下令将孩子送到乡下去，送去彼得罗夫斯科耶村，放在那里寄养。阿加菲娅[1]长年累月地忍辱负重，言听计从，但是这回她不答应了，没有把孩子送走，而是将其偷偷留在斯帕斯科耶庄园，变着法儿与女主人作对。仆人们严守秘密，他们都很敬重阿加菲娅和安德烈，没有出卖他们。但是做父母的却整天担惊受怕，生怕事情露馅儿。有一天奶娃娃的啼哭声差一点把安德烈的秘密给暴露了，做父亲的不得不用手捂住婴儿的小嘴。这种状况持续了很长时间，一直到搬到莫斯科才告终，而后，阿加菲娅终于大着胆子当面向太太禀告实情，说她已把孩子们带到了莫斯科（后来她又生了两个），这是违背主子旨意的事情，不难想象接下来的情景：降她为普通家奴，并施以惩罚。但孩子们依旧留在了庄园，因为他们把孩子们又藏了起来。

屠格涅夫已经不是小孩子了。格拉诺夫斯基来莫斯科看他，并在楼上房间与他就农奴制与农民解放问题展开热

---

1 阿加莎的大名。

烈的讨论。他对发生在阿加莎身上的事情无法容忍，出面干预，并为此感到痛苦。有时候他达到了目的，有时候却又难以如愿。不管怎么说，体面的外表下他对母亲的个人感情已经恶化。

在这饱食无忧、热闹阔绰的少爷生活中，一桩风流韵事再次上演。

阿芙洛狄忒-潘得摩斯重又以奴仆的模样出现，又是在斯帕斯科耶肥沃的庄稼地——相貌平常的阿芙洛狄忒女裁缝，文静的白肤金发女子。他不费吹灰之力就把阿芙多吉娅·叶尔莫拉耶芙娜征服了，她在他面前一副怯生生的样子，在太太面前也总是哆哆嗦嗦的，也许后一种样子才是她最有力的情感表现，她以一种众所周知的柔情唤起了他的怜惜。当然，他对她也表现出了在日常生活中她不曾感受到的温情，所以她恭顺地把自己的青春和处女之身交付于他，如同交付于让她景仰之人。这种关系是如此平常，带有几分忧郁，只是人的一种本能……且变得无趣。

不用说，瓦尔瓦拉·彼得罗夫娜很快就知道了全部情况。阿芙多吉娅·叶尔莫拉耶芙娜被驱逐出斯帕斯科耶庄园，屠格涅夫将她安置在莫斯科，在普列契斯坚卡街，她在一座矮楼的一层租了一套两居室，继续做她的针线活。

阿芙多吉娅·叶尔莫拉耶芙娜在屠格涅夫的脑海里渐渐模糊，只剩下唯命是从，谦卑而又恭顺的形象。奥廖尔的杜涅奇卡[1]不敢不回应少爷突发的热情。他于1843年以诗作回忆起的不就是这位恭顺的杜涅奇卡吗？

---

1 阿芙多吉娅小名杜尼娅，这里是爱称。

打开的窗户，花园"巨大，既清幽，又岑寂"。他们坐在这扇窗户旁，他抚摸着她那散落的长发，她带着"疲惫的微笑"朝花园里看去，望着斯帕斯科耶的夜莺，感受着那些地方所有生命的气息，还有月亮。

抬起忧郁的眸子望向神秘星空
你曾经跟我说过：
"哦，亲爱的，我与你从未有
怡然自得的全身心相守！"

我想回答，但却莫名怔住
我的话语已经熄火……倦怠地无声无语
寂静降临……
你的大眼睛泪光婆娑
一弯寒月
凄冷地亲吻你的头。

在这桩并不复杂的私情中是否有诗的因子？但不管怎么说，奥廖尔的杜涅奇卡并没有悄无声息地消失在屠格涅夫的人生中：1842年5月她为他生下了女儿，取了个并不起眼的平民名字叫别拉盖娅。命运的神秘之手后来把她从奥廖尔和姆岑斯克永远带走，将俄罗斯的波利娅辗转带到巴黎，改名为波琳娜，使其融入了另外一个法国人的家，即闻名遐迩的波琳娜·维亚尔多家。但是眼下，年轻的黑格尔信徒完全想不到孩子的将来，管家费多尔·洛巴诺夫每月都给阿芙多吉娅·叶尔莫拉耶芙娜一笔钱，而屠格涅夫这时候却又卷入另一桩恋爱，这是一桩迷惘的书生之恋，亦即罗亭式的能说会道的恋情，这份恋情中充盈着精致的贵族生活的所有优雅。

* * *

在特维尔州的普列穆辛诺村，在清凉的奥苏嘉河畔，住着一户奇怪的俄罗斯人家——巴枯宁一家：父亲、母亲，还有整个家族的孩子，女孩居多，但其中最出色的要数米哈伊尔·巴枯宁，即"米舍尔"。在柏林，年轻的屠格涅夫曾与他相处了整整一年。因为米舍尔，这个家庭获得了历史意义，但其本身也是让人兴趣盎然的。这个家如同一个女儿国，统领者当然是米哈伊尔。曾经，决定着普列穆辛诺庄园"气候"的是柳波芙、瓦尔瓦拉，以及塔吉娅娜和亚历山德拉这对亚历山德罗夫娜[1]姐妹。根据既往描述可以看得出这家子女的面目未见得有多周正，有时候甚至可以说跟漂亮不沾边（如瓦尔瓦拉），却又是典型的俄罗斯面孔（如塔吉娅娜），而且全都带有脱俗的印记和某种不安分的神态。在他们所有人身上，也如同在其兄长米哈伊尔身上，永远有似火的激情，像是要把什么东西熔断；激情和烦忧、狂喜和绝望，永不止息。瓦尔瓦拉还是小姑娘时就狂热地笃信宗教，经历了让人痛苦难忍的怀疑，有时几乎达到了疯狂的程度。约莫十五岁的时候，她牙关紧咬，

1　俄罗斯人名里面都有父称，使用时男子在父名后加依奇、奥维奇等后缀，女子加罗夫娜、耶芙娜等后缀。塔吉娅娜和亚历山德拉的父亲叫亚历山大，所以她们是亚历山德罗夫娜姐妹。

浑身冷汗，痛苦得满地打滚，压抑着内心可怕的号叫。（"上帝没了，上帝没了！"）姐姐柳波芙要文静一些，魅力十足，但和妹妹塔吉娅娜一样，有同样的亢奋内心。她们都是自小就学习音乐和几种语言，沉迷于德国浪漫主义作家诺瓦利斯、让·波尔·利赫杰尔，她们走过了哥哥的哲学之路——一会儿是费希特，一会儿是黑格尔，全都吃透了。

那个时候的老爷生活给我们留下了珍贵的第一手资料，一百年之后，从这群热情的姑娘与兄长、姐妹和其他人的通信中我们仍旧能读到许多东西，其间有着特殊的"普列穆辛诺"风格：一切总是神圣的，天堂般的，永恒的，心灵和思想总是向着上帝，或者是向着善，向着美，向着人类。抑或是自身灵魂在不断完善，抑或甚至应该拯救和"启蒙"人类。中音是不存在的，一直是根据最高音来定调的。爱就爱得海阔天空，两个灵魂融二为一成为光辉灿烂的永恒，等等。至美的心灵是至诚的，有时候是深邃的，有时候带有几分炫目的色调。钟情，清泪，几多折磨，几多痛苦，并存于这个家庭——一个美好却又不幸的家庭。个性特别的姑娘们吸引的也都是非同寻常的朋友：都是染上"普列穆辛诺气质"的人，如斯坦凯维奇、别林斯基——他们和"普列穆辛诺"的居住者们一道，全都从事着复杂难解的事情。米舍尔本人也是如此，不用说，他也在恋爱着（爱的是娜塔莉亚·别尔），但是对自己的妹妹塔吉娅娜持有的却是相当奇怪的感情——这份感情中掺杂着大量的醋意，他对她几乎是一种"灵魂上的"和"热情奔放"的爱，他们的通信很多地方都像在谈情说爱。

屠格涅夫离开柏林，离开米舍尔，于1841年6月也来到了这个普列穆辛诺村。他已经与巴枯宁一家（与已经嫁给身在国外的季雅科夫的瓦尔瓦拉）相遇，但不是很清楚他是在什么地方与塔吉娅娜相识的（看来是在1840年末），更加弄不明白的是他们之间发生了感情，这段感情几乎一直持续到他与那位维亚尔多纠缠上之前。但是不难想象在他们尚未开始恋爱之前，即1841年6月，那段日子是怎么度过的，可以说，一切都是相当美好的。

普列穆辛诺村有座房子，阳台上的圆柱攀满啤酒花，两旁是丁香花丛、茉莉花，几乎蔓延进窗户。阳台前面开着各色小花，就像个公园。一座非常漂亮的教堂，是叶卡捷琳娜时代非常经典的风格。奥苏嘉河沿着这里蜿蜒流过，草地、田野和小树林轮番映入眼帘。在这里，俄罗斯6月的一切美妙竞相展现在屠格涅夫的这次来访中。夜莺还没有飞离此地，布谷鸟咕咕咕地叫着。夜晚短促，星星稀少，这不是满天星斗的8月，然而一方绿草地却散发着沁人心脾的芬芳，上面开满了小喇叭花，还有满天星，散发甜味的当归，各式各样的三叶草、菊苣。很快就到了薅草季节。6月的夜晚很温柔。一场倾盆大雨过后，太阳与彩虹闪着晶莹的光亮，黑麦开始吐穗——吐出的穗还是瓦灰色的小嫩芽，它们也散发着大雨过后的清香！

在阳台上，或是在凉亭里，或是在普列穆辛诺的橡树下，有谁会知道屠格涅夫和塔吉娅娜如何交谈，又都说了些什么，这些甜蜜与温柔的时光都嵌入典型的"屠格涅夫式的"爱情小说里，浸入了作家的中篇小说中。屠格涅夫像是在自己写的剧本里扮演角色，漫步在小树林和身披夜色的阳台，在歇场了的贝多芬演唱大厅，借着淡白的星光畅谈——

肯定也说了不少不着边际的情话。"神圣的友情"，永恒的爱情，心灵的天穹和许许多多类似的话语，每一声轻叹和每一缕谜一样的目光，那里面装满了万千情感和各种小花样；各种姿态，一直不停地变换着，酿就了朦胧且多少让人陶醉的琼浆——这个中滋味唯有他俩知晓。但这琼浆并没有完全醉倒屠格涅夫，真正属于他的时光还没有到来。他的那颗心依旧是清冷的，他在后来给塔吉娅娜写的信中相当精确地描述了自己："我从未爱过一个女人胜过爱您——但是对您我也不能葆有永恒的和全副身心的爱。"也是在那封信里，他称她是自己的"妹妹"，"唯一的最好的女友"：最终也只停留于妹妹与女友……她并没有掌控他，屠格涅夫没有被俘获，而是几乎总处于一种诗意般的肉欲冲动中。这一次他的冲动对象是塔吉娅娜，他没有说谎，说他"从未爱过一个女人胜过爱她"：他简直无从将别的女人和她作比较。说实在的，对齐娜伊达的青春爱恋很露骨，但依旧是一种恋母情结，还有与杜涅奇卡的简单私情，不妨都可以看作屠格涅夫的爱欲体验。

塔吉娅娜却完全听信了。她曾写信给米舍尔，说："你是非常清楚的。我想着我可以爱上的那个人，应该填满我整颗心，不，填满我全身心的那个人只存在于我的痴想中。也许我只能与他在天国相逢。"她说错了，她在尘世间已经与他相遇，尽管这场爱情是镜花水月，她依旧是真正地爱恋上了他。

这场爱情发展到了莫斯科，既传到了普列穆辛诺，也传到了沙什金、奥廖尔别耶罗夫的领地，也惊动了巴枯宁的朋友们。塔吉娅娜在众目睽睽之下扮演了这场爱情中的痛苦角色。照她的普列穆辛诺家风，她对他倾付了全部力气、心头的狂喜和忘我。"基督是我的初恋。我经常双膝下跪，跪倒在我的'他'——基督身旁，我向他哭泣和祈祷。您，我的朋友，您将是我最后的，永远真诚的，永远神圣的爱恋。"塔吉娅娜完全不可能说，她爱屠格涅夫是有所保留的，或是三心二意的。

她拼尽全力去爱，那个时候她已经感觉到他是一位伟大的艺术家。而在他那里，1842 年 5 月，一个女婴正从阿芙多吉娅·叶尔莫拉耶芙娜肚子里呱呱坠地。但他与塔吉娅娜的"灵魂"恋情仍在继续。她越来越意识到角色的不平等和处境的无望。多少个不眠之夜，她泪雨滂沱，备受煎熬！但这样的事情就这么顺理成章地发生在普列穆辛诺，事实上，所有伟大的爱情都是如此。

"昨晚，我深深地，无限地忧伤，我折腾了很久，也想了很多。我和亚历山德拉默默地站在门廊上。夜晚美得让人吃惊。大雷雨过后，星星静谧地闪烁在天空，我觉得它们正直视着我的灵魂——它们让我持一种希望，且如同与生命和大地告别——我为它心痛，我为你们所有人感到难过，我想把你们拥入怀中，我很忧伤与你们分开，因为生命一去不复返，死亡夺走它并非瞬间，而是直到永远……"

屠格涅夫离她越来越远。她所爱的人，几乎像基督一样，预感到一个巨大的使命，一个辉煌的命运，他不得不写信给她："我知道，你自己告诉我的，我对你是陌生人，我对你什么都不是。"

但爱情并不会被马上放弃。承认自己的失败，与自己的心灵和解并不容易。这颗心在寻求安慰。有时，塔吉娅

屠格涅夫像（1843—1844）

娜会在自我否定和顺从上帝的意志中闪过这种安慰："假如我能让生活中包含的一切美好、神圣、伟大都围绕在您的身边，假如我能祈求到上帝带给您所有快乐、所有幸福，我想我会忘记为自己去要求什么。"

伴随的是"不受欢迎的"和"不必要的"爱情的巨大痛苦，这种呼而无应的爱的屈辱……有时她"准备恨"他，恨他让自己心甘情愿屈服的"那份权力"。

这一切折磨不止一个月地撕裂着塔吉娅娜，它跨越整个1842年。看得出来，屠格涅夫的生活在接纳自己的、与她无关的潮流。爱情中的仁爱成分并不多的屠格涅夫不太可能因她的痛苦而难过。

1843年夏天，一场完全而又彻底的决裂来临了。他内心早就已经做好准备，外在原因是"米舍尔"的事情。米哈伊尔·巴枯宁在柏林陷入了资金困境——他欠出版商鲁格2800塔勒。塔吉娅娜请求屠格涅夫为她哥哥还债，并承诺以后家人会还给他。屠格涅夫答应了她的请求，尽管行动迟缓。但在这时，他写了封信给塔吉娅娜，内容让她很受刺激。这封信没有保存下来。塔吉娅娜在回信中谈到屠格涅夫想羞辱她，谈到信中"干巴而轻蔑"的语气，这是她怎么也没想到的。还有一封保存下来的是屠格涅夫写给她的告别信，落款时间是1843年8月。这封信结束了他们的通信往来和恋爱。

屠格涅夫能写下什么呢？没什么大不了的。对她来说这封信写得特别冷淡、冷漠……他已经不再为她所动，也许连塔吉娅娜的热情本身也让他厌烦了。这种感觉一旦出现，就藏不住了。所谓的"干巴"的语气就是由此而发吧。

"干巴"是她自己下的定义，并将这种"干巴而轻蔑"归咎于冷淡。

成年的屠格涅夫的爱情彩排就是这样子的。他在对他来说并不重要的地方赢了。胜利既没有给予他欢乐，也没有给予他幸福，但给塔吉娅娜带来了痛苦。

恋情在他的两三首诗中得到了回响。后来，他在《塔吉娅娜·鲍里索夫娜和她的侄子》中冷酷且不是很成功地提到了它。塔吉娅娜一腔火热付诸东流！屠格涅夫嘲笑她的热情，嘲笑整个"普列穆辛诺家风"。他为什么要这么做？让人费解。

＊　＊　＊

然而，这些年他经历的并不只有恋情。他在柏林写诗（没有幸存下来），并继续在俄罗斯写诗。这已经不是《斯杰诺》，而是文学，真正的诗歌。他后来的小说成就声名日隆，遮蔽了他的诗歌成就，使得人们通常只知道小说家屠格涅夫。现在是时候正确排列他年轻时应有的成就了。不用说，这首诗有来自普希金的影响。然而诗行同样有屠格涅夫自己的色调，一种缓慢、波浪般的匀速，并由之产生乐感。

他闲庭信步般地游弋在平静、伤感的河流中。这里当然浸透着屠格涅夫的神韵。这并不让人感到奇怪，诗中有画也是如此——这些色彩作为一种方法在他的小说中是屡见不鲜的。爱的主题同样也是屠格涅夫的独特呈现，但由于音乐、绘画和风景的加入，新作中呈现出了在《斯杰诺》

也曾有的痛苦、受伤的面貌。在屠格涅夫的抒情诗和年轻时写下的长诗中，丝毫没有出现普列穆辛诺小姐们的美丽心灵的影子！他爱过许多，但也嘲笑过许多，谴责过许多。你不必在他身上寻找恭顺的热情。他很冷淡，很刻薄。他有时会脱口说出一些严厉的话语。

这就是他说的人群。诗人中有谁热爱凡人！就连普希金对此也猛烈抨击，但非普希金式的诗行对此做出结论：

> 于是我带着匆匆的冷笑
> 冷漠的刻毒，无语的刻毒，
> 即便是苦涩的但却是醉人的甜酒
> 生活、人、馨宁……还是应该别辜负。
> 要不然就是：
> ……我娶了女邻为妻，
> 我将一件长袍穿起，
> 我类似于孵卵鸡——
> 将小鸡雏繁殖。

维尔戴尔就是维尔戴尔，斯坦凯维奇就是斯坦凯维奇，塔吉娅娜的普列穆辛诺家风——这是一幅正面视图，但也还有另一幅，忧伤而又嘲讽的一幅。难怪写下《斯杰诺》的男孩慨叹："但我是何等渴望信仰的天空！"

它没有前来，就如同圆满实现了的爱情没有来。假若有信仰，那就像塔吉娅娜（或者是后来作家自己的《贵族之家》里的丽莎）那样的爱情，不会有清冷的让人轻视的忧愁。如果说年轻的屠格涅夫就对小鬼——中庸和适度精神的恶魔感觉良好的话，那是不合理的。无结果的付出、心血的耗尽让他感到亲近。

1843 年，他写下长诗《帕拉莎》，这是他第一个引起人们关注的作品。诗中有一个美丽的地主的村庄，一个女孩，情窦初开——一切又是"屠格涅夫式的"。还有一个主人公（邻居地主）乃奥涅金的亲戚，但色调略有不同。然而，这部作品里既没有连斯基，也没有决斗……一切都安然无恙，一切都很可怕，因为它是如此顺遂。诗人也希望有悲剧。给女主人公来上一场"苦难的救赎"吧。但却没有这样写。在他们第一次散步的时候——傍晚，在地主的花园里，闪过一种美丽而富有诗意的东西，就像是一件大事的开端，但这只是看起来。嘲笑的阴影已经笼罩着他们，预示着未来。

> 假如一个悲伤而强大的恶魔
> 从一对恩爱伉俪头顶掠过
> 那花园的上空，阴云的怀中
> 它会突然闷闷不乐地低下头？

恶魔是该好好想想。邻居娶了帕拉莎。父亲给"年轻人盖起了一座体面的房子"，奥涅金的侄子与可爱的帕拉莎住在这里……大概，他们可能会渐渐发胖并一心操持家业。

> 我恭喜帕拉莎，
> 我把她向命运移交——
> 她将度过类似的人生，
> 只觉得撒旦在哈哈大笑。

屠格涅夫从很早的时候起就不喜欢婚姻、家庭，这类所谓的人生的"基础"。在生活的苦涩和庸俗中，他特别憎恶"市侩的幸福"。谁知道呢，如果他娶了塔吉娅娜，并按巴枯宁的理论和家庭分离，也许他自己也会变成另外一个样子。但他却没有结婚，无论是现在，还是以后……在他外在面目的所有矛盾中，都有一个悲伤的、明智的，但始终不变的特点：孤身一人，"不适合家庭生活"。

　　《帕拉莎》于1843年春天面世，当时他（在母亲的坚持下）已经尝试了一项工作——在内务部给著名的民族志学家和语言鉴赏家达里[1]打下手。他对这项工作不感兴趣，什么名堂也没干出来，就像之前没能在大学里谋到教职一样。他荣耀的道路已经蕴含在《帕拉莎》这本小书中。

　　瓦尔瓦拉·彼得罗夫娜读完了《帕拉莎》，令人惊讶的是，她予以赞许。这是她以某种方式承认的儿子的第一部作品："不开玩笑，书写得非常好。我还没有读到批评文章，但是！在《祖国纪事》中，分析是公正的，很多地方写得都很好……现在他们给我把草莓端上来了。我们乡下人都很喜欢一切现实的东西。所以，你的《帕拉莎》，你的故事，你的长诗……散发着草莓的味儿。"

　　这是她写给在彼得堡的儿子的信。他刚刚在那里结识了别林斯基——这也是一次决定命运的相识，牢牢地把他和文学联系在一起。春天，屠格涅夫去乡下，还给别林斯基带上了《帕拉莎》，结果主人不在，他留下一本，便离

1　弗拉基米尔·伊凡诺维奇·达里（1801—1872），俄罗斯作家、民族志学者、语言学家。

开了。在斯帕斯科耶村，他看到了母亲在信中提到的那一期《祖国纪事》。别林斯基在那一期发表了一篇评论文章，对这部长诗作了详尽的、与作者高度共情的分析。

一位年轻的作者，在乡下，第一篇赞美他的文章出现了……可以清晰地想象一下屠格涅夫怎样从杂志上裁开别林斯基文章的书页！他非常激动，一会儿藏起来，一会儿把小书放在显眼的地方。他假装满不在乎，但实际上却在颤抖。邻居们来了，他们翻看着，惊叹着……母亲说着逗趣的话，好像是瞧不起的样子，但是这一回也很自豪——"散发着草莓的味儿"！

一段美妙的时光。5月，斯帕斯科耶村，青春勃发。雄丘鹬、雁、野鸭等的春季求偶飞行刚刚过去，6月很快也将成为过往。彼得节临近，伊万·谢尔盖耶维奇·屠格涅夫到处玩耍，对自己的才华和成功踌躇满志，他去捉野鸭和大鹬，也许还去了远处，到卡卢加省的日兹德林县，驾着双套轻便马车驶向布伦河、索佩尔——那里有连片的著名沼泽地：在他那个时代，那里满是野味。

维亚尔多

波琳娜·维亚尔多是西班牙著名男高音歌唱家马努埃尔·嘉尔希阿的女儿，她的母亲卓娃金娜·希切斯跟她的姐姐玛利亚一样爱唱歌，玛利亚是马利勃朗的妻子，是一位非常有名气的女歌唱家。波琳娜自幼便受教于专横而又严苛的父亲。第一堂课在驶往墨西哥的船上进行，没有钢琴伴奏，伴着涛声学唱。那是父亲自己写的谱子，她每到晚上就和父亲一起唱，在船上，让"全体船员都听得心满意足"。

这些令人惊叹的传授于大洋和露天中的课程与父亲的流浪演艺生涯有关，他的演唱活动涉足欧洲和美洲。在墨西哥，嘉尔希阿一家不得不骑在马背上，沿着荒野的林中道路跋涉。父亲和他的长兄策马同行于女士们的马车旁，时不时下马，清理掉被暴风刮断倒在路上的树木，为女士们采集林中的鲜花，接着继续前行。

波琳娜自小就熟谙戏剧，听歌剧，成长在艺术家们的影响下。她生就一副好嗓子，这也决定了她未来的人生命运。

她很早就登台演出。初次演出是在布鲁塞尔，那是1837年，十六岁，而后在伦敦和巴黎当室内歌唱演员。1839年在巴黎首次登台献技，在威尔第歌剧《奥赛罗》中扮演角色，[1]获得了巨大成功，从此声名鹊起，享誉演剧界，遂应邀参加意大利歌剧演出。1841年她嫁给了巴黎这家歌剧院的经理路易·维亚尔多先生，这未必是出于爱情，应该说是为她的人生奠基。维亚尔多大她二十岁，看上去是一个性格温和而又开明的人，为人低调，是一位让人景仰的丈夫。

她的声名在欧洲所有或是半数首都都播扬：伦敦、马德里、米兰、那不勒斯、维也纳、柏林——她每演一处就征服一个地方，她拥有一副让人惊叹的嗓音，婉转有力，变幻无穷，能唱出高音花腔，多音部戏剧女高音，甚至是女低音（《先知》中的菲德丝，格鲁克的歌剧《奥菲欧》[2]），什么样的音域她都能应付自如，她的舞台表现力非常高超，可与她的演唱天才比肩。

维亚尔多姿色并不出众，她长着外凸的嘴唇，一张大嘴，但却有一双乌黑的眼睛，热情似火，流盼有神。她的头发像是焦油又黑又亮——她把头发光滑地分向两边，两缕卷发垂至耳际。她喜欢戴披肩，与人交谈时眉飞色舞，神采飞扬，而且言语大胆无忌。她像父亲一样性格强势。她完全沉浸在艺术中，自然而然，这种艺术是靠她的女性才情和风度体现出来的。

舞台上的她非常兴奋，透过不漂亮的面庞，她的魅力卓然可见。

她集古典的气质、古典的激情于一身。马利勃朗夫妇

1　波琳娜在《奥赛罗》中扮演苔丝德蒙娜。
2　格鲁克的歌剧《奥菲欧与尤丽狄茜》，创作于1762年，以有关奥菲欧的希腊神话为素材写成，是格鲁克歌剧革新的肇始之作。

认为她更多的是一位抒情歌唱家，而维亚尔多先生则认为她是悲情歌唱家，海涅从她身上感受到了某种天然力，即大自然本身：大海、森林、荒野。也许是真的，她身上蓄积了原生态的东西，或许年少时候的游历、大洋、墨西哥丛林、西班牙高原，一同留下了永久的印痕。海涅，一位多情的诗人，他惧怕维亚尔多的笑容，说这种笑容"残酷而又甜蜜"，他在她身上感受到了异域风情。他觉得，每当她歌唱，舞台上就会突然出现热带雨林，藤蔓与棕榈，豹和长颈鹿，"甚至还有庞大的象群"。

这位冉冉升起的明星誉满欧洲，所向披靡。俄罗斯地处远方，但同样被她的声誉征服：沙皇、宫廷、彼得堡、梦幻般的雪景、天文数目的酬金。在去那儿的路上，维亚尔多可能认为她几乎会骑着北极熊前去并生活在沙皇与奴仆中间。实际上，她于 1843 年来到了富丽堂皇的帝都彼得堡，过着极尽奢华的宫廷生活，穿梭于俄罗斯地主老爷们之间，出入于金碧辉煌的剧院。要知道，此刻正是尼古拉一世权力鼎盛的时代！弗里德里希·威廉[1]都膜拜在他面前，整个欧洲都因他躁动不安。

当然，维亚尔多没想错，她精于盘算（总的来说她对生活有着很好的理解）：彼得堡对她的接待十分罕见。在彼得堡，意大利歌剧在中断演出多年后刚刚恢复。女歌唱家在这里以《塞维利亚的理发师》（扮演罗西娜）拉开了巡回演出的序幕，其成功是震古烁今的，第一曲咏叹调唱完后大厅里的所有人都发狂了，喊叫声一片，掌声雷动，

---

1 弗里德里希·威廉三世（1770—1840），普鲁士国王。

如热带丛林中的狂风暴雨，尽管演出是在北国。一种异国情调又遇到了闻所未闻的另一种，演出结束后人群等候在剧场大门口，吻着她的双手，一束束鲜花抛向她，护送着她的马车直到她的住处，一切都像是"狂野国度"才会有的样子。

狂热者中有一位年轻人，受过极好的教育，口才好极了，长相英俊，穿着优雅，五千个"奴仆"的未来掌管者，而现今，因为和母亲关系的恶化，正过着紧巴日子，这人就是伊万·屠格涅夫——写有若干诗和《帕拉莎》，在生活中有过两三桩不明不白的情爱和几次偶然的钟情。

10月28日，他生日的那一天，他正在彼得堡近郊的某个地方打猎，带着一群猎犬，或是正在围捕狼群（后者不太可能）。一位名叫科玛罗夫的少校，个头矮小又幽默，于打猎中将他介绍给路易·维亚尔多认识，显而易见，屠格涅夫给他留下了非常好的印象。11月1日早晨，那位少校还将他介绍给了女歌唱家本人，这次会面是在亚历山德拉剧院对面，她的住宅里。屠格涅夫刚刚满二十五岁，波琳娜虚龄二十三岁。在那个白雾弥漫、雪花飘飘、湿漉漉的彼得堡清晨，这位风华绝代的大明星在她的居所温和却又淡然地接待了这位俄罗斯青年。她的丈夫刚刚与他相识，人们把他说成是一位"年轻的地主，优秀的射手，令人愉快的交谈者和蹩脚诗人"。随着这位俄罗斯青年的一阵狂喜，她的大驾降临至他们中间。当时她是否想过这位"年轻的地主和蹩脚的诗人"会成为俄罗斯经典作家并且声誉远远超过她？是否想过他会纠缠她四十年都不撒手？是否想过她的个人生活会和他的人生千丝万缕地缠绕在一起？

而且路易·维亚尔多先生至生命的最后都在和这位地主一起打猎，平和地与他交谈各种家事？

那个时候，在两场排演和一场新的演出之间，在每天这么多的来访者中，有很多更显贵的崇拜者，波琳娜·嘉尔希阿·维亚尔多也只是报以微笑；假如某个吉卜赛女郎为她占卜出这种命运的话，也许屠格涅夫本人也会付之一笑吧。

但这就是他的命运。决定他命运的事件发生在他出生后的第 25 个年头，一个 11 月初的早晨。

结识之后，他开始拜访他们。一开始，这种拜访于他而言既甜蜜又沉重。之所以说甜蜜是因为爱上了她，并为此神魂颠倒——这种兴奋难以掩饰。他不仅仅去他们家拜访，当然还经常去她演出的歌剧院，并成了那里的常客，他为她鼓掌喝彩，谢幕中不停呼唤她返场，为她欣喜若狂，到处赞美她，总是说到她，说起她来如痴如醉——说她说得也太多了！他完全有可能是为她害了相思病。但究竟如何行动？他很喜欢喃喃念着她的名字，自己也不知不觉地总把话题引向她——就是迷上她了。刻薄的帕纳耶娃女士经常为此取笑他……她的唠叨在文学史上只字未留，但是屠格涅夫的爱情不光是现在，而且在将来都会被大书特书。

他的处境的难处在于两个人感情上的不对等，他爱上了她，她则"允许他爱她"。对于她来说，他是众多崇拜者中的一个，是可以轻松与之进行语言游戏的人之一。

她对他是否另眼对待？显而易见，一开始她对他的态度很一般。后来他进行了很多考证：醋意是一见面时就有了的。维亚尔多身边围绕着如云的追求者，到她府上拜访的还有很多享有很高社会地位的人，有演员，也有年轻帅哥。丈夫对此并不介意。路易·维亚尔多是个沉默寡言的人，是个"有用场的家中宠物"。当波琳娜接待名门显贵的时候，屠格涅夫似乎时常不得不与他在办公室单独交谈，谈打猎，也许还会谈钓鱼，谈农耕，谈养畜业。或者是这样一幅景象：客厅里铺着一张巨大的熊皮，四肢张开的俄罗斯野兽，爪子上镀了金，每个爪子上各坐一位迷恋她的人，而女皇坐在沙发上——这是她的小皇宫，这些人都是被她驯服了的野兽。维亚尔多自年轻时起就摆出一副女皇的架势，显而易见，她具备那种必不可少的气质，甚至性格也适合于此：她终究不是等闲之辈。

在"近臣"中，伊万·屠格涅夫则处于与其身份相符的，不是很重要的位置。还有一位同样颇具绅士风度的年轻人也出现在维亚尔多的宫廷里，他叫盖杰奥诺夫，皇家剧院经理的儿子，自己也是个剧作家（库科里尼克风格的），对于外国女人来说是非常具有吸引力的一个人物。维亚尔多对他格外厚待，相比之下屠格涅夫要逊色许多。除了经常落座在镀了金的熊爪子上于言谈中与屠格涅夫针锋相对，盖杰奥诺夫还写过剧本《利亚普诺夫之死》。1846年屠格涅夫在《祖国纪事》杂志上发表了一篇长篇评论，有理有据地将这部矫揉造作的作品批了个体无完肤。

让他感到郁闷的当然还有手头的拮据。母亲对他用钱管得很紧。为了造访维亚尔多，他得着装体面，找机会给她献花，更加难堪的是去剧院里听她演唱还得花钱买票。

屠格涅夫的阔少风度是出了名的，这在他少年时代就已经形成。在这时，在心爱的女人面前，他当然想让自己穿得更阔气更奢华。可那个时候他时常食不果腹，日子过

屠格涅夫像（1844 年）

得捉襟见肘，只能随便凑合着吃点什么，有时候他不得不耍点花招。关于他看戏的各种故事被那些不怀好意的人保留了下来，说他坐在廉价的顶层楼座，而且总在幕间休息时下楼，就像在解释自己的行为，说自己是故意坐在那里，因为在那里"鼓掌喝彩"更方便，或者借口说占熟人的包厢总觉得不太体面。但实际上两个词就可以说明一切，即爱情与贫穷。

但不管怎么说，这个冬天他与维亚尔多亲近了很多。她认为他比"一众年轻人"出类拔萃。春天，当她离开彼得堡时，他就给她写信。有一封信写于她刚刚离开之时，这封信的内容保存得很完整，信中可见他们二人的关系已经相当亲近，不只是一个"熟人"能够写得出来的："在此地我想再看一眼我们的小房间，但此时此刻已经有别人住着了。"乍一看来，这句话已经有些过分亲昵了。"我们的"什么样的房间并没有直接说出，事关那个亚历山德拉剧院对面的整栋杰米多夫楼，他们正是在那里相识的。"小房间"究竟何指？也许是她租了个高档的住宅，那里面有一个小客厅，正是在那里她单独接待了屠格涅夫，把一些照片展示给他看，向他讲述了自己的人生与童年，也许在那里他们第一次眉目传情，温语相诉，但不管怎么说，这样的信定不会让维亚尔多先生高兴起来。他是否为年轻的妻子和俄罗斯"地主"之间所产生的亲近而焦虑和痛苦？谁知道！他的角色是命中注定的，明星的丈夫应该忍受与顺从，清晨把咖啡送到她床上，为她搜集文章与书评，给约稿人提出建议，而且不要妨碍她的任何事情。

1844 年的冬天，波琳娜重返彼得堡，重又登台演唱，与屠格涅夫重逢并"经营私交"。夏天，屠格涅夫设法出国了，不用说，他去的是巴黎，不用说，是因她而去。也就是在那一年夏天，屠格涅夫做客库尔塔维涅尔，巴黎"莫斯科郊外"维亚尔多庄园。这是我们的作家向异域土地的最初移步。库尔塔维涅尔庄园在他的爱情史和创作史中起着很大作用。屠格涅夫于1846年10月21日从彼得堡寄往柏林的信中便已经有回忆库尔塔维涅尔的内容了，并说，夏天的时候他经常想念它，经常会问，温室建好了没有。那些关于"莫斯科郊外"的珍贵细节，在接下来的日子里会越来越多。他们的书信往来进行得并不十分顺利，维亚尔多书信稀少，他指责她："您可知道，库尔塔维涅尔没有只字飞来，对我来说您这是多么残忍。"

有可能是波琳娜懒得动笔，而且屠格涅夫还没有真正进入她的生活，但也许是她的丈夫表示了（无望的）反对意见。稍后屠格涅夫在信中写道（又是自彼得堡发往柏林）："我用的是写着您名字的地址，因为我不知道您的先生是否在柏林。"——像是他应该写维亚尔多丈夫的名字，这位先生已经对这一切起了疑心。而且，信里的内容也很明显："请答应我，在第一场德国演出后的第二天就给我写信……我这边，拦河坝一旦决堤，我就会用信件淹没你。"

"拦河坝决堤"是否意味着在维亚尔多先生那里或是在波琳娜本人那里还有河坝高筑，尚未可知。只是明眼人能够看得出来，事情的进展并非万事顺遂。但是，现在，11月，困境已经被排除。屠格涅夫多年来给波琳娜·维亚尔多频繁写下的信件已经被公开，好像还有零星的生活和若干重要事情的手记，里面说到库尔塔维涅尔的兔子和卡尔德隆——一本致意"美女郎"的忠实日记，一支对她诉说情怀的芦笛，对此可以作出不同的评价。也许，情书全然不适于公开，它的声响只有两个人才听得出其中的美妙，在别人看来这些情书的情感表达过于夸大其词，甚至过于甜腻。不管什么情况下，屠格涅夫的信中都有许多极其珍贵的细节描述，无意中脱口而出的话语，柔情缱绻，有时候又是因美妙情感腾跳而出的亮点。就在引证的信件中，透过忠实的声调和满带着服从的言辞，分明可以见到步入成年的屠格涅夫的所思与所写，这是一个知识非常渊博的人，熟谙演剧与音乐，对艺术独有见地：她在柏林演唱《诺尔玛》，"您现在已经如愿（他是根据德国报纸上的评论而写）领会了悲剧元素（你唯一不曾完美掌握的东西）"，"这出剧会让你重读歌德的《伊菲格涅亚》[1]（这出歌剧她本该在柏林演出的），您应该对这个剧本予以深入思考：您面临着与德国人的交往，那些德国人对《伊菲格涅亚》几乎全都能背下来"（再说他自己非常了解歌德，要比她熟悉得多）。他提醒她，尽管她德语很流利，但有时候重音发得过于夸张，这是应该避免的。

所以，如果这一切是一个诚实的、对她情有独钟、已经是"自己人"的人所说的话，波琳娜终究不能漠视他的意见，不能不在意他的看法：在杰米多夫楼里坐在镀金的熊爪子上的人中，他是在精神与智慧上最与她匹配的。她爱他吗？年轻的屠格涅夫优雅、睿智、英俊，有许多令人着迷的地方，她对此当然很喜欢，她还喜欢他对她的爱，

1　剧作全名为《伊菲格涅亚在陶里斯》（1787）。

但是她并没有对他爱到入骨，他没有驾驭她的权力，她并没有为他害起相思病，并没有因他而备感煎熬，并没有因爱他而心在滴血。

*   *   *

临近此时他自己又成了何等人才？《帕拉莎》将他完全带入了文坛。他在剧场为维亚尔多鼓掌，对她津津乐道，在熟人中赞赏她，有时候他故作夸耀地卖弄（年轻时期的屠格涅夫不能忍受"与大家都一样"，这有时会导致他走上无益于他的道路），他过的是一种艺术家的地下生活，远离花花公子的派头和架势。

从远处，从差不多一百年的时空距离说起，别林斯基的面貌已经不是那么蛊惑人心和充满魅力，但是在屠格涅夫的"形成"中别林斯基起到了非同小可的作用。

屠格涅夫身上有着足够多的矛盾之处，其中之一便是：他本人并不激情澎湃，而且常常嘲笑满怀激情的人（而且非常具有讽刺意味），但他却又特别倾心于这类人，比如说斯坦凯维奇和巴枯宁。现在在屠格涅夫身边充当激励者的是别林斯基。

真正与别林斯基接近始于1844年夏天《帕拉莎》的出版。别林斯基住在彼得堡近郊的列斯内，屠格涅夫在帕尔戈诺沃，离列斯内不远。每天早晨他都要到别林斯基那里，别林斯基当时已经重病在身，患有肺结核病，一双热病患者的眼睛和冰冷的手，久久而艰难地咳嗽着。他们进行了一番长时间同时让屠格涅夫幡然醒悟的交谈：谈上帝，谈人的使命，谈黑格尔，谈社会体制中的公正问题，等等。他们一起去散步。在他们举步所至之处的松树林与云杉林中，长有许多黑莓、越橘和草莓。在晒得发热，有时候沉闷，但总是芬芳和有益健康的北方森林中，他们继续着那些无尽无休的交谈。显而易见，屠格涅夫需要这些交谈。别林斯基的妻子在家里千方百计劝丈夫静下来不要说话，不要激动，因为这有害于他的健康。她时不时称维萨里昂[1]是个急性子，劝他不要激动，此刻他已经被激情点燃了，一绺头发黏在脑门上，汗涔涔的，还一直咳嗽着——病得不轻的样子。一颗敏锐的心每天都在狂热地跳动，他的话语让求知若渴的屠格涅夫常常有醍醐灌顶之感："我们还没有解决上帝是否存在的问题呢，而您却想吃饭！"

屠格涅夫怀着同样的勃勃兴致向别林斯基求教黑格尔的哲学，探讨上帝的存在，对精致的午餐津津乐道（当然不是在别林斯基那里吃的），吹一吹牛，并道出些奇谈怪论。他的经济状况常常使他窘困不堪，但他并没有因此就范，尽可能想办法周转，到处借钱花，从未来遗产中扣钱还债。总之，被宠坏的少爷过着紧巴巴的生活。别林斯基很爱他，爱他的一切，既了解他的强项，也知道他的弱点，有时候责骂他，有时候阻止他的行为。屠格涅夫也很爱别林斯基，常常是一大早就从五俄里开外的地方来看望他！但正是这位已经给维亚尔多写下许多情书的屠格涅夫，这位和别林斯基一道身陷云天雾地交谈中的屠格涅夫，原来竟能做出这种可笑之事，例如，他突然说在他的帕尔戈诺沃有一位

1　别林斯基的名字。

出色的厨子，于是他把六位朋友请到家中做客，其中有别林斯基和帕纳耶夫夫妇，这几位雇了辆四轮马车并于十一点前到达帕尔戈诺沃。天气又闷又热，大家都疲惫不堪饥肠辘辘。屠格涅夫的庄园里却全然寂静无声，让他们惊讶的是，主人都没出来迎接他们。而且，这里根本就没有主人！别林斯基勃然大怒，从一个跳出大门的孩子那里得知少爷不在家，而厨子在邻近小饭馆坐着。帕纳耶娃只好在邻家主妇那里买了些牛奶、鸡蛋、面包，凑合着招待一下大家。大伙儿打发孩子去叫厨子，厨子来了。

大家问他："有人向你预订今天的午餐吗？"

"绝没有这回事！"

大家终于打听到了屠格涅夫的下落，他在牧师家串门儿（用帕纳耶娃的话说，"他在追求这家的女儿"）。众人吃完饭，前去湖边散步。到了那里，屠格涅夫终于现身了，这位可怜的男主人，他如此回应别林斯基的指责："是招呼大家明天一起吃顿午饭。"谁也不信他说的，但此时的屠格涅夫非常亲切地劝他们留下，一个劲儿地答应说要招待他们吃午饭，他们也就当真留下了。厨子跑出去逮了几只母鸡，而主人在家中与客人谈笑打趣，投其所好，让他们笑声不断。不管怎样，"午饭"他们终于吃成了，但已经不是中午，而是在晚上六点，而且餐食是最普通不过的——只是可怜了那几只瘦弱的老母鸡。

此时的屠格涅夫很快活，也许他真的在追求牧师的女儿。就在与别林斯基争辩和为维亚尔多赞叹的空隙，他读了很多书，自己也写了很多东西。在那顿令人诧异的午餐中，《安德烈·科洛索夫》的手稿已经摊放在他的书桌上。他试着把自己的戏剧作品（《缺钱》）也拿出来给大家念了念，他还写了一篇很讲究的论《浮士德》的文章；他重又开始写诗，还积攒了很多短篇小说如《好决斗的人》《三幅肖像》（出自家事编年，但已经对生活及其悲惨面目有了更为丰富的认知），也许《佩图什科夫》也已在他的构思之中。

别林斯基友善地翻看屠格涅夫写下的文字，但不能说他读得很专心。他对屠格涅夫带有几分袒护，同时还有几分"居高临下"。屠格涅夫的水平比他要高得多，比他更有修养，更有才情，而实际所处地位却像是个小学生。后来别林斯基悟出了《霍尔与卡里内奇》作为《猎人笔记》整部作品的开篇，是作家向新的文学方向转型的预示，但别林斯基像是更喜欢这部作品中屠格涅夫对底层大众的正面描写，而不是其中的诗意，也不是文学本身。

农奴制也好，当时被奴役的生活也罢，都经常被屠格涅夫纳入与别林斯基的讨论中。因此，屠格涅夫的"与农奴制作斗争"和所有的"汉尼拔誓言"都深深扎根在别林斯基心底。农奴制到了该完结的时候，必须将其摧毁。但事实是，屠格涅夫终究还是忙起别的事，而与这场斗争失之交臂。

别林斯基认为屠格涅夫缺少"创作天赋"，将他与民族志学家达里相提并论。他对屠格涅夫的兴趣主要在于将其视为在某件事上的盟友，他指望屠格涅夫成为他实现"正直"目标时的助手，但屠格涅夫本身是一位诗人、艺术家，别林斯基在他身上想要的，在屠格涅夫那里处于次要地位。

《帕拉莎》出版之后，别林斯基对屠格涅夫的冷淡态度一直持续到《霍尔与卡里内奇》面世——与此同时，屠格涅夫不仅写下《安德烈·科洛索夫》，还写有《三幅肖像》《好决斗的人》《守财奴》《佩图什科夫》（1846—1847年间）。正如我们所知，别林斯基有一段时间侨居国外，并和屠格涅夫在一起。不能认定他知道屠格涅夫这时候的所有作品，但相当有可能他业已熟悉了手稿中的某些作品（作品付梓之前，屠格涅夫总是非常喜欢把自己的作品读给朋友们听）。无论如何，这些作品都不能径直抓住他的心，因为其中很少有哪篇能够用来与尼古拉专制作斗争。如果说这时候别林斯基已经对普希金都改变了态度，那么对屠格涅夫就更不用说了……

然而这种冷淡的态度对屠格涅夫影响很大，以至于有一段时间屠格涅夫甚至准备脱离文学。别林斯基就这样帮了我们一个倒忙！

因此，屠格涅夫活出了人生的各种层次：讲究穿戴，戴着长柄眼镜，夸夸其谈，而笔下流淌出来的却又全然不是轻浮清浅的东西；他做了很多幼稚的放肆之举，却又对维亚尔多动真格地想念，给她写下了有关《伊菲格涅亚》的观剧体会，说库尔塔维涅尔的事和其他一些崇高的话题。也许在和别林斯基一起度过的"大学生式的"辩论中，屠格涅夫变得比自己的实际年龄年轻，但是屠格涅夫独自构思出的作品要比别林斯基"年长"许多。

* * *

尽管瓦尔瓦拉·彼得罗夫娜也格外喜欢《帕拉莎》，但她依旧做不到对儿子满意，因为在她看来儿子当教授的梦想毫无实现的可能，到内务部工作的事也成了泡影。说实在的，他究竟做了什么呢？守在彼得堡，跟各种文学家打交道，写诗和短篇小说，靠这些作品几乎分文不挣，这让她很受刺激。她不喜欢儿子沉迷于波琳娜。有一次她听了波琳娜的音乐会，说了一句非常有名的话，说她是唱得很好的"该死的茨冈女人"——这个词语搭配本身是否无意识地表达了对命运的惊恐？

她将自己的不满随即变成了生活上的惩罚，从钱上克扣他。你不想做事是吧，那就饿着肚子吧！自然，儿子很艰难地接受了这一现实。

还有，很久远的儿时回忆让他重新找回了对农奴制的反对情绪。年少时，站在他身旁的母亲形象乃农奴制非常生动的体现。另一个世界，生活中的另一极，就是彼得堡的文学家们，也就是那位别林斯基（后来还有帕纳耶夫和涅克拉索夫）的出现。黑格尔主义者屠格涅夫，同时也是正当盛年、声名远扬的维亚尔多狂热崇拜者的屠格涅夫，与专制奴役不再相宜，刚刚步入文坛的作家不可能对报刊检查制度持满意态度，屠格涅夫早已经被欧洲"改化"，而自己的国家，尤其是上流社会并没有向他展现出什么好的东西。

后来，当他已经不再年轻，他在谈到自己第一次长期离开俄罗斯的经历时强调，他之所以这么做是出于反抗情绪，出于对当时的俄罗斯生活无法接受和与之斗争的愿望。这番话既有实情，又有夸大。1847 年离开的时候他是否已经想了这么多，想着和"该死的制度"作斗争的问题？说得更真实一些，在冠冕堂皇的理由之外，也还有别的方面。

要知道他奔赴的并非巴黎——这座当时被认为是各种"流派"融汇的熔炉，而是柏林。他早已经开始心存暖意地想念西方，想一直生活在有文化、开明的人中间。他可以自如驾驭多种语言。

主要缘由就是 1847 年 1 月波琳娜·嘉尔希阿·维亚尔多在柏林进行演出活动。

法　国

新的人物出现在屠格涅夫的生活中，此人就是帕维尔·瓦西里耶维奇·安年科夫，他是屠格涅夫为数不多的"终生"挚友之一。

在接下来的岁月里，在屠格涅夫重要作品的创作史上，到处都有他的身影，这位热心人频繁来往却又小心翼翼地徜徉在俄罗斯文学附近。他自己并不是创造者，他清楚地知道这一点，然而他对文学持有一种伟大的爱，俄罗斯文学对世人的滋养中有他的功劳，这也是在屠格涅夫的爱中寄寓着的安年科夫永远载入俄罗斯文学史册的缘由。

安年科夫也是一位贵族老爷，是一位观点温和但思想开明的地主。同屠格涅夫一样，他曾就读于柏林——他和屠格涅夫相遇在那里；跟屠格涅夫一样，他爱好旅行，生活得很有情调，经常去剧院看戏，参观博物馆与艺术画廊，听讲座。

他们是在彼得堡走到一起并成为好友的。1847年安年科夫从那里去了德国，别林斯基也是此时被送往德国接受治疗。

屠格涅夫2月抵达柏林，听了维亚尔多的演唱，并于4月末跟随她去了德累斯顿。这时候别林斯基也在德累斯顿。

屠格涅夫决定将他介绍给维亚尔多认识。这次相见富有喜剧性：才华卓著、自尊心很强、患病在身的俄罗斯文学家和欧洲著名女演员……屠格涅夫约了维亚尔多夫妇在画廊相见，并把别林斯基也带到了那里，抢先激怒他说维亚尔多什么都懂，并会将最优秀的画作介绍给他们。别林斯基因自己普通的样貌和朴素的衣着而感到难为情，更主要的是他不会说法语。对于心高气傲还有几分脸皮薄的他来说，这种状况很让他犯难。维亚尔多知道他患有肺结核。她走上前问他身体好些了没有，别林斯基没听懂，维亚尔多又问了一遍，他完全搞错了意思，还是没明白——此刻只剩下难为情了。于是维亚尔多说起了俄语，说得非常可笑，自己都哈哈大笑了。别林斯基不善于开这些玩笑，反应过来以后，继续用"蹩脚的法语"与她交谈，并有些沮丧。

维亚尔多哈哈大笑，用蹩脚的俄语解释着。别林斯基并没有多开心，和光彩夺目的西班牙女人在一起他感觉到自己是个"没受过教育的人"。也许，正因为这一切，屠格涅夫后来不得不付出代价。在德累斯顿相聚的日子里，屠格涅夫和别林斯基相处得感情深厚。毋庸置疑，后来他们还是分道扬镳了。假如1848年别林斯基没有去世，那么60年代他就会猛烈抨击屠格涅夫了。当然，让他在德累斯顿的这场相识中说出"蹩脚"法语的账也会一并清算。

但是那时"阶级矛盾"在他们中间并没有白热化。他们仨（屠格涅夫、别林斯基、安年科夫）在萨尔茨堡和睦而又愉快地相处至6月。

别林斯基正在接受治疗，屠格涅夫没有做什么特别的事，他顺着《猎人笔记》的故事继续写了点东西。安年科夫同时照顾他们两个人，保护着他们，听他们所说的，记录和记住他们的所言所行。也许，此时已经确定了他在屠格涅夫面前的地位：最亲近的批评家、监管人，作家各种事务的操办者。

就在萨尔茨堡，别林斯基和安年科夫亲身体验了屠格涅夫的性格，他们相处得很好，不曾有任何争吵，甚至都认为对方是自己的好朋友。他们似乎都希望众人知晓屠格涅夫与自己的关系很好。

就这样，在收到一封信后，屠格涅夫告诉他们自己要短期去一趟柏林——与去英国的熟人们作别。他把一部分东西留在了住宅里，随身只带了必需品。

他们为他送行，都以为几天后他们会再度相见。

屠格涅夫去了维亚尔多那里。也许在和朋友们分别的时候他也当真认为要不了多久就会回来。但是他又跟随维亚尔多去了伦敦，并从伦敦去了法国，而朋友们留在萨尔茨堡感到很迷茫：屠格涅夫这是怎么了，他出什么事了吗？他并不是改变了计划——他只是忘记了他们。他真诚地爱着别林斯基，同时也真诚地把他从记忆中抹去了。安年科夫受托保存他留下的东西，这些东西怎么办呢？该送往哪里呢？无从知晓。他既没给别林斯基也没给安年科夫寄来只言片语，像是离开了这个世界一样。实在是太像《春潮》中的萨宁和《烟》中利特维诺夫的作为了。真可谓眼不见，心不念。

秋天，忠实的安年科夫突然造访巴黎，带着屠格涅夫的行李箱和内衣，终于如愿将其送交出去。物品的主人活得好好的。安年科夫问是否出了什么事。屠格涅夫像往常一样，在这种时候有点不自信，甚至是很难为情的样子，只好耸耸肩：这么说吧，就连我自己也不知道！但事情就这么发生了。

能用来解释的只有一个词，简短而又重要的一个词，那就是爱情。看得出他已经深陷其中，难以自拔，而且在维亚尔多身上获得了最大"成功"，他们有三个冬天在巴黎，三个夏天在库尔塔维涅尔……

他1847年夏所去的库尔塔维涅尔是维亚尔多的庄园，离巴黎约莫六十公里，在东部，挨着罗泽小镇。弗朗奇斯科一世时的古老城堡很庞大，烟灰色的墙砖，很大的窗户，屋顶长满绿苔。城堡周围有护城河和水渠，甚至有船在上面行驶。正大门前开满美妙的鲜花，还有栗子树、白杨树。另一面是公园和温室，四周是中部法国柔媚又多姿多彩的风景，并不惊艳，却很高雅。对于屠格涅夫来说，最美妙的风景在库尔塔维涅尔，这里的景色与他的品位很吻合，法兰西岛的清新气息，田野上的淡蓝色轻烟，正是为了他而存在。他住在贴有绿色墙纸的房间，感觉非常好，风儿给他吹来丁香、草地、田野的芬芳，熊蜂在窗帘后面发出嗡嗡声，桌子上摆着乡村野花，阳光透过栗树投射到壁纸上——也许是聪明的维亚尔多故意为他挑选了这样的房间，他正是在这里写下了有点忧愁的《猎人笔记》。这个房间既凉爽，又散发着温婉气息。雅致和爱不仅仅散发在屋里，也不仅仅洋溢在公园里，还弥漫在花丛中、河渠里，这一切都成了波琳娜与屠格涅夫独有的世界，有点使人想起作家的剧作《乡村一月》。他们从容相会，他们的游玩也带有几分庄重。维亚尔多的帽子飘着丝带，发髻盘在耳朵上方，穿着带荷叶边的夏日收腰连衣裙，屠格涅夫也是彬彬有礼而又满带虔敬。路易·维亚尔多常常出现在他们的视野里——但只是存在于他们的视野中，也许他有时候到巴黎去，或者是一连几个时辰在河渠里钓鱼。顾不上他，顾不上他！

城堡里响起的钢琴声也是毫不避人的，而且是时常传出。波琳娜在演唱，总是听由北方熊的要求唱起来……她的心已经向他略略敞开……

他非常喜爱库尔塔维涅尔。他后来说，每当他驱车走近，总是感觉到整个心都静了下来——沉浸于一种温柔的感觉中。他在这里没有什么不好的。他称库尔塔维涅尔是他"荣誉的摇篮"，当然，确实是这样。（最"俄罗斯"的《猎人笔记》此刻正属于法国！）屠格涅夫没有提到这里也是他的爱情摇篮，这句话他并没有说出来，但这不用说出，这种爱情在他日后所写书信的字里行间渗透出来，库尔塔维涅尔和那里所发生的事都浸透他的全身心，而爱情中的许多事情，最最重要的情景都发生在那里。"您是否记得那一天，我们透过金灿灿的山杨树叶望向天空，那天空平静又安详？"他在回忆栽满白杨和通往查丽尔公园的那条道路。"我重又见到那淡蓝色的天空中镶嵌着金灿灿的枝叶，栅栏里一畦畦野蔷薇结着鲜红的果，那里有羊群，还有带狗的牧童……还有很多别的"，这"别的"是他所经历的，而其他人一无所知。这是他的秘密、他的幸福。库尔塔维涅尔被他这种色彩缤纷的幸福和心满意足的感觉缠绕着。显而易见，在这里发生了完全的灵与肉的亲近。

此时此刻安年科夫和别林斯基在巴黎（住到9月末）。

屠格涅夫很少去那里与他们碰面——这完全是件麻烦事，还得备马，乘坐四轮马车到达铁路的最近一站。

而就在此时发生了这样的事，屠格涅夫忘了与即将回俄罗斯的别林斯基道别（永远的别离！他将在那里离世）。他后来与奥迦廖娃说了这件事。

"我真是鬼使神差，当垂死的别林斯基回俄罗斯的时候……我没能与他道别。"

"我知道的，伊万·谢尔盖耶维奇，是维亚尔多把您叫走了。"

但是也不能指责维亚尔多，因为她10月初要去德国巡演。没了屠格涅夫的库尔塔维涅尔是很无聊的，况且临走前她想与他在一起待几天。而别林斯基……这个患肺痨的、神经紧张、容易动怒的文学家，跟他能有两句话的法语交流吗？……

别林斯基多多少少是"陀思妥耶夫斯基笔下的人物"（当然，当时人们还不熟悉此类人物），但是维亚尔多不喜欢的正是这种性情。

她走后屠格涅夫转道去了巴黎。

*　*　*

对他来说，这几年，一切都以特别的方式走上了正轨。这些年的光阴显得多姿多彩，就连发生的一切事件，不管内心的还是外在的，都编织着我们的命运，一切皆如所愿，都得到了推进和升华。他与维亚尔多相遇不是没有结果的。他出国一心奔向她的举动没有白费，他也没有白白在那里落入物质上捉襟见肘的境地。《现代人》杂志恰恰在临近1847年时出现于彼得堡也是有缘由的，这份杂志由涅克拉索夫和帕纳耶夫主办，但在它的创办中屠格涅夫表现出了最积极的参与。《现代人》更早时候的出版由普列特涅夫主导，但是现在新的人马接过了这份杂志，一切也就变成另外的样子，这份杂志不仅仅对屠格涅夫本人的艺术生涯发挥作用，而且对整个俄罗斯文学都起着一种核心作用。这里蓄积了各种力量，这里也应该由他们一展身手。屠格涅夫、托尔斯泰、奥斯特洛夫斯基、涅克拉索夫、冈察洛夫这样一些作家横空出世，他们还拥有属于自己的批评家——别林斯基，诚然，他很快就离世了，但是他却有很多文章在《现代人》杂志刊出。

对于屠格涅夫来说，这份杂志为他的艺术生涯谱写了辉煌的一页，就是在这个杂志上他的《猎人笔记》刊登了。其中的《霍尔与卡里内奇》发表在第一期上，这篇小说至今还为这部名著带来难以计数的发行量。这一短篇低调面世，在"杂文类"栏目刊出，而且编辑帕纳耶夫给作品加了个副标题"摘自《猎人笔记》"，"目的在于博得读者的宽容"。《霍尔》的成功是巨大的。别林斯基和帕纳耶夫这类朋友领悟到了它的成功，而屠格涅夫并没有期待什么奇迹的发生，也并没有觉得做了什么了不起的事情，其实是转向另一条崭新的路径，转向为他所需要的和更重要的路径上，即是时候写出一个质朴的、诗意的、有爱的俄罗斯了，写出一个农民和老爷的俄罗斯，奥廖尔的、姆岑斯克的俄罗斯，这里有各种各样的白静草地，有歌手和美丽的梅恰河畔的卡西扬。其中也描写了农奴制，但主要是赞美诚实的（常常是有人格魅力的）普通的俄罗斯人民，欣赏俄罗斯的田野、森林、霞光、草地。《猎人笔记》是诗，而非政治，是从诗中作出人生的总结，诗依旧是它的本真，胜过一切的存在。农奴制在这里已经杳无踪迹。屠格涅夫体量不大的特写的艺术并没有黯然无光。

也确实是这样——从远方他能更好地感怀故园，并审视它。在巴黎和库尔塔维涅尔，在维亚尔多的羽翼之下，屠格涅夫写下了他一生全部作品的五分之一——而他总共创作了四十年！

就这样，维亚尔多去德国巡演，在德累斯顿、汉堡、柏林演出，屠格涅夫在巴黎王宫[1]附近住下（后来在和平街街心花园一角安身，租了个房间，也是量入为出吧，有时候住高层，有时候住低层）。

他活得既孤独又充实。每天早早就起床，写作到两点，常常给《现代人》杂志发去一个又一个方方正正的邮包。

一会儿是《莓泉》，一会儿是《总管》或《里果夫村》。

但他不仅仅是在写作，因为维亚尔多是西班牙人，故而沉默寡言的路易·维亚尔多将《堂吉诃德》翻译成法语，而年轻的屠格涅夫则开始学西班牙语。他的老师是卡斯杰里亚尔先生，他学得特别努力，用功程度不亚于在彼得堡和柏林的时候。冬天他已经能用西班牙语阅读卡尔德隆[2]的《十字架的膜拜》，屠格涅夫对他的《人生如梦》非常赞叹。

当然，他对天主教完全陌生，但它在卡尔德隆笔下的

---

1 巴黎休闲地，卢浮宫右对面。
2 卡尔德隆（Calderón de la Barca，1600—1681），西班牙剧作家、诗人。《人生如梦》为其代表性剧作。

严整与威力让屠格涅夫震惊，他很羡慕这种严整。他评说卡尔德隆是"天主教中最伟大的剧作家，就像莎士比亚，最人性，也最反基督教的剧作家"。他热爱莎士比亚，怀念卡尔德隆，而且这种怀念不是单一的，他把他们当作一个时代的代表去仰慕。他感觉到自己所处的时代是充满"危机"的，而非"自然"的，而且他日益对这个时代"生厌"，并认为"美妙之处太少了"。这几乎就是一百多年前的卡尔德隆的所言所思！

"在我们所经历的过渡时期，所有的文学艺术作品都最大限度地代表着个人的独立主张，个体的感情，模糊而又矛盾的思考……；生活被分割得七零八碎；也许除了工业发展，现在没有更为普遍的伟大运动了。"

屠格涅夫这样写信给在汉堡演出的波琳娜，写于12月25日——巴黎一个严冬的早晨。（写于圣诞节！在一封很长而且很重要的信里却只字不提圣诞节——无快乐可言的童年的印记。）

跟在所援引段落之后的是可爱的却也过时了的字行："因此，在我看来，我们这个时代最伟大的诗人是美国人，他们将挖掘巴拿马地峡并讨论让电报漂洋过海的问题。一旦社会革命发生，那新文学就万岁！"

既过时也很现代。他那个时代的花蕾在我们眼前绽放。

两点他动身去"妈妈"嘉尔希阿太太，即波琳娜的母亲那里，在那里他与快乐的希切斯（波琳娜的舅舅）相遇，还有这位尊长的妻子——后来他不得不与他们一起生活在库尔塔维涅尔。在对西班牙这家人的连日拜访中屠格涅夫重又练习了高贵的 lingua castellana[1]，而后便是散步。他喜欢杜伊勒里花园，喜欢在那里欢快奔跑着的孩子们，一张张小脸蛋被严寒冻得红红的；还有一本正经的保姆们，红艳艳的穿过栗树的落日，以及贮水池水面的波光和宁静，灰色的巨大宫殿。"这一切我都特别喜欢，它让人平静，一个上午的工作之后难得的清新。在那里我浮想联翩……"

在杜伊勒里西南角，温室和协和广场的不远处，依塞纳河而建的凉台上立着一尊石狮——巴利的作品。石狮踩在一条蛇身上，这条蛇噬啮着狮子的爪子，由此石狮痛得整个身子都扭曲着，要么是它把蛇压死，要么是它自己死去，无从得知。屠格涅夫非常喜爱这只狮子，每次去花园他都要去看它。你可以清楚地看到他高大的身躯，手里挂着根拐杖，他就这么沿着凉台孤独走过——河对岸的云彩泛着红晕，贴着水面钻进驳船。入夜的天空中透过细细的、光秃秃的栗树枝，依稀可见荣军院穹顶上的磁针默然而又优雅地往上抬升，波旁宫富丽堂皇的正面已经披上夜色。

他可以沿着塞纳河走过这个凉台抵达现在的保罗·德鲁莱德，而且假如晚几年来的话，还可在角落见到台座上的两个不大的斯芬克斯，有狮子的躯干，女人的头和胸脯，尾巴绕成了圆圈，让人猜不透地把各自的尾巴甩得噼里啪啦响，就像甩鞭子一样。走到此处，也许伊万·谢尔盖耶维奇·屠格涅夫会停下来，陷入沉思。《佩图什科夫》正躺在他的书桌上，他在国外吟唱着属于他自己的斯芬克斯

---

[1] 卡斯蒂利亚语，即中文中通常所说的西班牙语。这里同时也是在玩文字游戏，因为后一个词 castellana 也有城堡女主人的意思，暗指维亚尔多夫人。

之谜。

屠格涅夫是一个很容易受到情欲吸引的人。

维亚尔多不在的时候，他会向别的女人献媚，但他的主路是通往汉堡的，波琳娜是他的主宰。

在蓝色夜幕笼罩下的巴黎，伴着华灯初上，他走出杜伊勒里，穿过几条拱廊来到里沃利路。他朝他的巴黎王宫走去，在那里，他就着燃气灯光专挑报纸上令人震惊的报道去读——比如人们要用电报把欧洲和美国连接起来……

他在威弗尔用了餐。此刻的威弗尔是冷清而又陈旧的餐馆[1]，配有几面威尼斯镜子——就这么老式，就如同整个的巴黎王宫——忧郁而又没人打点的几个柱廊里有几家配挂着奥尔登十字架的商店，一片荒凉的样子，还有一群在稀疏绿植中玩耍的孩子。这一切在屠格涅夫看来仍是生气勃勃的，但巴黎王宫最为繁华的景象已经远去。（参加过1814—1815年战役[2]的老兵们只要遇到从巴黎回来的人，都会问他："我们的巴黎王宫怎么样了？"）

每到晚上屠格涅夫都不待在家中，他和安年科夫去剧场看戏，有时候重访嘉尔希阿太太。常常是和马努埃尔"编造各种淘气的事情"，说着不着边际的打趣逗乐的话。只是我不知道，他是否真的非常快乐。在他身上没有真正的幽默——他说出的笑话并不总是好笑。他爱说俏皮话，爱讲各种段子，全然是为了让人开心。也许在更年轻的时候，在柏林，在风华正茂的斯帕斯科耶庄园岁月，在列斯内，他的快乐是对身心有益的，但在巴黎有时候却给人一种奇

1　1930年它还存在，现今已经没了踪影。原注。
2　1814年法国与反法同盟之间进行的巴黎战役。

怪的印象。

没过多久，1848年，图奇科夫一家从罗马来到巴黎，安年科夫随即去看望他们一家（而且正如他所认为的，当了他们的助手和导游，等等）。他把屠格涅夫也带来了，屠格涅夫也就成了这里的常客。离这里不远处住着赫尔岑一家——两家人建立起了友情。屠格涅夫进了奥加廖夫-赫尔岑圈，但他更多是杵在女人周围。他经常去奥加廖夫家，在那里他遇到了几位太太和小姐，更多是坐在那里和毫不出众的年轻姑娘图奇科娃交谈。看来这位女子喜欢屠格涅夫。但是两人都心知肚明，相处时对尺度拿捏得恰到好处——所以到后来她并没有痛恨他，也许她觉得他也是倾心于她的……但无论怎么说，他给她读诗，给她讲自己写的作品，甚至经常送她"嘉尔德尼"香水，那是他喜欢的味儿。而且他的多变让人吃惊！有时候兴高采烈地见面，有时候闷闷不乐，耍一点小脾气，有时候突然间什么话也不愿意说，并在图奇科娃面前总是不断变着"花样"，让她允许他学公鸡叫，站到窗台上惟妙惟肖地喔喔啼叫。娜塔莉亚·赫尔岑有时候会对此略微反感。

"屠格涅夫，您这么高的个儿，会把这里的一切都弄坏的。"她说道。"是的，而且也让我担心呢！"

而他要过她的花边丝绒披肩，"滑稽地"披在自己身上，并开始出洋相——学疯子的样儿：把自己头发弄得蓬松，并让头发遮住他的额头，甚至是脸的上半部。他那双灰色的大眼睛闪着光芒，他装出"可怕的愤怒"，他做这一切为的是逗人发笑（而且也是让自己开心？），"我们以为，他的表演定会很可笑，但不知怎的，却显得有些沉重。"

娜塔莉亚·亚历山大罗夫娜甚至不喜欢屠格涅夫。他的神经兮兮的花头点子、各种怪招，都让她觉得不舒服。"奇怪的屠格涅夫！"她如是认为。她觉得在他身上有一种冷酷、不近人情的东西。尽管如此，"他还是个好人！"

哦，屠格涅夫根本不像人们习惯认为的那样开朗和稳重。而且有谁知道他和安年科夫看完戏独自回家的路上感觉到了什么！（安年科夫可是平静地戴着尖顶帽子，规规矩矩地入睡了，而屠格涅夫却独自怀揣他的《猎人笔记》、西班牙语课本，怀着对维亚尔多信心不足的温情，在巴黎王宫附近的小房间里孤独地面对四壁……）

这段时间他不只写下《猎人笔记》，1847 年他还发表了《佩图什科夫》，只是这部作品的内容并没有给他带来多大荣誉。

懒惰、蔫头耷脑但心地和善的军官佩图什科夫是个单身汉，正与偏僻小镇上的一位年轻的面包铺老板的侄女瓦西里萨恋爱，他眷恋着这位体态丰满的笨女人，而且……他为此陷入了困境。他无限愁闷的原因很简单也很平常，是因为爱情。只是在这份爱情中没有诗与浪漫，而是女人可怕的力量和无法获得自由身。表面上看佩图什科夫出自果戈理的剧本，他甚至和"钦差大臣"遭遇了一样的命运（在这座小镇里大概还居住着斯科沃兹尼基-德乌汉诺夫斯基们与杰穆里雅尼克[1]之流），但是他生活的中心却已经是屠格涅夫式的。这是第一个"屠格涅夫式"的人物，软弱却又

---

[1] 斯科沃兹尼基-德乌汉诺夫斯基、利亚普金－加普金、杰穆里雅尼克、赫洛波夫等及其附庸，不只是当钦差大臣出现在他们城市中时才表现出自身恶习，他们的职业和人生都以卑劣为特征。

因爱而痛苦不安的第一人。

瓦西里萨给自己找了个男友，两人容不下佩图什科夫，让他离开这里，但他已经是宁死也不离开这里，离开愚笨的瓦西里萨他活不下去，会遭到所有人的羞辱。出于仁慈之心，瓦西里萨自个儿也在为他哭泣：是啊，有什么办法呢？出于善意她允许他插足自己的生活，自己又嫁给另一个男人，佩图什科夫认命地酩酊大醉于食物贮藏室，倒在阿芙洛狄忒-乌拉尼亚的足下。

这与华光四射的女歌唱家和俄罗斯文学经典大师毫无相似之处。

但是……假如屠格涅夫处于兴高采烈之中，处于坚定而又充满希望的爱的火焰中，他还会像这位佩图什科夫那样行事吗？

他讲述了自己在巴黎生活的痛苦往事。比方说，他在屋里坐着，突然间就有忧愁袭来，弄得他无处躲藏。房间的壁纸是彩色的，被画上各式图像，带有花纹，色彩斑斓。他看啊看，然后站起身来，撕下壁纸，做成一个长长的尖顶帽子，1.5俄尺[1]长，戴到自己的鼻尖并站在角落里。"忧愁开始退去，某种馨宁渐渐降临，最终，我变得很愉快。"

也许，在图奇科娃一家人那里他也常常是这么"快乐"？不是在这种愉快的时刻构思出《佩图什科夫》的吗？

为诸君奉上的还有清新又有些忧伤的《猎人笔记》！

---

1 1俄尺 =0.711 米。

十年前是另一个时代，他住在柏林只有读书一件事。此刻是在巴黎，因卡尔德隆，因个人生活，因"卡西扬们"和"拉季洛夫们"，一个公众的、全欧洲的（如果不是全人类的）生存图景展现了出来。那时候一条历史大道正经过巴黎铺展开来。当然，俄罗斯人随即也出现在这条大道旁。俄罗斯最早被征召前来参加这场正在迫近的大戏，当时俄罗斯还在实行农奴制！1847 年至 1848 年来到巴黎的除了屠格涅夫、安年科夫和别林斯基，还有赫尔岑与巴枯宁。这些人的命运各不相同，但他们全都在必要时刻身处最需要的地方。别林斯基于 1848 年革命如火如荼时死去，赫尔岑则走过一条复杂又深远的道路，成了流亡者，并葬身异国他乡。安年科夫怀着一颗良善之心，忠实地记住并记录了一切。巴枯宁与柏林时期的他已经判若两人（气质还是原来的，但追求却是另一种内容）——他扑到巴黎，只知冒失而行，惯于铤而走险。屠格涅夫乃孤家寡人，一个流浪者，一个观察者——像海绵去吸收，取他所需，像是借此达到圆融，最终保全自己的面孔。

"和平正处于诞生的痛苦中。"他于 1848 年 1 月就蒙塔朗贝尔攻讦第一次法国立法议会的发言[1]写道，"巴黎几天来一直群情激奋"。

"在诞生的痛苦中！"当代社会在诞生，伴着议会、

---

[1] 1848 年新年伊始，瑞士天主教徒惨遭激进党派迫害。作为盟友，法兰西国王即将对此发表演讲。1 月 10 日，上议院就这篇演讲展开辩论，其间蒙塔朗贝尔大展口才。屠格涅夫指的就是这次发言。

无产阶级、机器化，虽处于"始发"阶段，但已经可见"我们"世界的全部荟萃，带着它的整体的五彩斑斓——文明和野性，崇高和低劣，魅力和毒药。

在巴黎，革命是"初步"的，也是"成功"的，同样在2月里爆发。不用说，谁也不知道它发生在哪一天哪一时。屠格涅夫一直待在布鲁塞尔，直到有一天，巴黎的报纸突然不来了，大家全都慌张起来，街上、广场上全都是人。2月26日！早晨六点，屠格涅夫还躺在床上，伴着喧闹声房门被打开，有人喊了声："法兰西变成共和国啦！"

加尔森飞快地在走廊里奔跑，依次推开房门报告着新闻。

屠格涅夫从来都不是好战的，但他迅疾奔往巴黎。他并没有去守护革命战绩，而是静观，这是他素常喜欢的，即了解、看到……

革命有条不紊地进行着。城界上的铁轨被扒掉，不得不雇用马车前去杜埃[1]。他们傍晚到达蓬图瓦兹，巴黎近郊的公路也被拆除了。屠格涅夫一天内目睹了革命的两副面孔：此时他坐上了配有一个头等车厢的蒸汽机车——共和国"特别委员会"的火车极速奔驰，坐在里面的像是剧院里演戏的人物，他们挥舞着三色旗。大高个儿政委本人从车窗探出身来，他也在欢迎着……和平？"所有人的，所有人的，所有人的？"

当然，就在屠格涅夫乘坐的车厢，所有人感受到的都是鼓舞（屠格涅夫本人也是如此）——只有头发花白的老者避开杜埃，躲到角落，喃喃自语道：

---

[1]　法国北方公社。

"一切都完了，一切都完了！"

在巴黎他随即遇上了大动荡。武装的工人们拆除街垒的石头，到处都是三色旗帽徽在色彩斑斓地闪动。显而易见，就像往常一样，在革命的最初日子里去做日常的事情是不可能的。于是，屠格涅夫当即开始了他在春天里的游荡：他一会儿在巴黎王宫喝着咖啡聆听政治交谈（巴黎王宫几乎是流血之地：二月革命恰恰在巴黎王宫和卢浮宫之间发生了第一次流血事件），一会儿随着因"熊皮帽"（被撤销了的骑兵军官）演说而走上街头的工人游行队伍冲向临时政府，一会儿又跟着经过圣抹大拉玛丽亚教堂去冲击众议院的人群。

赫尔岑、黑尔韦格、巴枯宁这时都在巴黎，他和巴枯宁最后一次见面还是在 1847 年（柏林求学之后）。巴枯宁在政治上非常左倾，且因为袒护波兰人被驱逐，后落脚布鲁塞尔。不用说，二月革命后他又回到了巴黎。他被安置在兵营和工人们住在一起，守卫着"革命行政长官"科斯基耶尔。这已经是一位真正的布尔什维克了，看来也就是在那时屠格涅夫与他分道扬镳。1848 年 4 月巴枯宁去了德国，5 月初组织了德累斯顿工人起义，普鲁士人将他俘获，差一点将他处以死刑——他进了监狱。

革命在巴黎进行得缓慢但广泛，更有示范性。屠格涅夫度过了一个寝食难安的春天。维亚尔多照例在远方到处演出。政治上的焦虑，感情上的思念与爱……为了透透气，他有时离开巴黎去外地，这不，5 月 1 号他就去了达芙莱村，"我在森林中度过了四个多小时——哀愁的，感动的，专注的，我一边吸纳着那里的空气，同时我也被吸纳，大自然带给一个孤魂的印象是非常有特色的。在这片森林里新的悲伤的沉淀，如同田野的芬芳，忧郁也变得明畅了，像是寓于白鸟的啼啭中……"

巴黎在躁动，在沸腾。屠格涅夫孤独地踟蹰在巴黎近郊的森林中……经历过俄罗斯乡村恐怖岁月的人有谁不记得这种感觉，在暮色笼罩的田野，沐浴高天浮动着的、泛着绛红色涟漪的云彩，云彩让天空紧裹在细密纤维织成的台布中；放眼看一派广袤无垠的景象，大自然永久的宁静……而"那里"，是历史、战争、革命。

在这5月的日子里，他离不开"忧郁"这个词——哦，多么屠格涅夫式的一个词啊！而且日子越过，这个词就越经常出现。一种"空荡荡无尽头"（他如是称谓天空）的冷意已经袭上他的心头。凭着对世界的这种类似的感觉，较之于无边无际的天空，他倒觉得"湿漉漉的鸭爪"，或者是从"一动不动的母牛脸上落下的水滴"与他更亲近。如果没有上帝，天空是空的，那么与鸭子和牛在一起的生活就更舒坦了。

自然而然，他将胸中各种柔情付诸笔端，遥寄维亚尔多：走向爱情比走向母牛更快乐，也更轻松。

而"生活正按照现有的样子在前行"——革命在发展变化。共和国并没有让工人们非常满意。民族的作坊已经坍塌，人们已经将其关闭。失业现象已经难以克服，这给了革命一直向左偏转的理由。5月15日代表议院差一点被攻占，大家都已经心如明镜，6月达成的共识是，不经流血则难以成功。

"这只是一个开始。"6月23日早晨，前来送衣服的洗衣女工对屠格涅夫说。洗衣工确有把握地说，街心花园那里工人们已经建起了第一座街垒。倘若像在柏林时候那样，有仆人 / 兄弟波尔菲利·库德里亚绍夫伺候着少爷，或者是瓦尔瓦拉·彼得罗夫娜本人就在他身边，不用说，他们不会放他去街上的。但此刻他已经是成年人，是求知欲很强的人，并且是众多知名侨民的朋友，他在家里是待不住的。

他非常出色地描写意大利街心花园的五光十色和华丽盛装，6 月阳光明媚的早晨，一扇扇打开的窗户，戴着包发帽，扎着白色和粉红色箍带的女人们正从窗户里往外张望，你会见到公共马车和轿式马车在行进，太太们的丝绸连衣裙熠熠闪光，白杨树上依稀可见枝叶的夏日婆娑（不用说，当然是"自由之树"）。

在圣德尼港附近，屠格涅夫突然闯进已经成为防栅的地方，穿工装的人正在那里溜达，一面红旗飘荡在那里。（这面旗子多年以来沿着欧洲打开一条通路，并在俄罗斯获得荣耀。当时屠格涅夫未必能想到这一点。）

他站在人行道上，站在茹文手套厂的窗户下，这时走过来一列国民卫兵队伍。武装起义者们透过被他们占领的工厂的百叶窗突然射出一阵枪弹，屠格涅夫和其他偶然到此的人们急忙"退却"到埃奇基耶街——他们因逃跑而得救。屠格涅夫怎么不挺身作战呢！但即便是他想作战，命运也不让他前去。作为一个游子和看客，他的使命是观看、积累，以及形成自己的想法，但不采取行动。

当巴黎街上发生骚乱时，屠格涅夫不得不闭门在家熬过这可怕的而且热得要命的 6 月时光，整天处于神经紧张和痛苦不堪之中，像是被卷入了革命洪流。大街上不时传来骇人的消息。一天晚上，心肠柔软的屠格涅夫第一次听到"扇状射击"：这是在按市政府指令射杀起义军团。

炎热、血腥、炮轰、人质被处以死刑、空袭、防栅——公社的预演日益激烈。从"不流血的"二月革命开始，屠格涅夫与巴黎城一起经历了整个革命的曲折。

* * *

只有母亲和俄罗斯才会担心屠格涅夫的安危。瓦尔瓦拉·彼得罗夫娜的耐性终于到了极限。革命前她还能稳得住，但当尼古拉沙皇1848年3月14日发表了声明，邀约"每一位效忠君主的人与发生在法国的叛乱作斗争"之后，她开始执拗地召唤儿子回家。她在斯帕斯科耶为儿子的归来做了若干准备，亲善那些被儿子予以厚待的家奴，但她依旧没有等回儿子，他不愿意撇下法国，远离维亚尔多，还有库尔塔维涅尔。瓦尔瓦拉·彼得罗夫娜中断给他打钱，他就靠给《现代人》杂志撰稿养活自己，依赖克拉耶夫斯基的（《祖国纪事》）预付款度日。1848年的夏天他是在库尔塔维涅尔度过的，和维亚尔多一起，享受着革命之后的休养。秋天他设法去了趟法国南部，光顾了图伦，住在耶列。对这些可爱地方的风景、穿透宁静与彩虹的大雨的欣赏，在他于10月与维亚尔多的通信中可以读到。

冬天他住在巴黎的特隆切特街一号——这座楼迄今都保持着古老的令人愉悦的景观，当你从它身旁走过，会很兴奋地想起，就在八十年前，我们的屠格涅夫坐在这些百叶窗边写作、恋爱和忧愁。维亚尔多也在首都度过了那个季节，屠格涅夫经常去拜访她。他还经常去见赫尔岑，就在 1849 年春，赫尔岑患上了急性胃肠功能失调。

事情是这样的。巴黎爆发了霍乱。5 月屠格涅夫租房到期，他意欲离开巴黎。在最后那几天里的一天，他决定到赫尔岑家过夜——夜里出现了痉挛、恶心，他叫醒赫尔岑，说："我的性命难保了，我染上霍乱了!"

他总是疑神疑鬼，显而易见，他是言过其实了，但也真的病了十天。赫尔岑不得不把家人打发到巴黎城外的达芙莱村，屠格涅夫康复后也搬去了那里——巴黎的情况很糟糕。6 月的炎热让人难以忍受，城里布满了尸体。有意思的是，侨民赫尔岑——"病得脱了形的"赫尔岑于 1849 年在巴黎回忆起了 1831—1832 年莫斯科的霍乱，对那时的俄罗斯，对有条不紊抗疫的俄罗斯政府和社会人士的热心救助满怀崇敬之情。巴黎却没采取任何措施——医院里既不提供床位，也没有包扎手段。尸体躺在楼房里两三天无法入殓……

赫尔岑留下和他并不那么特别喜欢的病人屠格涅夫在一起，这件事足以见证赫尔岑的英勇无畏。但维亚尔多身在何处? 也许她已经在库尔塔维涅尔，也许在巴黎……但屠格涅夫身边没有见到她。也有可能她已经看望了他（只是没有见到她看望他的踪迹! ），但是如果她没看望过他，也不必对此感到惊诧，也许没来看望甚至更有可能。她是一个坚强而又精于算计的女人，非常理性，得不偿失的事情她不会去做的。

屠格涅夫康复后去了库尔塔维涅尔——在那里度过了第三个，也是他在那里度过的最后一个夏天。维亚尔多到伦敦巡演去了，他独自留下，一直到9月。

这段库尔塔维涅尔时光他过得平安无事，可以说，日子过得好极了。乡村、自由、耽于幻想、创作……一切都令人惊异地混合在一起。在这里，屠格涅夫一觉睡到10点才用早餐，和天性活泼的希切斯一起玩台球，而后一头扎进书房用上一个小时构思情节，读西班牙原著，写上半页纸……而后是午饭，独自一人去散步，和希切斯一家去遛弯，接着便已经很累了：晚上9点前上床……但他做了并做完了多少事啊！

工作间隙，常常有乡下客人到访（总是聊些乡下的事儿），钓鱼、去水渠里划船，屠格涅夫自己清洗着被芦苇堵塞的河道，他逗兔子玩以消磨时光——兔子是他花了口袋里最后一个法郎从农民手中买来的。他给兔子喂牛奶和莴苣叶，他不停地游走着，一直在看着，在仔仔细细观察大自然，尽管这大自然不是奥廖尔的，而是法兰西的，但他也还是喜欢这里的自然景色——既爱杨树叶的婆娑起舞，也爱镶嵌在粉红色天空的分叉出来的细叶的颜色，还爱蒙宗夫廖拉田野上被他称为甘泪卿[1]的那株白桦，还有橡树——屠格涅夫给它取名为"荷马"。

希切斯一家出远门，屠格涅夫独自留下，形影相吊，守着偌大的房子。他的交际圈是——园丁，还有一个年老的厨娘，还有各种各样的兔子，狗，山羊，村野的鸟，鱼，公园，运河。口袋里没有钱，他完全靠维亚尔多家的厨娘来过活。他给老太太写了很多信，说了很多好话，他当然不喜欢写

---

[1] 歌德作品《浮士德》中的人物。

这么多，但是不想被拘囿在这里。

库尔塔维涅尔城堡的夜晚是孤独的，骇人的。满天的星斗，宇宙的无际（达芙莱村"空寂的天空"），唤起的是他深深的忧愁，几乎是恐惧。有时候他体验到的是奇怪的感觉——这些感觉造就了他生命晚期的神秘作品。

他一个人坐在客厅，也许他是在读书，或者是玩纸牌。午夜临近，陪伴他的是绿色灯罩下的灯光，公狗苏尔坦早已经入睡，他突然听到两声深重的，却是全然清楚的叹息——这叹息仿佛在两步内向他轻轻袭来，他站起身，手里掌着灯在走廊里走着，他的脊背发冷，人所熟知的恐惧顺着脊椎往上蹿，浑身起鸡皮疙瘩。如果身后有人往他肩上搭一只手，那会是什么样的情景？

在这种情绪的支配下他正好想绕着整栋房子走一遭，用苍白的灯光把这里的所有阴暗角落照亮，并让自己信服什么，也许他试图用这一小束亮光穿透周围世界的一切深渊。别样的世界，别样的生命……"盲人能够看得见鬼魂吗？"他问自己。念头引领着他总是朝着一个问题深究。

或者另一次，他走到院子里，同样也是临近午夜时分，屏住气息聆听。"谛听"夜晚的生命是如何美妙啊！

耳中听得见血液的喧嚣，树叶不住地发出簌簌声和沙沙声，鱼儿飞身跃出池塘水面，——像是在亲吻，落下的雨滴溅起银子碰撞般的声响。一片蝉鸣。"蚊子发出纤细至极的女高音。"当然，挥洒在这一切之上的是漫天的繁星，它们闪烁着发出温柔的音乐……

他在库尔塔维涅尔做了很多梦，后来也是（梦中的维亚尔多有时候扮演的是可怖的角色）。他还梦到了很多鸟：

他自己似乎像一只小鸟。他捏着自己的鼻子，为的是擤出鼻涕，却发现原来只是一张鸟嘴。鸟儿开始飞翔，发疯似的，异乎寻常地在海面上振翅高飞。他看见一些不可思议的黑色的鱼儿从海底游上海面，它们应该被吃掉。于是，神秘的恐惧桎梏着他，这为什么不是起自埃利斯群岛的飞行？为什么不是他小说《梦》的天空？

* * *

下一个冬天对于屠格涅夫来说像是在法国的最后一个冬天。他是在巴黎过冬的，而春天他决定回一趟俄罗斯。

法国给予他很多。他在这里与卓越人士相遇——乔治·桑、梅里美、肖邦、缪塞、古诺。他生活于法国的高端文化层。他自己硕果累累——写完了《猎人笔记》大部分篇目，小说《多余人日记》，写下若干喜剧，其中有《乡村一月》。可以说，"第一个"屠格涅夫（长篇小说创作以前），以深邃的诗歌和其他体裁写作的无可争辩的才华，在维亚尔多那里，在巴黎，在库尔塔维涅尔，已经成型。1850 年 6 月他抛下了法国（一别便是很久！）和他爱着的女人，这时候的屠格涅夫已近乎迈入成熟，通晓艺术，深谙爱情；见识过近在身边的社会运动和上流社会的衰落，懂得的已经不是少年的浪漫主义忧愁，而是成人平静的悲伤。

他让他的情事含混不清，像是处于并没有作出决定的状态。在库尔塔维涅尔他曾感受到过一种幸福，但是这种幸福既没有让他的人生，也没有让维亚尔多的生活发生急剧变化。她仍旧是路易·维亚尔多的妻子，甚至看不出他们之间会发生婚姻解体的征兆，她对屠格涅夫也没给出任何决定性答复！ça ne sert a rien[1]，只能是这样。她一会儿这样一会儿那样地待他，半带爱情地对他，她委身于他，只是"接纳"他的爱（就范于一时的女性弱点），但她什么时候都是稳操胜券的，并不在他身上创建出什么新的和"动真格"的东西。她在和屠格涅夫的爱情游戏中凭着强势而固执的女人口味来感受他，觉得在她的全部爱情里屠格涅夫不是丈夫，不是为她遮风挡雨的一堵石墙，不是她人生的靠山。他有着诗人的模糊不清，长吁短叹，慵倦无力，彼特拉克气质……但是，假如她深深爱上他，成为他的妻子并为他生下孩子，谁知道一切又会变成什么样子……

处在女皇的位置，将他掌控在自己身边，把他当作一个倾慕者和颂扬者，她做得非常明智。

1　法语：什么也不会发生。

家　事

不能说瓦尔瓦拉·彼得罗夫娜的人生经营得很成功。无论是童年生活在索莫夫或叔父那里，还是嫁给谢尔盖·尼古拉耶维奇为妻，或者作为母亲，她都是个不幸的女人。两个儿子带给她的是巨大的痛苦——而且她自己所做的一切，都让他们疏远她并与她敌对。

儿子伊万做的事并不符合贵族的体面，一会儿在柏林，一会儿又去法国待了三年，而且在法国给自己惹下了一桩奇怪的"不伦不类"的恋情，显而易见，满是荒谬的心思。他很少给她写信，也不乐意跟她联系，很明显，他是离开这个家了。大儿子尼古拉和一个叫安娜·雅科夫列夫娜·施瓦尔茨的女人搅和在了一起。这种关系她坚决不认可，竭尽全力反对，在她看来这是不合法的，再说安娜·雅科夫列夫娜跟他们"门不当，户不对"。可是尼古拉·谢尔盖耶维奇却表现出了不可思议的坚决。他认定，他这一生就爱上了这个安娜·雅科夫列夫娜，并带着她一起定居在了彼得堡。他服过役，给人家当过家庭教师，简直是苦度时光——可他甘愿过穷日子，也要过自己想过的生活。瓦尔瓦拉·彼得罗夫娜对他的恼怒不亚于对伊万的恼怒。1845年她差点因为尼古拉而犯罪。

事情是这样的。当她得知儿子在彼得堡有恋情，她想弄个水落石出，查出他们的私情的真相。为此她打发管家安德烈·波利亚科夫，即阿嘉申卡的丈夫前去彼得堡。波利亚科夫常去尼古拉·谢尔盖耶维奇那里，目睹了他与安娜·雅科夫列夫娜过的苦日子——他心疼年轻的老爷，回到斯帕斯科耶后，他向太太汇报说，尼古拉·谢尔盖耶维奇一个人过日子，光棍一条。但彼得堡出现了几个"好心人"，这些人把真相的细枝末节不差分毫地全都抖搂了出来。波利亚科夫刚回到斯帕斯科耶，信很快就到了。瓦尔瓦拉·彼得罗夫娜大发雷霆，抓起已故的伊万·卢托维诺沃留下的沉重拐杖（生前他经常用它来敲打一下仓库里的钱袋），朝着波利亚科夫挥舞而去——假若不是小叔子尼古拉·尼古拉耶维奇及时把她拉住，那棍子说不定就稳稳落到波利亚科夫身上了。她怒火难平，筋疲力尽地倒在沙发上，而尼古拉·尼古拉耶维奇很快就把吓得面如土色的波利亚科夫推出门去了。

可怜的波利亚科夫为自己的软心肠付出的代价是被打发到很远的乡下——他还让老太太的精神状态也发生了改变。

怀有身孕的阿嘉申卡，经历着与丈夫的分离与思念，在斯帕斯科耶村隐忍度日，承受着苦难，并一直带着一种伟大的温顺祈祷（这个女人完全来自民间，是个女奴，一个奴仆——让人惊异的一盏明灯和我们所有人的庇护者）圣徒的亲近。大礼拜四[1]这天瓦尔瓦拉·彼得罗夫娜在教堂，临近圣餐，她出其不意地走出门去，坐上马车回家。她像

1　基督教中复活节前一周的礼拜四，也叫净身周四，这一天人们常常会想起耶稣被害前与其门徒共进最后的晚餐。

以前那样，貂皮大衣都没脱就走进更衣室，阿嘉申卡在那里，咕咚一声伏在她脚前。

"对不起，临近过节时你的丈夫会在这里的。"

她们拥抱着，哭着，而后她坐上车去领圣餐——没有人能预知明年的复活节又会发生什么，她又会做出什么新的转变。

发生过这样一件事。在 1846 年的耶稣复活节这一天，瓦尔瓦拉·彼得罗夫娜醒来时非常恼火，教堂里响着钟声——她清楚地知道基督复活节总响起愉快的钟声，但总是吩咐"御臣"[1]：

"这是什么钟声？"

"过节啦，太太。圣周。"

"圣周！过节！什么节？有人会问我，我的圣周是什么样的。我是个病人，我很痛苦，这些钟声让我很不安宁。现在你去吩咐停下。"

钟声停了。整个庄园中的复活节巡游、节日餐桌、圆柱形甜面包[2]、甜奶渣糕……一切都被取消，节日过成了平常的日子，而瓦尔瓦拉·彼得罗夫娜本人紧关着窗户在房间里待了三天，到周四才打开窗户。那年斯帕斯科耶就没过复活节。然而另一次她还推翻了教会做忏悔的章程：她命令畏畏缩缩的神父在大庭广众之下，对着百姓忏悔。

就凭这样的性格她能和儿子们合得来吗？——他们已经是新时代的人，是受过欧洲文明熏陶的人。

1　屠格涅夫的母亲将斯帕斯科耶庄园比作皇宫，这里的所有官职都要加一个"御"字，如御臣。
2　专为复活节烤制。

瓦尔瓦拉·彼得罗夫娜知道，尼古拉勉强能摆脱困境，伊万则分文皆无地在巴黎和库尔塔维涅尔生活，她很想见这两个儿子。但是当伊万需要六千卢布来还债和返家时，瓦尔瓦拉·彼得罗夫娜只给他寄了六百卢布——害得他只能勉强用这些钱来堵住最紧迫的窟窿；尼古拉那里也是如此，而与此相伴的只是伤感的幻想……她巴望着儿子们自己想办法回到家来，凭空飞回来。她吩咐重新布置厢房，在阳台四周巨大的绿色花槽里摆放上从温室里搬出来的橘子树，房子另一面则放上从土棚里挖出的西班牙樱桃和意大利李子，还盖上了网罩，以防麻雀糟蹋。

"万尼契卡非常喜欢吃水果，他会直接从树上摘着吃，而我会透过窗户看着他。"

万尼契卡此时正在库尔塔维涅尔为几个法郎向希切斯一家借债——但是她却一定要欣赏他如何吃李子（在温室里也为他备下了桃子）。或者——瓦尔瓦拉·彼得罗夫娜坐着马车，从长满青草和四周栽种着白杨的冲沟旁驶过，沉醉在回忆中，这里曾几何时有个池塘，儿子们穿着特别的靴子在上面滑冰。她记得，哥儿俩麻利地清理着冲沟（不用说——重又得把它拦截），在通往大路的那一边立上一根柱子。柱子上有农奴尼古拉·费多谢耶夫的画作，画的是指示方向的手指，而另一面是他的题记："Ils reviendront！[1]"

这一切都白白逝去。第二年春天，即1850年，瓦尔瓦拉·彼得罗夫娜自己病得厉害，采取了切实可行而不是让

1　法语：他们一定会回来的！

人伤感的措施，即给巴黎的伊万·谢尔盖耶维奇寄去了足够他回家的路费。

屠格涅夫不想上路，但是激怒母亲是件很危险的事情。5月，他告别了库尔塔维涅尔（维亚尔多在德国演出），6月17日与维亚尔多见最后一面，24号取道巴黎返回彼得堡，他当时称俄罗斯为一张"庞大而又阴郁的面孔，如同斯芬克斯一动不动却又模糊不清"。他感觉，斯芬克斯正用沉郁的目光看着他并即将把他吞入腹中。

* * *

人生若梦，在那场梦中梦到的是卡尔德隆（还有屠格涅夫），有它自身的内在关联，但这场梦不是那么容易开启的。过去的一切都很明晰，而未来则是去向莫测。坐上火车，屠格涅夫是否想过，他将会撇下西方、巴黎、维亚尔多整整六年？他计划自己的事情处理停当就马上回来，而后也许将过着游牧民的生活（一会儿在此，一会儿在彼），无论如何不能再这样，不要再是现在这种局面。

从巴黎的"俘获"中归来的他变得比以往更俊朗可爱，且魅力四射。在俄罗斯，作为一个作家、《猎人笔记》的作者，人们已经了解他，并且珍视他。他已经三十二虚岁，深色的浓密的头发略带卷儿，出现了白发；有一双美妙的沉思的眼睛；两只手保养得很好，很漂亮。他非常受欢迎，人们不断邀请他，宠爱着他。

但是在莫斯科，在母亲身边，他随即身不由己地陷入繁重的事务中，这些事远离诗歌与爱情。

去年秋天，瓦尔瓦拉·彼得罗夫娜和长子尼古拉的关系缓和，她允许他娶安娜·雅科夫列夫娜为妻，并让他退出军役，搬到莫斯科来，管理几处领地。她答应给他在莫斯科买房。他退役了。房子已经物色好了（位置在普列奇斯坚科，离她自己在奥斯托仁科的房子不远），但出于一贯的性格，瓦尔瓦拉·彼得罗夫娜什么决定也不做。她拖拉着，苦恼着，并不急于签署买卖契约：我会出钱的，但你得慢慢等着。尼古拉战战兢兢，房子终究买下了，他也搬进去了，但却无以为生，而瓦尔瓦拉·彼得罗夫娜像是连面都不愿露。她并不接纳安娜·雅科夫列夫娜，和尼古拉·谢尔盖耶维奇的关系也搞得让人一头雾水——难以弄清楚她是他的朋友还是他隐蔽的敌人。不知为什么，她既想接近儿子，却又为着什么十分恼火——他还是没有像她想要的那样结婚过日子，在她面前俯首帖耳。而且尼古拉·谢尔盖耶维奇生来就是个庄园主、地主，虽并不像其兄弟那样才华卓著（同样很英俊），但怎么着也是屠格涅夫家的后人：他的屈从是有限度的。

伊万·谢尔盖耶维奇与母亲的相见很愉快，但很快就落入紧张的氛围中。他和尼古拉都已经完全长大成人，都是大宗财产的继承人，同时却又是半个乞丐。尼古拉变卖了自己从彼得堡带来的最后几样东西，伊万不得不东借西挪地过日子。他经常不得不向庄园的管家列昂·伊万诺夫，向同父异母的兄弟波尔菲利讨得三五十戈比。

兄弟们决定行动起来。他们找到母亲，以最恭敬委婉的方式请求母亲固定给他们一些收入，数额不大也可以，只要能保证日常生活的必要开销，便不会再用一些琐碎小事来麻烦她。瓦尔瓦拉·彼得罗夫娜没表示反对，就连态度也很是同情，她答应兑现这些请求，同时，一如既往地，不会立刻兑现。儿子们的"烦恼"在继续。她终于下令让列昂·伊万诺夫草拟两份馈赠书——各分一处领地，斯切沃归尼古拉，另一块，卡德诺耶，归伊万。但是，这两份财产馈赠书并没有办理赠送手续，故而没有法律效力，而且任何时候她都可以撤销。有一天早晨她把儿子们叫到跟前给他们读了两份馈赠书的草稿。

"现在你们对我满意了没有？"

伊万·谢尔盖耶维奇替自己也替哥哥说：是的，我们满意，如果你让这些文件具备法律效力的话。瓦尔瓦拉·彼得罗夫娜生着闷气，但命令他们晚上再来她这里，这两份馈赠书将被重新誊写，形成最终稿。

两兄弟走了，而且他们从管家列昂·伊万诺夫那里了解到，凡是牵涉这两处赠送领地的村长均已经接到老太太的命令：火速卖掉这两处领地的所有粮食，包括打谷场上的或是未收割的，价格说得过去就卖，只是要快！斯帕斯科耶的管家必须监督这次出售，并把钱汇到莫斯科，汇给瓦尔瓦拉·彼得罗夫娜。

这就意味着，她是让这两块领地破产，甚至不许拥有明年播种的良种。

就在那个 7 月的夜晚，在奥斯托仁科家中，发生了沉重的一幕。瓦尔瓦拉·彼得罗夫娜又把两个儿子叫来。她坐在客厅里洗牌，在临近厅里的茶桌旁坐着的是养女瓦莉娅·日托娃，还有施莱德尔太太。伊万·谢尔盖耶维奇坐在母亲的一边，尼古拉坐在另一边。从另一厅里给他们端来了茶水。在那面大镜子里瓦莉娅看到了瓦尔瓦拉·彼得罗夫娜保养得很好的双手——她现在正在摆纸牌阵。儿子们用小勺子在茶杯里搅拌，瓦尔瓦拉·彼得罗夫娜谈起了不同品种的茶叶，而后还聊起了各种小事。最后她对仆人说：

"叫列昂·伊万诺夫。"

伊万诺夫前来，她简短地命令："拿过来！"

几分钟后，列昂·伊万诺夫端上来一只托盘，里面有两个信封。

她瞟了一眼这两个信封，一个给了伊万，另一个给了尼古拉。

屋子里死一般寂静。只有文件在阅读人的手里沙沙作响。

"唉，你们感谢我吧！"她把手伸向他们，让他们亲吻。

尼古拉·谢尔盖耶维奇躬下身子，一声不响地亲了下母亲伸过来的手。伊万站起身，来回走着，说了句"Bonne nuit, maman"[1]，然后走了出去，上楼回了自己房间。瓦尔瓦拉·彼得罗夫娜没有吱声，但她的手却颤抖起来——愤怒涌向了她的双手。伊万之后，尼古拉也站起来去了楼上。兄弟俩在那里商议着，因为馈赠书的终稿跟草稿毫无二致，他们决定不接受这份馈赠书，也不再和母亲进行任何谈判，这两块领地不要了，只要求得到父亲的遗产。

瓦尔瓦拉·彼得罗夫娜非常清楚他们是怎么接下她的"馈赠"的。第二天她把伊万叫来作解释。当时他向她说了许多——不仅说自己，而且大体上是在说她的生活与管

---

1 法语：晚安，妈妈！

理。交谈的尾声瓦尔瓦拉·彼得罗夫娜喊叫起来：

"我没有儿子！你给我滚出去！"

第二天，伊万·谢尔盖耶维奇试图再见一下母亲。当瓦莉娅禀报"Jean est venu！"[1]，代以作答的是，她抓过他年轻时的肖像画并使出全力摔到地板上，玻璃粉碎，里面的画像飞出老远。女仆飞身过来想要捡起，但瓦尔瓦拉·彼得罗夫娜禁止她碰——不仅仅是现在不要碰，而且是永远都别碰：那幅肖像画就在地板上一直躺到10月。

伊万和尼古拉两位谢尔盖耶维奇去了父亲的领地。瓦尔瓦拉·彼得罗夫娜气炸了，倒在床上发了一天的脾气。但是躺了一天起来后，她的决定没有任何改变。

她在斯帕斯科耶过完夏天。儿子们住得离她不远，在父亲的领地，但是他们好像已经不复存在，她决绝地排斥他们，不允许他们来看她，对他们的来信只字不回。有一天从早起时她便觉得身体不舒服，但仍旧很快地收拾好东西，独自一人去了莫斯科。两天后，下着雨的傍晚，瓦莉娅·日托娃和施莱德尔太太在斯帕斯科耶餐厅就快要吃完晚饭，有人敲了下大凉台的门，只见浪子伊万·屠格涅夫站在凉台，手拿猎枪与子弹带，还有罩野味的网，浑身湿个精透，他是来打听母亲病况的，他听说了母亲身体不适。就着唯一一支蜡烛的烛光，他和她们一起吃完晚饭，秋雨的噼啪声里他仔细询问这几天的情况。

这位魁伟的乡下人屠格涅夫脚穿一双长筒靴子，上身是一件猎装，一张被风吹得粗糙的脸，一副疲惫的样子，

1　法语：伊万来了！

遍寻乌鸡之后浑身湿透，突然出现于光线昏暗的餐厅——俄罗斯的宁录[1]带有一颗脆弱的心，他本人就像是从《猎人笔记》里走出来的人物，刚刚和某一位叶尔莫莱或是卡西扬在林中漫步过。

他曾想和母亲见一面，但是没有成功。这是她的最后一次旅行，从奥斯托仁科回来她就开始走向坟墓。她病得很重，很痛苦。她躺在红木床上，吩咐在床边做一块跟床一样长的隔板，在上面就像以往一样乱放着 feuilles volantes[2]，消磨着离世前的时光。她写下自己的各种想法，并做了标记。温柔、谦卑并没有降临到她身上。只是 10 月 28 号（伊万的生日）触动了她的心，她吩咐人将他的画像从地上捡起来，而在日记中可以读到她所写的："妈妈，我的孩子们！请宽恕我。主啊，你也宽恕我吧，因我一直都犯有傲慢这一不可饶恕的罪。"这一"不可饶恕的罪"妨碍了她和孩子们言归于好。她因水肿上气不接下气，但还是坚持写着。

在弥留的日子里，尼古拉·谢尔盖耶维奇依旧对她很牵挂，她也并没有反感他的牵挂，做完忏悔，领完圣餐，她要见儿子伊万，但儿子此时离她很远，他得知母亲情况时已经晚了，命中注定以这样的方式结束与母亲的伤感关系：当他从彼得堡抵家时，瓦尔瓦拉·彼得罗夫娜已经躺在顿河修道院的泥土里了。

1　基督教中的逆神者。名字的含义是"叛逆"，亦有说法认为其语源为美索不达米亚的战争英雄、丰饶之神宁努尔塔（Ninurta）。根据《圣经》的记载，其为挪亚曾孙，是神面前的至高猎人，世上的英雄之首，并总是跟耶和华作对。
2　法语：文件的散页。

对她命运的讲述唤起人深深的哀伤。从年轻时她的身心就备受摧残，她天性情怀热烈，很有才干，准备为爱情忘我投入，但她的人生道路上却没有遇到她要的爱情，她恼怒，于是便屈服于从蒙昧前辈那里得来的邪恶力量，铸就任性专横的模子并以此毁了自己。成为奴隶的主人以后，她让他们过的是战战兢兢的生活，同时自己也不快乐。她爱自己的孩子们，却又残酷地对待他们。她为何要背地里卖掉斯切沃和卡德诺耶的庄稼地呢？难道是为了钱吗？有这个必要吗？她的钱财本就可供她随心所欲地花费。魔鬼折磨着她的心，在她和世界之间，在她和自己的孩子们之间垒起了一堵难以逾越的高墙。她独自死去。也许只有温顺的阿嘉申卡，她有着超强的忍耐力，她心疼她，而且好多次真诚地为她做祷告。即便在最后的可怕时刻，瓦尔瓦拉·彼得罗夫娜依旧是瓦尔瓦拉·彼得罗夫娜，因为在忏悔和领圣餐之后，她的危重时刻也就开始了，她吩咐乐队在隔壁大厅里演奏欢快的波尔卡舞曲，为的是轻松一点离开这个世界。

* * *

屠格涅夫生活在巴黎的时候，他的女儿在斯帕斯科耶悄悄长大。他回来时，女儿已经满八岁了。她没人疼爱，生活在仆人堆里，由一个洗衣女工照管着。瓦尔瓦拉·彼得罗夫娜不允许阿芙多吉娅·叶尔莫拉耶芙娜来这里。小姑娘像是个灰姑娘，她的脸非常像父亲。人们经常围着她逗她，叫她小姐，却又给她超出孩子体力的活儿干。

1850年秋，伊万·谢尔盖耶维奇从乡下给维亚尔多写了几封言辞温存却又忧郁的信。信中满怀感伤地回忆起七年前他和她的相识，他是如何想念她，如何"几个时辰地吻着她的双脚"，信中当然也提到了"小波琳娜"。他简短但很真诚地讲述了年轻时的奇遇（字里行间既有对维亚尔多的极尽虔敬之词，同时也以挖苦的口吻谈说瓦莉娅·日托娃）。维亚尔多建议他将女儿送交她培养，随她的子女接受同样的教育。他向她热烈致谢。10月，波利娅被送往"遥远的西方"——成了一名法国女子，再也难见俄罗斯。

母亲的死当真给屠格涅夫带来了自由、独立和富有。他收管了斯帕斯科耶。和尼古拉的财产分割很容易。伊万·谢尔盖耶维奇表现得非常宽宏大度，处处让步——这是他平素就有的性格特征。他并没有背叛自己对自由的热爱。他让农奴去留自便，农民（随他们的意愿）可以转为缴纳实物地租。按照1842年法令，他满可以将所有人从"农奴制"中解放出去，但他没有这样做，当时还没有全部解放的条令，与其让被放走的人活在恶劣的条件下，还不如让他们留在自己现有的（和体面的）地主家中。

屠格涅夫的贵族老爷和知名作家的生活就这样开始了，这种生活母亲本来很容易就能给他——可是非要等她死去以后他才能获得这种生活。她偏偏走了歧路……

他现在生活在彼得堡和莫斯科，结交广泛，宴请朋友，经常与中高层人士来往，作为剧作家他的作品也在舞台上频频亮相，他的喜剧《单身汉》上演了，后来还有由谢普金出演的《外乡人》。演出受到极大的欢迎。"演出结束后我被强烈要求出场与观众见面，最后都完全不知道如何是好了，像是有好多小鬼追着我。"

他满心欢喜地写信给巴黎，给维亚尔多，写他的剧本的成功演出。兴高采烈地补上几句："在幕启时分，我轻轻地念着你的名字，是你的名字给我带来了幸福。"

著名演员谢普金因戏剧上的事务与屠格涅夫走到了一起，他带屠格涅夫去见果戈理。果戈理寄居于托尔斯泰伯爵那里，在尼基茨花园大街塔雷金楼。这座古老的老爷式楼很宁静，带有很开阔的院子，而且现在仍完好无损地坐落在莫斯科——人们多少次不得不经过它，坐在花园的长凳上，回忆着果戈理，回忆起他艰难的最后时日！

果戈理知道屠格涅夫。他认为，在年轻的文学家中，最有才能的当首推屠格涅夫。屠格涅夫崇拜果戈理，并且为他写下若干回忆文字。此时，果戈理手握一支笔站在斜面写字台边，身穿一件大衣，绿色坎肩，咖啡色裤子。鲜明的侧面像，长长的鼻子，嘴唇略有点浮肿，牙齿长得不好看，小小的下巴挤到了黑色的领带里——一双眼睛不大却眼神古怪，就像他整个人那样怪，病态，且"睿智"。这番描述还缺少气味，果戈理散发的应该是一种特殊的味道——一股霉味儿，发甜的味道，也许还带着淡淡的腐臭味。新鲜的空气、美、温柔的气质——在这位让人惊异的人那里从来都不曾有过。

屠格涅夫如此亲近地接纳了他。果戈理中肯地谈说着作家的天赋，令人惊异地读了并描述了他的作品，但艰难的呼吸让他说话费力。

相识过程很简单，那时果戈理已经身处重病之中。大家都知道，他人生的最后几个月是多么可怕。他死于 1852 年 2 月。对于屠格涅夫来说，文学带来的欢乐和悲伤从来都不会从生活中消隐。屠格涅夫得知果戈理的死讯时非常震惊，就像后来得知托尔斯泰的平步青云和旗开得胜一样。他为果戈理写过一篇文章，并试图将这篇文章发到《圣彼得堡公报》上，但遭到报刊审查机关的禁止（正是逝者本人生前大加赞赏的审查制度）。屠格涅夫表现得顽强而执着，他把这篇文章寄到莫斯科的鲍特金和费奥柯基斯托夫那里，他们把这篇文章发到了《莫斯科公报》上。

不明白这篇文章怎么就触犯了当权者，在那篇文章里他盛赞果戈理这位作家，仅此而已。屠格涅夫没有冒犯任何人——甚至是避之唯恐不及。但就是有人感到了不快，说是胆敢如此夸赞一个舞文弄墨之人！一个"奴才般巴结逢迎的"作家，穆辛-普希金这么描述他，而且竟然有人胆敢发表在莫斯科，既然彼得堡已经禁发！

屠格涅夫就此被捕，按沙皇命令，被投进警察局拘留所，监禁一个月。监禁好像没那么可怕，甚至也没有什么刁难。他被带到一个单独的房间，得到很好的招待，有朋友们来看望他，他照例读了许多书，写下了小说《木木》。当然，待在这样一个地方，其氛围对谁也不是甜美的。与屠格涅夫体面的居所毗邻的地方，在不停地惩罚外省家奴——他们的叫喊声折磨着他。炎热也让他沮丧。有时候他神经质地在囚禁室里来回踱步，一边在心里盘算着他走了多少俄里……

5 月 18 号他被释放，被责成回到斯帕斯科耶村，在那里接受警察监督。这一切都实施得不怎么严格，他还去了趟彼得堡，在彼得堡受到热情接待和奉承。他在亚历山大·屠格涅夫家的晚会上朗读了《木木》。时已春天，丁香花、稠李花竞相绽放。也许他在这里感受到了非同一般的节庆一样的接待，一直到6月初才回斯帕斯科耶。

流放与自由

斯帕斯科耶的大房子，这个他度过童年的地方，现在住着丘特切夫夫妇——丈夫尼古拉·尼古拉耶维奇管理着庄园。屠格涅夫单独住在一个由几个房间组成的厢房里。他的田园流放就此开始，这种流放的内容是老爷式的四处打猎，读智慧的书籍，写他的小说，下棋，听亚历山德拉·彼得罗夫娜·丘特切娃女士带着她的妹妹一起演奏贝多芬的《科里奥兰序曲》——时常会被警察局来人所打断，"被流放的人"不接待他。瓦尔瓦拉·彼得罗夫娜在世的时候，如果这些人礼节有欠地摇着铃铛直接进庄园，她早就把他们轰出去了。此时，伊万·谢尔盖耶维奇拿出十卢布让人送到大厅，将此人打发走。不可一世的帝国代表则对他弯腰鞠躬，祝福老爷"继续他的幸福，并在所有愿望和事业中取得成功"，而后退将出去。还有一位"盯梢者"有时候会在屠格涅夫打猎过程中跟踪他——不用说，这样的人在屠格涅夫面前同样很渺小，很卑微：有一次他实在不耐烦了，便向那人挥起了鞭子。

第一个夏天和秋天完全用来打猎了。屠格涅夫对自己的事业和酷爱不知疲倦——这种酷爱陪伴他整个一生，打猎将他和维亚尔多连接在了一起，打猎也滋养了他的文学创作。

斯帕斯科耶周边的姆岺斯克县，没有专门用来打猎的地方，这里平坦开阔。在偌大的森林里你找不到树林残址（为了捕猎黑琴鸡），也找不到一块完好的沼泽地。燕麦地里的鹌鹑，潮湿洼地的长脚秧鸡，草地某处的中沙锥，小湖里的田鹬、鸭子，林边还有若干个空的中沙锥窝，几个"叶戈尔灌木丛"边上瘦小的黑琴鸡——这些还不够满足屠格涅夫的愿望。就在秋高气爽的9月，会偶尔发现迁徙中落单的丘鹬，他将这些丘鹬捡起，放置在他家芬芳落叶铺满地的公园里。春天，冰消雪化，他常常去伏击偶得一见的丘鹬，屏气细听让人吃惊的霍尔霍尔声，但最无拘无束的时候，最让狩猎者悠然神往的，是坐上托架车或四轮马车，带着自己的车夫、自己的猎手（叶尔莫莱-阿法纳西那样的），隐没于奥廖尔州或挨近卡卢加州的各县——日兹德林县、科泽利斯克县，还可以前去布利阳斯克、特鲁布切夫斯克！有多少这种地方可以去啊！有的不只是野味：风景、地区、风俗，与各路磨坊主的见面，田野、森林和燕麦的味道。在干草棚里过夜，在森林里休息，在对黑琴鸡的漫长寻找之后，若有一大块普通的黑麦面包，将是多么享受！忠实的仆人拖着装有各式食物的酒橱跟在他身后！当时他游走于俄罗斯平民百姓中间，他见过所有人，也认识所有人，并细细聆听过卡卢加和奥廖尔庄稼汉的说话特色，在森林某处的更房里他把绵绵不断的故事听个够，当突然间下起瓢泼大雨的时候，他奔忙得喘不过气来，因为不止一窝小鸟需要去抢救。

《波列西耶之行》《大车店》《僻静的角落》都源于

作家的这些漫游，而屠格涅夫的西欧主义全然渗透着他对俄罗斯大地的热爱，对黑琴鸡藏身、缀满繁花、挂满序缨的 7 月芳草的热爱，对缀满露滴的丛丛灌木的热爱，从那里有可能飞起白腰草鹬，它带起露滴的噼啪声与辘辘声——美妙的、红色眉毛的白腰草鹬！这全部的天然的爱被他行猎于各地的漫游所浸透与培植。屠格涅夫是西欧主义者，年轻时就常常离开俄罗斯，并在与斯拉夫派争执时常常批评俄罗斯——那是凭着自己的智慧，所谓的自由主义思想，还有生发艺术的深邃内心。他全身心在俄罗斯，没有俄罗斯就没有我们的光荣，他尽可以随意责骂生活的落后和不文明，同时也可以尽意书写美妙的卡西扬和充满魅力的"女奴"。

秋天他告知阿克萨科夫自己的战绩（他们在谈论狩猎和捕鱼时显然比他们谈论俄罗斯时更亲近）：捕获猎物共304 只——69 只丘鹬，66 只田鹬，39 只沙锥鸟，33 只黑琴鸡，31 只鹧鸪，16 只兔子，等等，只有一只可怜的鹬没被他记载下来。（但这已经算是一种疾病了——猎人的疯狂，这种病只有猎人才能领悟。）阿克萨科夫回答说，这当然是战绩不错喽……而他自个儿捕获了 1200 多只。

从这所有的游历中，屠格涅夫返归的并不全然是斯帕斯科耶空荡荡而又孤独的厢房，从春天起这个厢房里就已经有了他人生最后一位阿芙洛狄忒-潘得摩斯——一个名叫菲奥克吉斯塔的姑娘，是他堂姐伊丽莎白·阿列克谢耶夫娜·屠格涅娃家的女仆。

这位被大家叫作菲奥克吉斯塔或者菲吉斯特卡的姑娘，屠格涅夫第一次见到她还是 1851 年在莫斯科的堂姐那里。

菲吉斯特卡肤色有点黑，身材细长，是一个模样挺讨人喜欢的姑娘，体型优雅，手脚不大。屠格涅夫一下子就喜欢上了她，他柔弱的心浮动了起来。维亚尔多相距甚远，两个人的关系是一种朦胧的西方式暧昧，很难发展，而且很复杂。小巧的菲吉斯特卡此时就守在身边，不存在任何复杂情形。顺便说一句，要说复杂也是在堂姐那里。伊丽莎白·阿列克谢耶夫娜，一个头脑敏捷、十分实际的女人，她意识到屠格涅夫非常喜欢她的女仆，于是当他想把这个女仆买下的时候，她便漫天要价。这并没有难住屠格涅夫。瓦尔瓦拉·彼得罗夫娜已经不在人世，他感觉不到谁对他还有控制的权力，他现如今真可谓财大气粗。于是他买下菲吉斯特卡，赠给她各式各样的财物，布拉吉、围巾，等等，并把她带到了斯帕斯科耶。她从跟随太太变成了跟随老爷，成了老爷所钟爱的女人，穿得体面，吃得很饱，日子过得却单调无味。每当老爷想让她多少学一些文化，教她读书，让她接受点教育，她便感到无聊，甚至是恼怒。

凭自身素质让斯帕斯科耶厢房充满情调，菲吉斯特卡做不到，屠格涅夫需要的是她身为女人的天性，但是就像当年和阿芙多吉娅·叶尔莫拉耶芙娜一样，和这样的女人发生关系对于屠格涅夫来说完全是出于一种浅表的欲望。

他的"内在"被文学填满，甚至冬天本身对他来说也都是大有裨益的。这年的冬天来得比往年早，10月初便给整个斯帕斯科耶蒙上了一层薄薄的雪霜。暴风雪呼号，吹积起一个个雪堆，这样的景象屠格涅夫很久没有见到过了。他通常于夏秋季节住在乡村，冬天则在两个首都。但此时流放却将他与斯帕斯科耶联结在了一起，让他感受并经历了乡村美妙的冬天，它呈现出鲜亮明丽和童话般的形态。乡下的冬天对作家来说非常有益，它浓缩了他的创作情绪，让他深居简出，让他身心洁净。屠格涅夫正是这样度过的。他在厢房里写作、看书、玩象棋，在大屋子里听丘特切娃姐妹弹奏乐曲，并时不时与菲吉斯特卡不着边际地说说话。象棋、音乐，冬天的深居简出，品咂着摩菲、安德森的杰作，在这圣诞节期间的暴风雪天里进行长篇小说创作，对于诗人来说还有什么能比这更美妙？

流放期间屠格涅夫写完了若干后来有很高知名度的作品——《大车店》《两朋友》，还有些小作品。这对他的创作并没有多么大的补充，从表面上看，就连他的长篇小说也没有任何补充作用——它甚至都不曾付梓——但它却是《罗亭》问世之前一次重大且重要的打磨。除此之外还有自传。

他如此情怀高涨地写小说，就像一位蓄满力气的人在冬天的绝妙环境里的劳作，这环境在屠格涅夫这里就是老爷的生活——孤独而又衣食丰足。情节布局还没固定，临近春天时，屠格涅夫给几位朋友寄出了手稿副本，收到的都是他们的指责。长篇小说充满了自传色彩，停留于记述和故事的搜罗，但没有内在的情节发展的推动力。手稿本写的是一位专横霸道、很难相处、刚愎自用的太太，她家来了位娇小的外语女教师，地主儿子德米特里·彼得罗维奇竟与她发生了一场情事。这名男子有着双重性格，软弱却任性；具备伦理情感，却又对感情退缩，像是对艰难童年怀有痛恨之情和对自己缺乏足够尊重。就天性而言，他是个腼腆的人，而常常又几乎是个粗鲁的人。他任性地挑起恋爱，并唤起女子感情上的回应，但这一切都不能长久，因了永远摇摆动荡的天性，爱情中建不起任何长久的东西。他怎么任性地去爱，到头来也就怎么任性地去恨。

这一切既熟悉又明晰。屠格涅夫可以为自己的男主人公随意起个名字，便可得到一幅他人生某个时期的肖像。

这部长篇小说只保留下一个片段——《老爷的私人办公室》，剩下的部分则都来自第二手材料，但是安年科夫、鲍特金和阿克萨科夫几家人提供的素材都是可靠的。

*　　*　　*

在与维亚尔多分别的最初日子里他给她写了很多信。温存的思念是他写的信的主调，忠贞、爱情、细腻的情感。Theuerste, liebste, beste Freundin[1]……他喜爱使用这些德语中的亲昵的话语。1850年秋，他们相识七周年，他回忆起他们的第一次相见。他行走在彼得堡，"看了眼七年前有幸与她说话的那座楼房"。也就在那年秋天，在另一封信中他写道："Und Ihnen küsse ich die Füsse stundenlang."[2]12月5（17）日，在分手半年的那天："今天是距离我最后一次见到你六个月的日子。半年哪！您还记得吗？——6月17日……"同样是在那封信里："假如我能够梦见您！这是四五天前发生在我身上的事情。我恍然觉得在洪水中我回到了库尔塔维涅尔。院子里，水已经淹没到青草上方，巨大的鱼儿漂游其间。我走进前厅，看

1　德语：最亲爱的，最心爱的，最好的女友……
2　德语：我没完没了地亲吻着你的秀足……

到您，伸过手去；您笑了。这种笑让我感觉心痛……"

时光荏苒。1851年，1852年。信件变得稀少，而且声调也发生了变化。他们非常友好，非常温和，彬彬有礼，而且常常是语气平淡。他们戴上了一层面纱，没了德语附文，没了"没完没了地"和"最好的""亲爱的"等字眼，相当多的是谈自己的生活，所做的事情，读的书，但冷静了许多，也平静了许多。无论是什么样的菲吉斯特卡，无论她多么刺痛他的外在感官，至少她终究是在这里，在他身边，而他不能写有关她的情况。无论是维亚尔多在这些年间写给屠格涅夫的信件，还是她本人这些年所过的生活，都不被世人所知。以她那种强烈的激情和个性，她又过着怎样的生活呢？只守着一个老丈夫？

1853年春，维亚尔多来俄罗斯演出。屠格涅夫搞了个小市民的护照并设法去了莫斯科，看来他们是见面了——但是很隐蔽，是秘密地见面——警察终究还是令人畏惧的。

不知道他们是怎么相见的。从莫斯科回到斯帕斯科耶后，他又去了一个离得不远的地方。回来后，他收到了后续的信，4月17日他回复："您的两封信都写得非常简洁，尤其是第二封，就如同湍急的水流；信中每一个单词都像是着急结束的样子。我希望您能从包卷着您的旋风中解脱出来，听您更详细地讲述您都在忙些什么。哦，我刚回到这里时收到的您的信可是完全不同的！瞧瞧吧！"这几行字——就是藏有不被我们知晓的私密情感的片言碎语，维亚尔多曾给他写过一些不那么"简洁"的东西，也许还带着温柔的气息——就在见面后，在他离开莫斯科回到斯帕斯科耶的时候。库尔塔维涅尔的往事瞬间鲜活如昨了吗？

而后便是忙碌、演唱、成功又将他从她身边推开——就如同时光渐渐逝去，新的联系又使她的形象在他心中充满了暧昧。屠格涅夫是个"一生只爱一人"的男人，这话说得对，也不对。维亚尔多贯穿了他的一生，但生命本身并不是一条直线。5月他写信给她："我的花园现在美极了；绿色鲜嫩得扎眼，这么生机勃勃，这么鲜活生动、强大，以至于难以想象。在我的窗前有一条高大白桦覆盖下的林荫道……花园里很多夜莺、黄鹂、杜鹃和鸫鸟——简直让人心驰神往！哦，假如我能够想到，您什么时候能在这里散步！"

不用说，如果维亚尔多在这样的花园里散步并倾听夜莺的啼啭是非常惬意的，但此时从打开的窗户里听到这些夜莺的鸣叫的应该是菲吉斯特卡，她可能也正欣赏着绿色与春天。屠格涅夫和光彩夺目的波琳娜还能感觉如此惬意吗？

* * *

1853年秋天，对屠格涅夫的惩罚撤销了。他现在可以想去哪里就去哪里，想做什么就做什么了。为了犒劳自己在乡村的静候，他乘车前往莫斯科与彼得堡。悠然自得的日子开始了，与朋友安年科夫、鲍特金和半是朋友的涅克拉索夫、帕纳耶夫、格里戈罗维奇聚餐，办沙龙，共同出入于上流社会。屠格涅夫已经开始"发光"了。他近乎满头白发——他是早生华发，三十五岁头发就白了；但是他的眼睛却炯炯有神，身材健壮，穿着出众，摊开四肢躺在伯爵夫人萨利阿斯家的转椅里，用他那细而高的声音，不停地且充满吸引力地讲述着——当然也让这客厅"蓬荜生辉"：既是视觉上的，也是精神上的。

日子就这样过得浑浑噩噩的。他有相当多的钱，同时也出手阔绰：从来没有人指责他小气。他无区别无选择地挥洒钱财。作为一名真正的俄罗斯作家，他曾经是靠预支稿费为生的人，没少让《现代人》杂志主编、爱钱的涅克拉索夫感到不爽。但毫无办法，屠格涅夫被认为是第一号作家，不得不忍受。

他喜欢张罗午餐，而且每每张罗得还挺好。家奴斯捷潘，一个英俊健壮的小伙子，他这般钟情于自己的老爷，以至于当屠格涅夫想给他出具一张奴隶自由证时他竟然拒绝了——这个斯捷潘显露了自己绝妙的烹饪天赋，并用自己的艺术才华点缀屠格涅夫的餐桌。老爷自己在用餐时温和而又快活，只是当安年科夫和冈察洛夫凑近耶里谢耶夫端上的盛有新鲜鱼子酱的涂釉瓦罐时，他不无恐惧地大喊："先生们，别忘了，不是只有你们俩在这儿。"

鲍特金忘情地沉醉于美味酱料，他要主人把斯捷潘叫出来："我会感激涕零地扑倒在他的马甲里。"

这一切都很欢愉，但同时屠格涅夫时常尖刻地取笑众人，并不无刻薄地编出讽刺短诗，陀思妥耶夫斯基后来对屠格涅夫的仇恨当然也是对屠格涅夫长期以来的嘲笑的回应。这样的诗行也未必能让科特切尔高兴起来：

科特切尔，冒着泡的甜酒的朋友，
他拙劣地给我们翻译莎士比亚

翻译成那故园山杨的语言

这段时间他和维亚尔多完全断了书信往来（至少对我们来说是这样的，因为没有保存下来的信件）。库尔塔维涅尔暂时沉默了。确实，菲吉斯特卡也离开了，但出现了新的磁石：他的魂被一位很稚嫩的姑娘，也是他的远亲给勾走了，她叫奥尔加·亚历山大罗夫娜·屠格涅娃。这一次的爱情发生地是彼得堡郊区的奥拉宁鲍姆，1854 年夏天她在这里住过（而屠格涅夫在临近的彼得勒格佛）。他们的相识可以追溯到他被流放之前。她的父亲 A.M.屠格涅夫优雅又有学问，曾经读过屠格涅夫被捕时写下的《木木》。

奥尔加·亚历山大罗夫娜曾经是茹科夫斯基的教女，是个文静、温顺的姑娘，音乐天赋很高，完全是个俄罗斯传统的、守规矩的端庄女子，有点像是继承了丽莎·卡利金娜[1]的衣钵，还有《烟》中的塔妮娅。这么说吧，小说本是一曲"芦笛"。屠格涅夫尽情演奏他的温柔的旋律，在他体内还有一种东西在战栗。他当然能够打动少女心灵并正中要害，但是他在关键一步面前却停了下来。差点儿就到了谈婚论嫁的地步，甚至他都向阿克萨科夫老人说起了这件事。当时是春天，他在莫斯科城郊的阿勃拉姆采夫，阿克萨科夫都已经给他用纸牌算过命了……但是屠格涅夫终究是屠格涅夫。婚姻，不是为他而存在的。在库尔塔菲涅尔的斯芬克斯不在眼前的情况下，忧伤、想入非非、温柔的交谈是一回事，而人生的转折则是另外一回事。

1　屠格涅夫长篇小说《贵族之家》的女主人公。

屠格涅夫为《希格雷县的哈姆雷特》所作插画

他俘获了奥尔加·亚历山大罗夫娜的爱，就如同当年赢得了塔吉娅娜·巴枯宁娜的芳心，是一场不必要的胜利。这两种情形下他都稳操胜券，而且也都让他沮丧。无论是这位还是那位都无法掌控他，她们起不了大的作用。但是奥尔加·亚历山大罗夫娜留给他的是柔软又明亮的记忆，在《烟》中他忆起她（塔妮娅）的善良。不管怎么说，也许面对她还是应该有几分罪过感：奥尔加·亚历山大罗夫娜如此沉痛地经受失恋，她为此都病倒了，久久不能康复。

而屠格涅夫，显而易见，他就这般突然离开了她，就像在他春风得意之时离开身居扎尔茨布隆[1]的别林斯基和安年科夫，甚至都不能说是他自己离开的，还是某种和煦之风把他给吹走了。不管他做得好还是不好，都是屠格涅夫式的。依旧是要由性格负责，但这都是后话。就目前来说还有俄罗斯，还有正在逼近的克里米亚战争，文学、创作。

战争无论如何也影响不到屠格涅夫。年轻的托尔斯泰至少去过塞瓦斯托波尔参加战斗，屠格涅夫却丝毫不改变自己的生活，即使在他这段时间的通信中，关于战争的信息也很少。

然而他收获流放中练笔果实的时期已经到来。当时他还没有写出长篇小说。1855年夏天，也正是在斯帕斯科耶，他静坐下来，用七个星期完成了《罗亭》，某种意义上说，这是一部处女作，却也是辉煌之作。《罗亭》打开了屠格涅夫长篇小说与屠格涅夫最广泛（但并非总是深邃）荣誉的通道；也许《罗亭》作为长篇小说并不十分出色，构筑

---

1 西里西亚疗养地。

得并不十分成功，但罗亭本身却是命中注定的俄罗斯人物，没有这个人物俄罗斯就不是俄罗斯（就像屠格涅夫也就不是屠格涅夫了一样）。所有的"多余人"，所有的俄罗斯的哈姆雷特和契诃夫笔下倒霉的医生都来自罗亭，因此屠格涅夫在这个人物身上注入了许多新的东西（尽管他本打算写的是巴枯宁），但结果非常好。在这个人物身上，堂吉诃德的脆弱、夸夸其谈与失败达到了统一。他具备点燃少女芳心的本领，却又不能给这颗心带来满足，这一切我们都是多么熟悉！用到文学中来真是太好了——作者自己前不久刚刚经历了一场罗曼史，徒劳无果，而且对他来说可能充满了责备，但却让《罗亭》踏着作者的新鲜足印在爱情上呈现出了许许多多。

这部作品中还有一些打动人的特征：屠格涅夫青春的回声，还有斯坦凯维奇、高涨的热情、大学生于无数个"今夜无眠"中讨论未能解决之问题的回声，差不多20年后在他的书写中有柏林时光的回放，许多片段构成了屠格涅夫的面貌。

他将《罗亭》从斯帕斯科耶带到彼得堡。在那里，正如大家所说，朋友们无休止地读它，有的出主意，有的在夸赞，有的"指出不足之处"，屠格涅夫一如既往地听取他们的意见，激动着，乖乖地"修改着"。

在这些文人的活动中他结识了一位出色的人物：11月，年轻的炮兵军官，列夫·托尔斯泰伯爵从塞瓦斯托波尔来到彼得堡。屠格涅夫在文坛已经几次听说过这位托尔斯泰。夏天，他给德鲁日宁写道："顺便说一说，托尔斯泰的《塞瓦斯托波尔》是多么出类拔萃的东西！"如今"塞瓦斯托波尔"亲自来到彼得堡，他从战场上带来了他的全部锋芒、风度、热情和卓异的天赋，他身上散发着战火硝烟，散兵壕，士兵的口头禅——就像他早年充满的高加索气息和他的令人惊异的野性。他能在那里读到些什么呢？他会沉浸于什么样的温柔和慵倦之中？这是一个羞怯的人，但也是一个高傲的人，同时还是一个过于自我怀疑的人和天才的炮兵军官，他长着一张并不俊朗且有些粗鲁的面孔，一双不大的、深陷的灰色眼睛，目光锐利而又坚强有力。俄罗斯式沉重的大鼻子，性情急躁又火暴，总想与众不同，我就是我，不学任何人的样子，总是与特别有名和身份显赫的人对着来，对什么都提出新的见解，不是根据知识，而是根据体力。这就是他呈现给人的样子。托尔斯泰，已经是一位引人注目的"天才"作家，但还没有获得大学的毕业证书，还在应付考试。

他有什么是与屠格涅夫相对立的呢？你是否想象过屠格涅夫在高加索，或是在马拉霍夫土岗上？纵使离开那些仰慕他，围绕在他身边的女士或小姐们，他也不能不闪光，甚至是不该不闪闪发光的：要不他就不是屠格涅夫了。抑或是想象一下离开书本、剧场、文学氛围的屠格涅夫？没有多年积累的和缺乏深刻细致教养的屠格涅夫？

他一下子就明白托尔斯泰是一位作家——那还用说吗！对他来说，这足以让他有理由抓住这个外来人：屠格涅夫对生活也非常感兴趣，而对文学的兴趣尤甚。事情竟然是这样，托尔斯泰落脚到屠格涅夫府上。

最初一切相安无事。任何一位年长的作家都喜欢监护年轻的作家（屠格涅夫年长托尔斯泰十岁）。但这种服从和敬重是有条件的。托尔斯泰非常珍视屠格涅夫的某些特征——聪明、善良。

托尔斯泰对《猎人笔记》的一些地方也给了很高的评价。但总之他还是……对屠格涅夫喜欢不起来，而且无论如何也不能在他面前保持一个谦卑的学生的样子。况且越相处屠格涅夫也越讨厌托尔斯泰，甚至他们的生活习惯也是不一样的。屠格涅夫穿着雅致，喜欢生活有条理和整洁，他身上散发着香水味，穿的都是做工精致的衣服。每次出去社交，他都穿上质地考究的燕尾服。他定时用餐，而且是一位美食家。他对红酒很内行，但从来不喝醉。他在沙龙与太太们交谈，但不落座于下等小酒馆，不喜欢穿三件套男装西服，不喜欢茨冈人，也不喜欢狂饮。

托尔斯泰的房间散发着烟草味，一切都是随意乱放的，甚至皮鞋都能出现在梳妆台的小桌子上，裤子乱扔在草稿纸上，或者是稿纸放在裤子上。他常常黎明时分回来，天晓得会是什么时候起床，头不梳脸不洗地在家里晃荡上半天，为"不应当过的"生活而苦恼，并随即开始猛烈攻击他遇到的第一个人。天知道他一边走，一边吃的什么，同时他脑子里还在思考人与人之间关系的真相，最经常发生的是他发现一切都是谎言，要是能让整个世界从头到脚都改造一遍才好。

自然，主客间经常说上两句话就争吵起来。屠格涅夫认可周围的生活，在他看来应该对此进行改善。托尔斯泰身上埋有一颗种子，就是要摧毁一切并将一切重新改造。屠格涅夫喜欢文化、艺术，一切精致典雅和"花花肠子"，托尔斯泰对这一切予以反对。屠格涅夫从不布道，而且对道德上的问题并不特别感兴趣。托尔斯泰急剧经历着这一切，他没有受过多少教育，但却无比自尊，个性强悍，他最大的乐趣就是挑战无可争议的事物。

屠格涅夫的文学圈那时候是由涅克拉索夫、帕纳耶夫、德鲁日宁、格里戈罗维奇、鲍特金、安年科夫、皮塞姆斯基、冈察洛夫构成的。托尔斯泰也常常出席这些聚会。他在这些聚会上所扮演的角色就是 enfant terrible[1]。他觉得屠格涅夫太过善于辞令和"修饰词句"，而他自己倾向于另一个方向，但他所渴望的那种自然的做作、伟大的质朴，并不是那么容易实现的。这个时候他不得不仿效普希金——托尔斯泰对笨拙、"粗糙"的追求当然并不是质朴。难道托尔斯泰反驳激动着的屠格涅夫的那个场面是质朴？他宣称：

"我无法认为您所表达的是您的信念。我持短剑或是军刀站在门口说：'只要我活着谁都别想进来。'这就是信念。而你们试图向对方隐瞒自己思想的本质，并称此为信念。"

他从未持过什么短剑站在任何地方，他在和这些"信念"本身的巨大矛盾中度过自己的一生，某种意义上说，他证明自己根本不是一个坚强的人——因此此种抨击完全不像他所演算出来的真相和质朴，在这种所谓的真相与质朴中有的是戏剧，演剧中的戏台（这一方面的因素屠格涅夫也不是没有，只是以另一种形式表现出来。屠格涅夫的戏剧立足于"雅致"，而托尔斯泰的则在"过于质朴"中）。

但是屠格涅夫一向清楚，他自己不是先知，也不是改

---

1 法语：淘气鬼，捣蛋虫。

革者，因此在某种意义上表现得比托尔斯泰简单。自由与纯净艺术的精神离他太近了，从与这些名人的私交中他一无所获。但是奇怪的、痛苦的和难以相处的关系绵亘于他们的整个人生，一会儿关系恶化，彻底绝交好长时间，一会儿却又和好如初。

屠格涅夫与"文学基金会第一委员会"成员们

《现代人》杂志成员（1856年），前排左二为屠格涅夫，后排左一为列夫·托尔斯泰

迷 离

　　转眼屠格涅夫离开巴黎已六年。这六年是非常重要的时光。从与母亲相处不睦的贫困作家摇身变成了俄罗斯作家中首屈一指的人物，得到了所有人的认可，不光与上流社会，而且与中层人群建立了联系，变成了一个资产丰厚和完全独立的人。这些作品带给他的荣誉是他当之无愧的。《白静草原》《歌手》和《美丽梅恰河畔的卡西扬》深化了《猎人笔记》。《浮士德》[1]被列为神秘的屠格涅夫的典型之作。《罗亭》展示了他长篇小说家的身份。光环笼罩着的，成功的英俊的屠格涅夫……像是应有尽有了。

　　从1853年起，他与维亚尔多的通信就中断了（或者说是几乎中断了）——继在莫斯科的春日相见之后。他们相见的情形未必很糟，甚至恰恰相反；但是有一种东西开始让他们彼此疏离（还没有完全脱离）：他是否向她说了自己的情况？有关他与奥尔加·亚历山大罗夫娜的恋情是否传到了她那里？他是否感觉到了她生活中的异样？无论如何，六年将尽时，一种不平静开始折磨屠格涅夫。他与维

1　《浮士德》是屠格涅夫创作于1856年间的一部中篇小说，以书信体写成，小说的副标题为"由九封信组成的故事"，讲述了男女主人公因歌德的《浮士德》而萌生爱情的故事。

《猎人笔记》中《歌手》一文的插图（1908年）

亚尔多的故事非同寻常，不得不把一切说尽，一直体验到生命尽头。他重又开始向往西方，实现这一向往很容易——克里米亚战争结束了。

恰好这时屠格涅夫结识了伯爵夫人伊丽莎白·盖奥尔吉耶夫娜·拉姆拜尔特——一个心思细腻而聪明的女人，有着神秘的气质，也是笃信的教徒。他经常去彼得堡的付尔施塔茨街拜访她，和她独处于舒适宜人的有圣像画和许多藏书的房间。他与她交谈着，他是这种交谈的大师：抒发着情怀，慨叹着什么，寻找着一种共情（而且不断找到）。他向伯爵夫人敞开自己隐秘的内心，他们之间也开始了通信。

伊丽莎白·盖奥尔吉耶夫娜在上流社会有广泛的关系。他在她面前为很多人斡旋，看得出，他自己也受助于她，1856年他出国的事情得到了她的帮助（虽然政府不乐意，但终究还是放行了）。1856年5月，寄自斯帕斯科耶的信中他感谢她在彼得堡对他事情的"关心"。微微打开这封信，只见上面写着："从我驻足这里的那个时候起，我就被内心的焦虑所控制着……我知道这种感觉！啊，伯爵夫人，渴望幸福是多么愚蠢的事情，当对幸福的信念已经不复存在的时候！"

6月，出行的事情完全办妥。

"允许出国让我很高兴……同时我不能不意识到不出国对我来说更好。在我这个年纪，出国意味着：彻底地确定自己去过茨冈人的日子，并抛弃所有的家庭生活的念想。"（也就是守着维亚尔多，不筑自己的"巢"。）

而接下来的这一封信，也写于6月："我不再指望自己的幸福了，也就是在那种恐慌的念头中再度冀望幸福，这种念头中的幸福应被视为年轻人上心的事情……不过，我们都是说空话的智者：假如第一个涌进来的愚蠢念头与我们擦肩而过，我们便狠狠地追向它。当我回望我的整个人生，我像是没有做任何事情，除了追逐愚蠢的念头。堂吉诃德至少是相信他的杜尔西内娅的美，而我们时代的堂吉诃德们看到，他们的杜尔西内娅是个丑女，但所有人都在追求她。"

话虽奇怪，但意义重大。对幸福不抱指望了，但总还是在追逐它；出国很危险，但依旧前往。杜尔西内娅已经不是那么美的女人了……

很明了，这是在说谁。沉重而又粗鲁的话语转瞬即逝，某种沮丧已经袭上心头。有种东西在刺伤他。与此同时，自由、冷漠均不存在，像是连通信也哑然无声了，于是其他想法出现了，而且年岁不饶人（将近四十岁的他已经认为自己是"老人"了），而依旧……他郁郁寡欢地坐在华丽的斯帕斯科耶，在那里很容易将十个菲吉斯特卡抓到手，但独一无二的，并不漂亮的波琳娜·维亚尔多，那里却没有。

1856年7月21日他启程了，乘的是开往斯特丁的轮船，就像曾经经历过的，年轻时去遥远的异国求学。那时候他害怕母亲，偷偷在轮船上赌钱，而且差一点葬身火海。现在母亲早就躺在坟墓里，火灾也没有发生，他尽可以玩他的牌，但是不想——这次远行整个就是一场孤注一掷的赌博，他把人生的大头押在维亚尔多身上，押上了他全部的未来……

从斯特丁到法国，又在库尔塔维涅尔度过秋天，又是维亚尔多、弗朗季斯克时代的城堡、公园，可爱的池塘、河渠，白杨、橡树与榆树，森林、田畴，在那里他和路易·维亚尔多一起射猎山鹬。仿佛一切都是从前，但一切都已是另样。他不得不以这个秋天为往昔库尔塔维涅尔的欢快时光付出沉重的代价！

分开六年并非一桩小事。在他身边是——菲吉斯特卡、奥尔加·亚历山大罗夫娜。而那个风华正茂的女人那里，带有维亚尔多-嘉尔希阿的天性和风度，她的整个心灵是否都被缚于一个年老的、并无风采的丈夫，一个成天就知道捕获云雀和山鹬的猎人？她是否能够就这样把自己的心交付给一个谜一样的俄罗斯朋友，寄托于住在斯基泰六年都不曾离开的人，一个不那么用情于她和写信给她，却常和别的女人暧昧、差点儿跟别的女人结婚的男人？公正地说，维亚尔多并没有担当起佩涅洛佩[1]这个角色。但此时此刻，六年的缺位后，这个扑朔迷离、耽于幻想的朋友出现了——某种新的东西开始了。

毋庸置疑，来到这里以后，他看到的是他在远方就可能猜到却又说不准的情景，此刻已经是眼见为实。谣言称他是著名画家阿里·舍费尔的情敌，舍费尔是波琳娜亲近的人，他还为波琳娜画了肖像画。

原来如此，当屠格涅夫生活在斯帕斯科耶，并在彼得堡大放异彩的时候，波琳娜在他心中是一种彼特拉克式的幻想，一种迷离中的慨叹，这种幻想让他有了坐享其成的念头。现在看到他的"事业"已经输了，经历着他所猜想

---

1 古希腊史诗《奥德赛》中的人物，奥德修斯的妻子。

的一切。在情欲中，在他所能承受的痛苦、仇恨、哀伤，或者说是病态的狂喜中，他竟然表现出了意想不到的力量。

恰巧那年秋天费特也在巴黎。绝妙诗人和粗鲁地主的混合体，叔本华的崇拜者，外省军官——费特出现在库尔塔维涅尔是应屠格涅夫之邀，但并不特别成功。屠格涅夫有点昏了头，在情感的溃乱中他忘了这事，结果，费特到的这一天，他和路易·维亚尔多去打山鹬打得太久了，没有派马去罗基耶接他，是一位偶遇的农场主把他带回的。在城堡里波琳娜本人兴高采烈地迎驾，她带着客人外出散步，直到傍晚才与猎人们相遇。正巧库尔塔维涅尔这几天有客人，因此安置来者已经不太容易，但他依旧在这里待了些时日。

因了自身某种粗糙乏味和军官的样子，因了他穿的陆军制服，还因为他用很糟糕的法语说着并不可笑的笑话，手上还戴着好多戒指，他给人留下了不愉快的印象。有时候他锁上门和屠格涅夫争执，他们嚷嚷着，维亚尔多听着他们用谜一样的语言喧闹着，觉得这两个斯基泰人可能会相互伤害。但也许，费特——在另外一个意义上，他来得很及时。他终究是自己人、朋友，领地和艺术上的近邻。

屠格涅夫向他倾吐了许多——有关他与波琳娜的苦涩辛酸。他恨自己：只有当一个女人用高跟鞋踩在他的脖子上，把他的脸压在泥土里时，他才会感到幸福。他悲伤与痛苦得喊叫出声来（双手抱着头在房间里踱着步）：

"我的天哪，做一个不成体统的女人是多么幸福！"

费特回到了巴黎，但也记住了一切。秋天屠格涅夫也搬来了里沃利街。（1月起租了拱廊街11号住宅。）在这

屠格涅夫像（年代不详）

个冬天，费特有多少痛苦可以记录下来啊！对于屠格涅夫来说，这个冬天几乎是最困难的冬天。像是所有的东西都聚集在一起与他作对，寒冷也无情肆虐开了。

在工人们所住的街区，夜晚孩子们在摇篮里冷得厉害，即使是体面的公寓里的取暖也很糟糕。屠格涅夫感受到了寒冷的残酷，他不得不同时穿几件大衣坐在写字台边，天气的寒冷让他的不适加剧了——腹部下方出现了剧烈的疼痛，不得不让他想起父亲，早早就因结石病去世的谢尔盖·尼古拉耶维奇。屠格涅夫多猜疑的毛病是出了名的，只要得病就总认为是最重的。当时也在巴黎的托尔斯泰写信给鲍特金谈到屠格涅夫："（由于病痛）他在精神上如此痛苦，就像一个人总是痛苦于他的胡思乱想。"

屠格涅夫忍受着治疗、涂药和看病过程中的折磨……尽管他有着灰暗的想法，但他还面临着长久的人生。只要你回想一下他在临终时所受的痛苦折磨，你就会越发理解他的疑心：他像是比其他人都更明显地感觉到自己身上有一个可怕的敌人。

和维亚尔多没有达成任何的和解，和女儿相处也不容易。波利娅早就变成了法国的波琳娜，把俄罗斯的一切都忘了，甚至是语言，以至于她都不能用俄语回答父亲，包括说"水""面包"这些最基本的词汇，然而却能出色地朗读莫里哀的作品。她已经十五虚岁了，和波琳娜·维亚尔多相处得也不好。是的，可能屠格涅夫本人目前也并不很希望女儿在她身边留下。他给她请了一位家庭教师，英国的英尼斯太太，他们三人住在拱廊街。

一个是患病的、被爱情的痛苦撕扯着的父亲，一个是在异国他乡，别人家里长大的孩子，过的是半孤女、半被人家出于仁慈对待的人生，她形成了不大好相处的性格，完全不熟悉父亲，不与之亲近，跟英国女家庭教师也相处得不愉快。

屠格涅夫的心里很阴沉，什么也不喜欢，什么也不合他的心意。他不喜欢自己，不喜欢写作。心情上，与果戈理已经很接近，他销毁着自己的手稿。"我没有特殊面貌和一以贯之的天才"，这就是说，就让一切化作泡影吧。"曾经有过的诗的琴弦，它们鸣响过，也喑哑过——不想重复了——想退出了！"

1856年至1857年的冬天对于屠格涅夫来说是少有的没写出任何文字的一个冬天。不是过日子，而是混日子。没有写东西这一点让他越发难受，他很沮丧，并对自己的天分（暂时）丧失了信心。

不管是巴黎、巴黎的生活，还是文学——一切都不合他的心意，一切都不是那么回事儿。"我发现有一种状态在我身上出现：在这漫漫冬季里，我没有爱上一个法国人，也没有和一个可爱的人亲近。""我和您一样讨厌法语——而且无论什么时候巴黎都未曾让我感觉到如此平庸与平淡。""亲爱的雅科夫·彼得罗维奇，您责备我吧，责备我不写信，但我既没有给您写信，也没有给所有朋友写信，因为我一件快乐的事情也说不出来，而抱怨和叹息不值得写。我觉得非常不是滋味，既是生理上的，也是精神上的；但就让这些滚到一边去吧！我希望，一个月后我的状态会好一些，也就是当我离开巴黎时。它是我不得不接住的一份咸涩。让上帝与它同在吧！""您是知道我这种情绪的原因的：我不会再让她散播，她充满活力地存在着，——但正因为如此，我三个星期多一点之后离开巴黎，这样才会赋予我些许精气神。"

屠格涅夫很明智——春天他离开了巴黎，在伦敦待了一阵子，夏天去了德国莱茵河畔，离波恩不远的小城金奇格，在那里他饮用矿泉水，住了一个月。尽管冬天时他感觉再也写不出一个字，但恰恰是在那里，在德国，他写下了《阿霞》。古老的德国小城，椴树、葡萄藤须、月亮、哥特式钟楼上的雄鸡、晚上散步的淡黄色头发的少女、孤独、莱茵河——这一切都是屠格涅夫式的，有可能给了他很多灵感。《阿霞》大获成功。小说声名远播，的确是诗意盎然，也许是有点过分的"诗性"（残迹、日落、月亮、葡萄藤等）。但这篇小说还有一个非常奇怪的特点：线条分明的"情节"被导入完全透明和有浓烈"诗性"的情感中。故事讲述人之所以来到古城，是为了寻找一隅僻静之地："我刚刚被一个年轻的寡妇伤了心。"这位寡妇"一开始甚至鼓励了我，而后来残忍地伤害了我，就为着一个年轻的、长着粉红色面颊的巴伐利亚军官把我撇下了"。寡妇"固执地"贯穿着整篇《阿霞》，成为恼怒与嘲笑的中心，承受着作者明显的厌恶感（"不无一种紧张之情梦到狡诈的寡妇"，"在整个晚上一次也没想起我那残酷的美女"，等等）。小说是这么构筑而成的，对寡妇的情感是被挤出去了的——靠的是事情发生地诗的感觉，静谧的普通生活的感觉，靠的是阿霞本身的形象，像是应该摆脱开沉重而又恶臭的东西——这一点也是在宁静平和的老旧小城中达到的。

故事不只是给出了谦卑平和的画面，并非只有德国的一首旧诗渗进屠格涅夫的作品。强烈的、没有耗尽的情欲催生出一幅讽刺漫画（蓄意生产出与本相不像的漫画。但以此角度更刻薄）。

他在金奇格度过了整个7月。他给伯爵夫人拉姆拜尔特写道："我感觉很糟糕，我必须离开这里，但去哪里我自己也不清楚。"很快他到了布洛涅，他续着上一封信写道："是的，伯爵夫人，我决定返回，永久地回去。流浪和茨冈人的日子我过够了。"

维亚尔多却在这期间生了儿子波利亚。屠格涅夫借此给她写了一封假装欣喜的信："Hurrah! Ypa! Lebehoch! Vivat! Ewiva![1] Zito![2]"甚至赞叹用的也是老科恩语、阿拉伯语。怎一个"痛"字了得！若是真正的高兴，没人会这么表达的！他多想用戏剧般的喜悦来掩盖这种痛，但是他无法做到。

维亚尔多太太是于1857年6月20日生下儿子的。1856年9月，整整九个月前，费特拜访了刚刚到来的屠格涅夫……接下来的一切都是秘密。波利亚可能是屠格涅夫的儿子，但同时还有阿里·舍费尔的存在。也许这孩子不是他的。但无论如何，这件事对于屠格涅夫来说完全是一场戏剧。

---

1 第三个词为德语，意为"洪福齐天"，其余四个词分别为英语、俄语、拉丁语和意大利语的"万岁"。
2 意大利语：致以崇高的敬意！也有"老光棍"的意思。

8月他来到了布洛涅，前去海水浴，而后去了巴黎。接下来依旧是那阵风将他引进令他悲伤的故居——库尔塔维涅尔。他在这里写信给涅克拉索夫："你见到了，我在这里，也就是说我恰恰做了件蠢事，你曾经预先警告过我避开这种事。"涅克拉索夫是一个务实而坚强的人——他知道这种情况下该怎么办。假若谢尔盖·尼古拉耶维奇·屠格涅夫在世也会知道该怎么办的。可伊万·谢尔盖耶维奇偏偏去了他不该去的地方，他只能自叹命运不佳了："不能这么活着。我完全活在别人家的屋檐下，没有自己的巢穴，也不需要自己的巢穴。"

然而，库尔塔维涅尔之愁过去后他得以迈出了正确的一步：重新启动他的旅行，选择了意大利，罗马。处于相似处境中的拉弗列茨基就是这么做的（"……他去的不是俄罗斯，而是意大利"，"隐身于意大利的一个小城，拉弗列茨基很久都不能让自己不去注意妻子的行踪"）。

屠格涅夫早年来过意大利——很久以前，十七年前，还在上大学的时候。那时候他活得轻快、阳光，前程远大，这时候的他已经是一个过早就满头白色卷发，身染微恙，总是想到死的孤独者，怀着一颗破碎的心。但意大利风采依旧，敞开怀抱接纳了他。

与他同行的鲍特金无法替代斯坦凯维奇，但也同样是他的好同伴。他们一起来到罗马，漫步在广场上，乘着四轮马车，他们欣赏到的第一道景色是马里奥山，而后经由波波罗港，下榻英国酒店，前往塞拉利昂——在那里他与

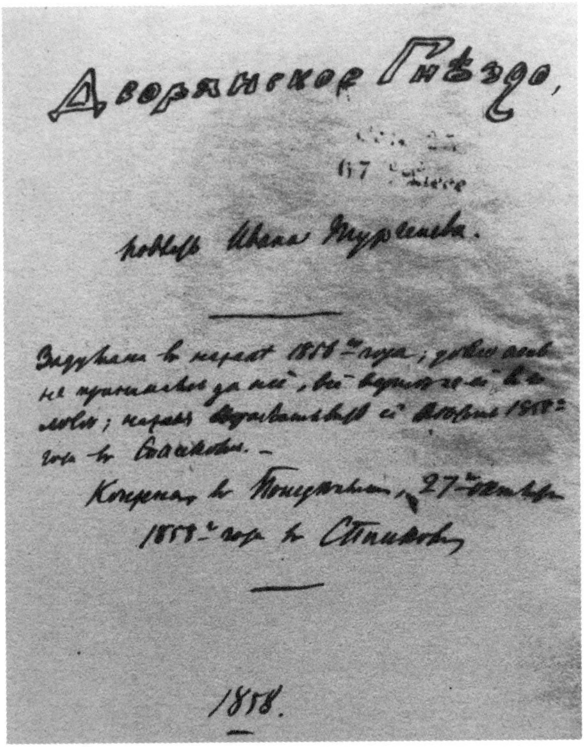

屠格涅夫手迹，《贵族之家》标题页（1859 年）

鲍特金一道用餐。

无论感觉如何，屠格涅夫在这里的生活开始了：博物馆、画廊、古罗马基督教徒的地下墓穴，与画家们的结识，刚刚完成自己那幅著名画作的亚历山大·伊万诺夫，阿里巴诺之行，野性的 Rocca di Papa[1]，弗拉斯卡蒂[2]，在那里晚霞以它那"难以言说的余晖，游弋着血色金黄的光波"浸满他们的所到之处。德·艾斯特别墅[3]、书籍、经典人物……

秋天和罗马参与了屠格涅夫的心绪。曾几何时这座罗马城以它的美丽充盈了他的心灵，此时又帮助他熬过苦难时光。维亚尔多没有给他写信，应该说，没有回他的信。但是他与朋友们书信往来着，有安年科夫夫妇，还有伯爵夫人拉姆拜尔特。"这里的大自然壮美得勾人心魄——而且脉脉含情，同时散发着女性的芳香。我钟情于四季常青的橡树，层叠伞状的松树和远处浅蓝色的山峦。哇！我只能共情于生活的美——这种美让我自个儿享受已经是不可能的了。如盖深绿向我投来并将我缠绕，我并不想将它从我的双肩摆脱开去。"他坐在平奇奥[4]，也正想拨弄开肩头绿枝，他见到有个太太坐着四轮马车路过——他立马撇下交谈者并且像疯子一样扑过去追赶马车：那女人像是波琳娜。

但是他自己明白，有什么东西应该结束了。他写信给伯爵夫人拉姆拜尔特："在人的一生，有一些转折的瞬间，在这些个瞬间里过去的在死亡，而新的事物在诞生。人所

---

1 法语，指意大利城市罗卡迪帕帕。
2 意大利拉齐奥的一个城市，离罗马 21 公里。
3 16 世纪最有名的意大利别墅之一。
4 罗马山丘名。

痛苦的是不善于感觉到这些瞬间——要么就是还守着已经死掉了的过去，要么就是抢在转折之前力图唤醒生命中还没有成熟的东西。"

罗马也必须将屠格涅夫从一条路带向另一条路。这一点不容易做到。罗马施展了它所有的魅力。秋天是美妙的。一片片蓝色的天穹、带有三位一体淡红色塔的西班牙云梯的全部奢华、梵蒂冈的宏伟、罗勒草的香气、坎帕尼亚的肃穆、一座座喷泉、希维勒、神秘的古城遗址——一切都在讲述一个东西，就是让人心融化。屠格涅夫长着一双眼睛是为了看见，有一双耳朵是为了听见。"罗马是座让人惊讶的城市，某种程度上它可以更替一切：社会、幸福，甚至是爱。"永恒进入了这座城市，改变着它，医治着它。这些都进行得很缓慢，就连它自己见到的也不是一切。有时候病患还令人难受地刺激并折磨着它，有关命运、死亡、浮生短暂这些含混神秘的思想，正是从这个时候开始在他心里扎下深根。不管怎么说，罗马医治了他此时的心灵。

这从他的创作本身可见一斑。非常重要和非常美好的是他在罗马构思（也写出了一部分）的《贵族之家》。在这些辛苦伏案中他塑造了最为温顺、最具基督教精神的丽莎的形象。于那年冬天能给他带来欣慰的一线希望向他开启：一条宗教之路。对他自己来说，不幸的是，他没有接受这条路，但却带着他心爱的女主人公走在这条路上，这似乎意味着，在别人的生活中，以艺术书写的方式摆脱了痛苦。在《贵族之家》中他还经受着别的煎熬。拉弗列茨基和背叛他的妻子的全部情史，即这位女人与一位英俊的二十三岁英俊男孩的私通——这是还没有冷却的私事。在紧张程度、尖锐性方面，这些页面都不逊色于《阿霞》。"负心女人"和情敌也是被作者所羞辱的（那里是"红脸蛋的"巴伐利亚中尉，这里是渺不足道的埃尔涅斯特）。当拉弗列茨基得知瓦尔瓦拉·帕夫洛芙娜的背叛时（事情发生在巴黎），叫了一辆轿式马车吩咐车夫将他带出城。就在那个他于郊区度过的夜晚，他不时停下脚步，猛烈地举起双手，一会儿发疯，一会儿怪笑，于是，他在绝望中进入这家"糟糕的郊区小饭馆"，在那里订了一个房间，坐在窗口旁，惶惶不安地在那里发呆，用想象复原着自己所遭受的一切耻辱，一直坐到天亮……这依旧没有平息愁绪。但是场景隐没了——置身于另一幅场景。总体基调是——丽莎，静谧，让人敬重的保姆，可爱的姑妈玛法·季莫菲耶夫娜，俄罗斯乡村的绿色岑寂，贵族日常生活的最后一缕晚霞和（画面外）持重的修道院的钟响。

《贵族之家》美妙地浸透着旧式的俄罗斯。

60年代临近。是时候与旧式的俄罗斯告别了——屠格涅夫慷慨地与之辞别，运用了一个成熟的天才的所有手段，以自己才华绽放的鼎盛与之告别（尽管去年冬天在巴黎他就觉得一切都已结束了）。对他个人来说，他在小说中与存有希望的"令人忐忑不安的"生命时期相告别。他离开了这一时期，试图离开"幸福"，似乎注定了自己无家可归的艺术家的生活。罗马和意大利在这方面帮助了他。

但并不是罗马和意大利给了他所有的灵感。《贵族之家》并不是一蹴而就的。在意大利时它的主要内核就已经备下了。此时此地的屠格涅夫想得更多的是这篇小说写什么。步入写作环节却变了样。

1858年春他从罗马启程，落脚在佛罗伦萨，在那里有时间与阿波罗·格里高利耶夫长时间争执。而后他又落脚在维也纳，那里的兹格蒙德教授给他开了矿泉水治疗的药方。在德累斯顿他遇到了安年科夫夫妇，在莱比锡他听了维亚尔多的演唱，往巴黎给女儿写过信，而且因此他无法离开。而后便常常光顾巴黎、伦敦，夏天他就守在自己的斯帕斯科耶。

这一回费特与他过从甚密，他们建立起了诗人狩猎联盟。费特给屠格涅夫读自己的诗作和译作，屠格涅夫照着原文核对，批评、赞许，为他把关质量，而后他们去打猎，如同真正的老爷和艺术家。一辆三套车奔往前方，载着猎人阿法纳西、厨子和各式食物。第二天四轮马车出行，同样是三匹马——屠格涅夫与费特。他们走了很远。比方说，白天从斯帕斯科耶出发，晚上到小城沃尔霍夫过夜，在这样的客栈正房里有圣像，女主人不允许屠格涅夫的狗布布丽卡进入房间，为此他不得不花很长时间证明并认定这是条特殊的狗，彬彬有礼，不是普通的"看家狗"，不可能有任何不洁净行为。接下来的一天，大家又全都出行，在熟悉的地主家过夜——已经在另一个省了，而第三天他们钻入波列西耶的僻静之处，那里黑琴鸡在采伐过的空地上漫步，就像母鸡在鸡舍——在那里诗人们开始他们的狂猎。他们争先恐后地放枪，屠格涅夫枪中的弹药已经提前备好（！），这让忙着给枪管装火药的费特很难受。忠实的仆人在休息的地上给被击中的黑琴鸡开膛破肚，用油煎炸，给里面塞满杜松——只有将它们弄成这种样子方可以带回家。

骄阳似火，大雨倾盆，猎人们掩身在白桦树下，但依旧浑身湿透，然后晒干，再去射击，比赛看谁的枪法灵活。累了的人们则钻进草垛里睡觉，早晨用冰水洗脸，白天吃好吃的野味，牛奶里放着味道惊人的野草莓，费特张大着嘴吃了一整碗……俄罗斯在这些野味身上呼吸着森林、田野的气息，它的广袤无垠所蕴藏的所有惊人力量的气息。

在这一边打猎一边读诗的日子里，在诺沃塞洛克的田野间或是斯帕斯科耶公园里，屠格涅夫一会儿沉浸于忧伤的感情，一会儿置身于相对的安宁，《贵族之家》悄然成熟。

屠格涅夫领着费特去远处的塔普卡领地。年老的仆人为他打开常年上锁并有专人看守的房子，他们休憩在阒无一人、万籁俱寂中，在荒芜之地的绿色和忧郁中。拉弗列茨基带着同样的"拒绝"和谦卑的心情来到拉弗利克村。（正是在这里他将和丽莎垂钓。）

7月屠格涅夫已经在写《贵族之家》，这部小说在意大利和乡村俄罗斯的双重祝福之下分娩，诞生于痛苦、孤独、失恋的十字架下，小说给作者带来的荣誉也是价值连城的……

但假如当时从一旁看屠格涅夫，则未必每一次都能猜得到他身上究竟发生了什么：他常常甚至是很快活，像个孩子一样闹腾。比方说，他和费特绕着花坛相互追逐——屠格涅夫很骄傲，他走得比"那个不幸的有着骑兵步态的胖子"要快——第十圈时他超过了费特半个花坛。或者是：费特给他读自己翻译的莎士比亚作品，屠格涅夫则盯着原文来听他读，有个地方（说的是心脏）费特翻译成"哦，让你心跳加速！"，屠格涅夫不喜欢这个词的翻译。费特拿出另一个译案："哦，让你心都崩溃！"屠格涅夫还是不喜欢。费特说："那时我就像一只兔子，叫喊着跳到迅疾奔跑着的猎狗的头顶上方，我不顾一切地叫了起来：'我要崩溃了！'"

屠格涅夫直接从沙发上跳起来，哈哈大笑起来，扑到地板上，狂喜得像个孩子，一边爬着，一边喊叫。

事情发生在费特的领地——应着喊叫声女士们跑了进来，她们惊诧的程度大概不亚于之前在巴黎娜塔莉亚·赫尔岑和图奇科娃排练屠格涅夫戏剧的时候。而在此近旁或是在这一切之下，拉弗列茨基最后一次来到丽莎·卡利金娜的房子，那里是他爱情之花迅速凋谢的地方。坐在长凳上，在古老的椴树下，他看着年轻人乱跑、喧闹、兴高采烈。（他四十岁了！）成熟的谦卑的拉弗列茨基意识到，对他来说，幸福的生活已经不会再有。

这时首要的问题是，屠格涅夫经历过也正在经历心脏上的问题：作为一种生理上的疼痛，它造成的苦闷有时候很强烈，有时候又在减弱。《贵族之家》给他带来了临时的缓解（就在1858年夏，波琳娜的男友阿里·舍费尔去世。屠格涅夫给自己找到了给她写信的勇气，温暖而又沉重地谈论他的死）。

秋天他将小说带到了首都。这一次的成功是决定性的。托尔斯泰还没写完《战争与和平》，陀思妥耶夫斯基还在流放中。

屠格涅夫在文坛上无人可敌。

60年代

　　俄罗斯的衰败与"落后"——横行霸道的政府和农奴制,总是让屠格涅夫感到揪心。早年他就已经成为西方主义者,拜倒在欧洲的政治制度面前。因为崇拜,某段时间接近了平庸的自由主义者。他几乎感觉不到俄罗斯伟大的深邃,即它的宗教。准确一点说,他理智上不认可——某个《欧洲导报》遮住了他对宗教的认知(而内心往往认为神圣的罗斯有令人惊叹的形象)。他与果戈理私交不多,从文学角度他对果戈理评价很高,但近距离相处时,不用说,就与其分道扬镳了。他历来不喜欢斯拉夫主义者,但是与大牧首阿克萨科夫关系却很好,诚然,这种友好更多源自打猎。50年代他曾准备接近康斯坦丁·阿克萨科夫,但没成功。薇拉·谢尔盖耶夫娜·阿克萨科娃曾经记述过他们在阿勃拉姆采沃时屠格涅夫来看望他们,让人心情沉重的是,在她看来,他不是追求精神的人,只一定程度上倾向于"心灵的真诚",是一个沉浸在美食中的感性的人。依她所见,他靠生理感觉艺术——就像沉湎于美食,而精神上的东西与他失之交臂。

　　阿克萨科夫家温馨、明亮,这跟他们深刻的基督气质有关,与他们相比,屠格涅夫略显另类——淡漠。确实,他们走不到一起。但是薇拉·谢尔盖耶夫娜所说的不对，她在否定屠格涅夫狂放的激情。只是他的神秘主义不是东正教的，更多是魔幻的、神秘魔性的东西吸引了他。

由于他的"理性的"西方主义，屠格涅夫和许多作家走上了不同的道路，其中伟大的作家有：托尔斯泰、陀思妥耶夫斯基、丘特切夫、费特，甚至是赫尔岑（不包括斯拉夫主义者）。在这件事上他很执拗，而且始终如一：如同西方的维亚尔多贯穿他完整的情感生活，温暖的自由主义始终都没有离开他的思想。他认可非常正确而又非常理智的东西，那就是仁爱、启蒙、自由，"精明能干的"和"诚实的"人，"应该工作"，所有的波图金[1]式的意志良善的论断，一直到铁路的益处和改良的必要性，但他并没有真正地以此武装自己。

时光荏苒。屠格涅夫赌赢了：60年代到来了。尼古拉皇帝的朝代被更为温和的亚历山大二世取代。农民们的解放和命运的改善正在酝酿中。在法国革命和欧洲实证主义中成长起来的一代人开始登上历史舞台并取得成功，"贵族之家"正在消逝，无法让其放慢脚步。有着两副面孔的悲剧性的生活在向前推进。它一方面推倒奴隶制度，进行公正的审判，取消体罚；另一方面，却又招致浅薄思想的毒侵，滋生出微不足道的人、大张旗鼓爬到文学中来的世俗阶层。60年代！我们父辈的青春，"伟大改革的时代"，也是普希金所唾弃的虚无主义，托尔斯泰、费特、陀思妥耶夫斯基所不理解的虚无主义者们，即巴扎罗夫们、"群

---

1 屠格涅夫小说《烟》中的主人公之一。

魔们"、涅恰耶夫[1]甚嚣尘上的时代。

60年代对屠格涅夫的命运产生了奇怪的影响。他想向时代交一份答卷。托尔斯泰与陀思妥耶夫斯基都与时代相悖,并克服了阻碍。屠格涅夫顺应了时代,他等的也恰好是这个时代,诚然,是以较为温和的面目等待的(如同我们等待革命)。他等到了新的时代,也等到了不幸的遭遇。他将自己的天才部分地运用到艰难的、不利于艺术的道路上。他在这里获得了喧闹的声名和很多诽谤。

他的第一本"社会"长篇小说《前夜》,是一部以诗意见长和以某种鼓动性为特征的作品。"屠格涅夫家的"姑娘终于走出"暖巢",抛却家庭、父母,并被为祖国解放而战的志士所吸引,献身于社会功绩。

这部小说起的正是鼓动作用:不止一位外省姑娘学了叶莲娜,与某个虚无主义者走到一起。小说获得一部分公众(年轻人、知识分子阶层)的赞许和另一部分人的不满。上流社会友人中的伯爵夫人拉姆拜尔特对这部作品进行了如此严厉的谴责,以至于作者打算撕毁手稿。

深深的伤害在等着他,但它并不来自右翼,而是来自左翼,来自批评界。屠格涅夫生就不是别林斯基所期待的文坛新干将。令人惊诧的是,他们的作品出现在同一份杂志上,即《现代人》,这份杂志的创立者还有屠格涅夫。十二年里《现代人》占据了很高的文学地位,杂志编辑是涅克拉索夫,一位来自贵族阶层的非常出色并具有很高天分的"平民",涅克拉索夫睿智聪慧,善于趁机谋利,是

---

1 陀思妥耶夫斯基小说《群魔》人物的主要原型。

个很有心计的人，是很能洞察人心却又不表露自己心迹之人，是一个平民本质的天才，毛病很多，而且爱号啕大哭，个人生活也不检点，是有很深痛苦且伺机而动的人，一个诗人、记者、生意人。在那时，初见到他的人都会把他当作纠缠不清的坏人，但他同时也是《弗拉斯》《片刻骑士》……的作者。俄罗斯文学中没有其他这样集荣誉与堕落、崇高和蔑视于一身的人物。

屠格涅夫与涅克拉索夫曾是相处已久的朋友，两人之间以"你"相称，屠格涅夫写给他的文字也很亲切。60年代让他们分道扬镳。表面上像是小说《前夜》让二者分手，其实内里原因很深。涅克拉索夫基本上是和"讲习班"联手的，屠格涅夫永远是老爷艺术家。屠格涅夫爱费特，高抬丘特切夫——这两位是诗歌盛宴上的上品佳肴。对于他来说，涅克拉索夫的诗行散发着泥塘的味道，"像是鳊鱼和鲤鱼身上的味儿"。两人各自享有盛名时便无法相处下去了。

难怪出现了"意外"状况（小说《前夜》因它的煽动性没能在刊发车尔尼雪夫斯基和杜勃罗留波夫文章的《现代人》杂志发表，而是在卡特科夫的《俄国导报》上发表）。老爷做派、极高的文化水准、娇生惯养的姿态和生来就有的好口才，以及18世纪沙龙中使用的法语、优雅的衣着，美食家，很安静的低声絮语，也许有时候还有漫不经心的宽容、"居高临下"的说话腔调，有这样特征的屠格涅夫不可能不激怒一批新人，亦即有着极左追求的"平民知识分子"；而屠格涅夫则被他们的粗俗、没有教养，肮脏的指甲，刚愎自用，有时是直接的蛮横无理所触犯（杜勃罗留波夫——这些人中最周正的人都让自己说出这样的话来："伊万·谢尔盖耶维奇，跟您说话我感觉很无聊，我们就别再说了。"随即起身走到房间的另一边）。

《前夜》面世于1860年《俄国导报》1月刊。《现代人》随即开始了抨击，在3月的一期中，杜勃罗留波夫的文章认定屠格涅夫的才学不足以让他驾驭这样主题的作品，完全不具备"对事情的清醒认知"。4月的文章里嘲笑的则是刚刚发表的《初恋》，车尔尼雪夫斯基甚至指责屠格涅夫为了讨好有钱和有影响力的朋友们而在《前夜》里漫画式地描写巴枯宁。

那个时候的幽默品位还不算高级。库罗奇金在《星火》杂志写道："人类的庸俗宣称，明年杂志将用由费特、芭蕾舞演员、肝泥野味做成的夹层馅饼来宴请一批最德高望重的读者，并且再次宴请贝尔塔一家、明一家、弗林一家到场来答谢期刊受众。""口哨"（《现代人》的幽默讽刺专栏）挖苦屠格涅夫的个人生活。俄罗斯首屈一指的作家经历了心情最黑暗的时期，而涅克拉索夫一派的"作家"嘲笑说，他"应该跟在女流浪歌唱家的裙摆后面"并"在国外外省剧院的露天戏台下面为她鼓掌欢呼"。年末，他们狂妄地在1861年《现代人》杂志的署名公告中宣称，他们拒绝与《猎人笔记》的作者合作，因为"在信念上他们已经分道扬镳"。（涅克拉索夫刚刚把他引诱到自己身边，提议为小说的出版提供大笔资金！）这还只是开始。面前的路屠格涅夫必须依次走过去，1861年他写完了《父与子》。第二年小说依旧在《俄国导报》问世。

在屠格涅夫的文学生涯中，就作品的反响而言，没有任何一部能和《父与子》等量齐观。"文静"的屠格涅夫完全像是置身在大市场，原因他是知道的。小说中的现代气息缭绕沸腾。他走出以往让他成为诗人的窠臼，以外在的视角描写了一位全新的"当代英雄"。并不是莱蒙托夫在写毕巧林，而是毕巧林自己从他笔下显现出来。屠格涅夫"从一旁"塑造出了巴扎罗夫，描画出一幅准确、真实、智慧的肖像，但是他的心不可能与我们文学中的第一位布尔什维克连在一起，他那里甚至都不存在陀思妥耶夫斯基的伟大愤怒，屠格涅夫只是想成为一个公正的观察者。他以一种学者的态度对待巴扎罗夫——这位虚无主义者与否定者无论如何都触及不到屠格涅夫的心灵深处。

小说写得非常出色，但是魅力不足。小说中的新人被生动地展示出来（尽管也很温和）……但这个形象既不温暖，也不清冷。准确地说，是寒凉：尽管巴扎罗夫死得让人动容，他的死亡本身让作者很激动。

哀号声响起，年轻人被冒犯了。德国海德堡大学的学生为他举行集会，指责作者，写谩骂信。《现代人》杂志却为此欣喜若狂，可以再一次落井下石。一个姓安东诺维奇的人"握紧"《当代鬼王》这篇文章——责骂屠格涅夫。

作者为此很痛苦，试图解释，但是，一切都已无法改变：他没有走向人群，这些人已经被自己的议论，被虚无主义，被农民解放前夕的"解脱学说"所填满。在某种程度上，他也助长了这些人的滋生。现在他们反口咬了他。他们也使屠格涅夫离开了文学中温柔的、诗意的路径——真正的屠格涅夫的本原。

* * *

伊丽莎白·盖奥尔吉耶夫娜·拉姆拜尔特（康克林伯
爵的女儿，嫁给了年轻的皇储的副官——杰出的约瑟夫·拉
姆拜尔特伯爵）于 50 年代末，在屠格涅夫最艰难的时刻出
现在他的生活中。

很少有人知道她。即便是维亚尔多的信件没有保留下
来，维亚尔多的存在也要比她明显得多。只有从屠格涅夫
写给她的信中才能感觉到伊丽莎白·盖奥尔吉耶夫娜的存
在。这让她的面目有一种被鬼影笼罩着的特征。她既不出
众也无声名，她一直在幕后，发声的一直是屠格涅夫，他
说的话和说的方式间接、温柔和模糊地描述她的本色。

她美吗？我怀疑。她是个幸福知足的女人？也不是，
这一点毋庸置疑。她天性高尚而又严谨，纯洁而又命运多
舛，对于屠格涅夫来说，她是"安抚者"，是一位优雅的
朋友。1857—1858 年间，还在意大利时他就给她和他忠
实的安年科夫写过有关自己的最为私密的文字，在彼得堡（也
是那时候，还有 60 年代）他经常去弗尔什塔街，去她那里
串门，常常是整个晚上坐在阔太太的小客厅促膝交谈。——
关于这些幽会他不止一次近乎温柔地回忆着。在一张淡白
色且珍贵的银版照片上，有一种难以言说的感觉存在于伯
爵夫人拉姆拜尔特的身上——带着一种淡淡的忧愁。这是
一个心有创伤的女人。每当屠格涅夫的伤口犯疼，他在她
身上总能找到同是天涯沦落人的感觉。都是受苦人，都能
够准确理解彼此，他们一起解决"没有幸福"的生活问题——
这是个永恒而绝望的话题！但是屠格涅夫不得不面临更多

的困难：伯爵夫人那里，最起码还有信仰（是否为贴近他的唯一一位有信仰，有着丰富内心生活的人？）。但是她的状况也不全然轻松，她对他的友爱已经为可能降临的溃决作了准备。她期望更多，但是她没得到回应。

心灵上是非常亲近的。"您记得吗？有一次您哭得很厉害。我跟您说起这事全然是为了与您开个小玩笑，不是吗？若不是，天打雷劈。打动我的并不是您的泪水，而是您能做到不用害羞地在我面前哭。"这位上流社会的夫人规矩有礼，但她在他面前哭了。这封信写于1859年，当时他自己已经不再沉溺于维亚尔多所带来的、最初的、不堪的痛苦，只是依旧怎么也笑不出来。

他时而住在斯帕斯科耶，时而住在法国，他给她的信从库尔塔维涅尔，从肮脏的维希小城，从莫斯科，从彼得堡当地发出。他在精神上"徘徊"，他没有栖身之处，伯爵夫人一双纤手对他来说是某种安定（屠格涅夫喜欢漂亮女人的手）。他感觉到周身松快，他看到一个美丽的优雅的女子参与了他的人生。（但并不是他所需要的女人！）

"很高兴想到我将在您那让人惬意的房间度过今冬。看看吧，我们将会过得多么愉快，安静又平静——就像孩子们在复活节前一周中的纯粹快乐。我会对自己负责的。"

这就是说不是永远地"安静又平静"？他似乎觉出自己用语太大胆，随即补充说："只是想跟您说，您比我年轻。"

这封信恰好是从库尔塔维涅尔发出的。他在那里苦思冥想他过去的行尸走肉的日子。"并非感情在我心中已经死去，不，它还是有实现的可能。我回顾我的幸福，如同回顾我的青春，回顾另外一个人的青春与幸福；我在这里，

161

而这一切在他处；而此地和他处之间是什么也填平不了的深渊，用尽完整一生也难填满。目前只好站稳在生命的浪涛中，并思考着栖身之地，只想着找到像您这样可亲可爱，有感情，有思想，最重要的是有身份的伴侣（我和您，我们都已经在为自己期待着什么），紧牵着他的手，朝一个方向游弋而去，直到……"

这就是他在构思《前夜》时的内心所想，那时 60 年代已经临近，农民的解放，同时还有他自身愿望的实现，以及他所有带有"社会"内容的小说的喧嚣已然开始。

1859 年的 10 月，在斯帕斯科耶，他收到伯爵夫人比往常更加温情的来信。（"多么奇怪的、可爱的、热烈而又悲戚的一封信——就像那些短促的、低声的夏日雷雨，其后大自然中的一切越发慵倦和茫然。"）就在这封信里，第一次嗔怨（更准确一点说是柔弱地指责）他因她开始变得郁郁寡欢了。屠格涅夫否认这一点。不，他一点也不郁郁寡欢，也不可能是这样，因为在这个世界上他比爱她更多一些的只有两个人："一个是我的女儿，另一个因为……您是知道个中原委的。"

书信来往得越发频繁，数量也猛增。屠格涅夫当即来到莫斯科，寄居在朋友马斯洛夫那里，普列奇斯顿花园路的乌德尔办事处（一座美妙的公馆）。严寒、道路上的坑坑洼洼、树上挂着的可爱的莫斯科树挂、玫瑰红的太阳……他病了，喉咙着凉了。马斯洛夫彬彬有礼地照顾着他。当然，屠格涅夫也是神经过敏和娇气的——让你清楚感觉到他裹着的所有的毛毯、便鞋，所有的药水，还有他的所有惊恐、无精打采的抱怨，有意找医生麻烦的行为。很多常客也都驾临：费特、鲍里索夫、尼古拉·托尔斯泰。空隙间，他还结识了两三位女士（"两三个很有趣的女人"）。他在校对《前夜》，这是1860年1月。"我一直都没把您忘记——但终究没给您写信。您对这就尽量别耿耿于怀啦，说这就抬杠啦。"说实在的，伯爵夫人都无法抱怨，他和维亚尔多常常是这个样子：他记着她，但不给她写信。诚然，他为这付出了代价。

　　他从莫斯科回到了彼得堡，尽管还在咳嗽，麻烦着大夫，不能去拉姆拜尔特那里——人们不让他外出；他跟她通了几次信——不无哀怨，不无卖弄风情。她向他讲述自己做的梦，称他是被宠坏的孩子……而他已经结识了"十八岁的年轻姣好的女子，生于意大利的俄罗斯人，俄语说得不好"——并立马就建议她与他一起读普希金的诗。（总之他爱给女士朗读。）

　　但是他在彼得堡没住多久又去了西方——巴黎、索登、威斯巴登。维亚尔多一直躲在暗处、幕后，一直是他的痛处。屠格涅夫如同一条没锚的船，倒也自由自在，维亚尔多让他一直在水波上晃荡，随风而动，一会儿被刮到这里，一会儿被刮到那里，但所有的风都软弱无力，压根不能将他推动。目前的风（只是友情的）是朝伯爵夫人拉姆拜尔特那个方向刮的。（但屠格涅夫却因耐不住寂寞不惜花费时间在索登和女邻居一起交谈。送走"一个太太"去施瓦里巴赫的同时，又去威斯巴登，去见作家马尔科·沃夫丘克太太，和她在一起同样是交谈和读诗。）

　　他就这样观望着，伴随着两种正在逝去的生命生活着，一种生命反映在另一种生命中。眼看又是冬天，巴黎已经入冬，对屠格涅夫来说这座城市总是沉重的，总是不能给他带来好的运气。心脏的毛病在发作，苦难的源头又接近了，重又是黯然神伤，深深的忧郁和不苟言笑。"是的，此外，这两天我的心死了，我把这一事实告诉您，如何称谓它我不知道。我想说什么，您是明白的。过去的事已经彻底与我脱离，但与之告别后我看到了我一无所有，我整个人生都与之相分离。我很难过，我马上就会变得冷若冰霜，而且我现在觉得这样活着也可以。假如我还有希望再年轻些，那它就把我彻底撼动了。"（1860年12月）

农民解放迫近了（1861年2月19日宣言）——这就是屠格涅夫曾经发出过的"汉尼拔誓言"。伴着宣告解放的钟声，他写道："在这个世界唯有不幸是毋庸置疑而且一清二楚的。"对此应该补充一句，他刚刚发表了小说《初恋》——算得上真正为自己而写，并不是为了公众：他及时回忆了自己的年少故事，崇高的初恋，而且是单恋。

伯爵夫人拉姆拜尔特准备去卡卢加近处的季赫温修道院，她曾经在那里待过，身处做礼拜的宁静中。一切都被大雪覆盖了，过的是一板一眼的、洁净的修道院的日子。屠格涅夫并不完全了解这种生活。她给他的感觉是一位"冷漠的凄楚的女子"，尽管他也认为她"可爱"。作为一个资深的上流社会人士，她把修女生活想象成坟墓（他不知道，纯粹的精神生活中也有快乐）。但是他这般需要的镇静终究被他感受到了。

"我确信，当修女走在教堂走廊的石地板上，鞋子发出的'笃笃笃'响声本身就是在向她说着什么……而且这些言说，假如并没有把人的一颗从容不迫的心扼杀，就应

屠格涅夫手迹，《初恋》标题页（1860 年）

该赋予它难以言说的安宁，甚至是活力。"

比起伯爵夫人，他备感孤独。她和那些普通的季赫温修女一样，她知道，除了不幸的确存在，真理也是永在的。

* * *

屠格涅夫女儿的生活安置得不太正常。"女奴"所生的小姑娘一下子变得无依无靠。她与母亲和故乡的联系很早之前就被掐断了。维亚尔多一家没有给予她太多的照顾。她不清楚父亲的情况，对于她来说父亲也不曾给过她任何疼爱。但也许在父亲看来，教她识字，培养她，为她聘请家庭教师——做这一切就是尽到了"义务"。就这样，几年后她嫁人了。实际上他与她根本没有感情，他对她所有的关照都是表面上的，因此也是无济于事的。

长成少女后，小小的波琳娜就因父亲对大人波琳娜的爱而吃起了醋，他给她写过亲切的信，信中并没有多少疼爱，更多的倒是指责。屠格涅夫曾向拉姆拜尔特伯爵夫人承认，他和女儿（"虽然她是个漂亮的女孩"）之间几乎没有共同点。她既不爱好音乐也不喜欢诗，不爱大自然，不爱狗，他就像对待英沙罗夫一样对待她："我尊重她，而仅凭这一点是不够的。"

女儿在某种意义上说是父亲的罪孽——在这种罪过中他是情有可原的，但是他并没有把自己的心献出。惩罚的阴影在他们的关系上笼罩着。

1861年5月托尔斯泰来斯帕斯科耶串门。（他们两位不爱彼此，却相互吸引。）他们一起拜访不久前费特购买的斯捷潘诺夫卡庄园——他在那里建造了一座新房子并成了家。他们带着绝好的心情前来，与主人一同去了丛林，躺在林边，聊得很畅快。而后他们喝茶，进晚餐，一切都如往常。他们留下过夜。费特和妻子不得不挤一下，因为房间不大。

清早屠格涅夫和托尔斯泰出门喝茶，去餐厅——也许，起床时左脚先着地了[1]（两个人其实都很任性）。宾主落座——屠格涅夫坐在女主人的右边，托尔斯泰坐左边。大胡子、脸色黝黑的费特坐在桌子对面，他的眼睛细长，浑身上下满是庄稼味儿，总在关心如何把粪便运出去，还有马驹子的事。费特的妻子问了屠格涅夫女儿的情况，他大肆夸赞起她的家庭教师，英尼斯女士，这位女教师曾经请屠格涅夫报个可以供女儿花费于慈善事业的确切数字。此外，他还让女儿把穷人的衣服拿回家亲手缝补浆洗，之后再送回去。

托尔斯泰随即大动肝火。"您认为这就是善事吗？"

"当然，这可以让做慈善的人更加了解现下社会的迫切需求。"

正是在这时候，在散发着新砍伐的松树味道的费特的餐厅里，托尔斯泰身上那种不尊重谈话者的倔强被唤醒了。

"而我认为小题大做的姑娘，膝盖上放着肮脏的散发着恶臭的破布片是在虚假做戏。"

他的声调让人难以忍受。屠格涅夫爱不爱自己的女儿是他的事，托尔斯泰却在讥笑可怜的波琳娜，其实也就是

---

1 此为俄罗斯民俗禁忌，早上起床时左脚先着地意味着一天不顺利。

在讥笑她的父亲。这让屠格涅夫难以接受。

接下来的一切都令人惊诧——对于柔和的、接受过上等教育的屠格涅夫来说几乎难以想象。似乎是在难得一见的瞬间，母亲的血液在他身上爆裂（瓦尔瓦拉·彼得罗夫娜用那根沉重的拐杖差一点把管家打死）。

高喊一声后他说：

"我请您不要谈论这件事！"

而托尔斯泰的回答是：

"为什么我不能说我确信的事情！"

屠格涅夫则整个儿狂怒地喊道——他可不是对着管家，而是对着未来的"俄罗斯大地上的伟大作家"喊："我就是要让你闭嘴！"

他的鼻孔在呼呼喷气，他双手抱住头并"难以自持地进了另一个房间"。片刻之后又回来，并为他刚才"不成体统的行为"向女主人道歉，并补充说，他为自己的行为深感懊悔。

可怜的费特陷入了窘境。这两位著名的客人都被认为是他的至交好友。

没过多久一切又平和下来，5月的和风将凉台上的帆布吹得噼啪作响，春播作物在窗外泛着亮光，白嘴鸦在风中颠簸，逆风飞行……真该到户外走走，看看母牛和牛犊。而这时……谢天谢地，刚才的事情没有继续！

屠格涅夫随即离开。不得不为托尔斯泰单独发车。没有马，马车也没有。当然，这是小事，不难克服。实际上发生了更糟糕的事情。

两位优秀的作家争吵了十七年，侮辱性的信件你来我往，事情差一点发展到决斗的地步……这是为什么呢？可怜的波利娅站在他们中间，为他们说和：屠格涅夫在面子上做得不是很好，但是他的内在立场要好许多——他于暴怒中说了不该说的话并为此道了歉，他为自己的过激而感到痛苦；接受对方道歉的托尔斯泰则陷入了一个没有引起同情的正人君子的境地，他也曾提出过决斗，总的来说，他对自己的"收获"颇为满意——谢天谢地，他没有得逞。

离开费特，从过夜的博古斯拉夫走出，托尔斯泰派人回家取猎枪子弹。他建议屠格涅夫用"猎枪"决斗，为的是让这场争吵一定要有个该有的了结。屠格涅夫同意决斗，但提出必须遵从欧洲条件，用手枪。于是托尔斯泰给他写了封粗鲁的信。在日记里他说屠格涅夫："……他是个十足的小人，但我想，随着时间的推移我会放弃对抗，我会原谅他。"

在同一时间内，屠格涅夫在为自己的不冷静而自责，托尔斯泰则在赞叹自己善良。并不美丽的波利娅在法国绘制一些慈善馈赠的纪念品，帮助穷人，教他们唱歌，听从德行高尚的英尼斯女士的教诲。她恨维亚尔多。她怎么都想不到，因为她，在她全然忘记的俄罗斯，父亲会这么狂躁不安。她根本不认识托尔斯泰，她更关心的是她是否会被允许在舞会上跳舞。

*   *   *

屠格涅夫去信告知伯爵夫人吵架的事。他承认了自己的过错。他讲述了事情的全部原委承认争吵的原因在于由来已久的不喜欢，对托尔斯泰的排斥。不知道伯爵夫人是怎么回应这封信的，但他们间的关系总之是起了些许变化。她本人经历了深深的震撼：她唯一的儿子死了，兄弟也离世了，自己也百病丛生。以前她是一个"抚慰别人的女人"，现在她自己却需要安慰和支持了——屠格涅夫出于友情的善意做了该做的，但她依旧觉得他做得很少。他开始厌烦她，她的哀伤像"一堵墙"横亘在他们中间。她封闭自己而遁入宗教，她觉得他"充满了尘世生活并献身于尘世"。屠格涅夫回复说，假如他没来得及伏身于超自然的东西，那尘世的一切早就离他而去（至少在他看来是这样）。"我身处一片旷地，这旷地让人朦胧不清和不堪重负"。

皈依宗教，就像伯爵夫人那样，对他来说已经全然没有可能。他不信教，也不会为此伤悲，正是现在，当他看到伯爵夫人是带着怎样的人格尊严经受自己的苦难的时候（然而，她也需要他人的安慰），他近乎恭敬地看待她对于宗教的恭顺，但他不认为自己是一个基督教徒，或者，更准确地说，他不自称是。他具备的是灵魂的宗教情怀和崇高的向往。"有信仰的人拥有一切，什么都不会失去；而谁不具备信仰，他就会一无所获。"——这是屠格涅夫的话。"为了自己什么也别奢望，什么也别期待，对别人寄予深深的同情——这也就是真正的神圣。"如果他在自己身上没有看到后者，他就会在伯爵夫人身上对其极其珍视。这也就将他置于谦卑的位置。

驯顺对他来说是必需的，困难从四面八方压过来，《父与子》招致的一切超出他可能忍受的限度。这些抨击让屠格涅夫忧痛交叠。他知道自己是正确的，但他不具备足够刚强的性格，而是莫名地屈从，泄气。自从成了一个被宠爱的人之后，他过于喜欢爱与崇拜。他也曾试图反驳，但似乎并非总能有足够的坚定和年轻人论战。总体上他已经觉得自己老了，新一代不认可他并恨他。他的勤苦、白发、岁月，让他得到的是诽谤。他想要安宁、平和、光明——而不想要俄罗斯。这些年来，他远离了祖国。

而从另一方面，以往的，和维亚尔多、库尔塔维涅尔厮守的时光已经一去不返。应该习惯另一种生活。显而易见，他在这里比在文学里得到的多得多。最初出现在《贵族之家》当中的，在丽莎身上显现出来的那股温顺的细流正在蔓延——也许，不无伯爵夫人拉姆拜尔特的影响。当然，他没达到伯爵夫人拉姆拜尔特在季赫温修道院给他写信的那种情绪，他能写下的只有："看着一张美丽的年轻面孔，我对自己的思考也很少，对这张面孔与我之间可能发生的关系的思考也很少，似乎我是谢佐斯特利斯[1]的同时代人一样。"这已经说明了一些事情。在他身上发生了很多变化。有的可以记取，有的可以原谅……心变得温软，但是维亚尔多还在遥远的地方，她没有来信，他仿佛见得到她本人，但不知怎么的，她的面目像是打上了马赛克。

俄罗斯正在过节。神父们走下讲道台念着："请画十字，东正教的俄罗斯人民。"——解放宣言里的话。许多人，包括屠格涅夫本人，都可以带着欣喜的激动重复着"现在放开"这句话——"汉尼拔誓言"所说的东西就要实现，哪怕是实现起来迟缓、艰难、粗糙，有时需带有暴力、不

---

[1] 埃及政治史中最普及的名字，后来经常出现在文学作品中。

赞同，甚至是反对，新的俄罗斯终究会出现。亚历山大二世熟知屠格涅夫，也珍视屠格涅夫，沉迷于他的《猎人笔记》。屠格涅夫在奴隶解放中所起的作用是无可辩驳的。他全身心地欢迎解放了的俄罗斯，俄罗斯也呼啸着回应他。

巴　登

　　临近50年代末，波琳娜·维亚尔多开始倒嗓了。她曾经在格鲁克歌剧《俄耳甫斯》中塑造过角色，现在不得不用更多的表演来代替演唱。这好像很奇怪。维亚尔多还不满四十岁。依照她的天性力量，依照她周正沉稳的禀赋，她淡出得为时过早。作为一个女人，她保有持久的魅力，作为母亲她也是出类拔萃，可谓"绿叶成荫子满枝"：这时她已有四个孩子——路易莎、克拉夫迪娅（迪迪，屠格涅夫的心肝宝贝，但不一定是他的女儿）、玛丽安娜和1857年夏出生的儿子波尔。也许她已经有了白发，但她是个六十岁时还被认为对男人有魅惑力的女人，步入年迈之年，也是个不失精气神的女性，她那双凸出的、美丽出众的黑眼睛依旧熠熠生辉。她最早放弃的却是艺术。她维系着屠格涅夫和丈夫对她的爱差不多三十年，却在演唱事业上这么早凋零。

　　她果敢地迎接命运，并没有遮遮掩掩，没有让自己落到被人轻贱的地步，也没有等人们对她喝倒彩。只要她还有能力唱，便能享有盛名。当她的声带颓弱下来，她便退场，为这她都经历了些什么是可想而知的，但未必她就会呻吟、哭泣。波琳娜·维亚尔多的所作所为总是非常理性的，清楚的，果断的。

她不想留在记载了她辉煌艺术成就的巴黎。假如生活变样了，就让它变个地方，人，甚至是语言。

她选择了巴登。一个撇弃法国的绝妙借口是，她不爱拿破仑（这一点既像她丈夫，也似屠格涅夫），否定拿破仑的政治制度，她能用德国的优点来解释她的这番搬迁。在这座不大的、雅致的疗养城市可以安静地生活，但却活在上流社会人群中。这里绿荫如盖，音乐氛围很浓，周边美妙如画——对于这种还在跨越某个年龄阶段的人来说是非常合适的。波琳娜准确盘算过，她可为上流阶层的阔绰女子上歌咏课，而且她们个个付费慷慨，是从全欧洲云集到这里的。

不过，他们还是先做了个踩点侦察：1862年维亚尔多一家住在巴登，一开始还是租住。两年后波琳娜告别巴黎，在诗歌剧院演唱了著名的《俄耳甫斯》，同时在巴登买了别墅并彻底搬了过来——居所宽敞又方便。

别墅坐落于一个美丽的地方，蒂尔加滕塔尔，森林密布的扎乌耶尔贝尔格山脚下。开阔的绿色地带，高雅而又柔软入心的自然景色，连带几个不高的山丘，草地……

现在屠格涅夫不得不作出选择：依旧和女儿生活在巴黎吗？回俄罗斯吗？搬到巴登吗？他感觉他在俄罗斯有了敌人，在巴黎又太空落落的，就剩下巴登了。屠格涅夫也作了番探访：1862年秋他在维亚尔多府上做客，他们在那里过得挺好。屠格涅夫顺势会见了许多老朋友，还打猎了，除此之外什么正经事也没做。这地方让他非常喜欢。他欣喜于明媚的阳光、美妙的秋日——而且明显看得出，他重又乐意去维亚尔多家的院落，他们之间似乎又有什么事情要发生——他们走得近了。岁月以及他伟大的智慧、伟大的爱情超越了许多东西，屠格涅夫的耐性取胜了。

1863年春他在巴登的席勒大街租了套房子并告别了巴黎。他迈出的这一步是成功的。就像当年的库尔塔维涅尔，巴登同样让他感觉很对胃口。他在这里受到了人们的爱戴，舒服而又安静地写作。他的苍苍白发、老爷范儿的身板，点缀在游客聚集地附近百年古树下的长椅上，其中一棵树叫"俄罗斯树"。于诗情画意中听音乐，在利赫滕塔尔林荫道漫步，向公主们和公爵女儿们行鞠躬礼，即使是那些在远方被他认为是敌人的俄罗斯学生（来自附近的海德堡大学），也经常在他散步时恭敬地围着他。

也就在那一年他写完了中篇小说《幽灵》，这是和他既有的长篇社会小说没有任何共同之处的作品。他早在1857年就开始构思这篇小说，但却是紧跟在《父与子》之后着手写的。现代气息、新人、社会性、喧嚣——他很想离开这一切。再次像在《浮士德》中，某种神秘的东西被触动了。（这条线以《浮士德》为开端，《幽灵》强化了它，并在以后不断延续。）谜一样的爱丽丝带着他环游世界，展示了（所有的悲伤，完整的速朽之躯）……而她自己则吸足了他的血。缪斯女神？有些人这么认为。这里未必有什么确定的东西。但是在描写他的被女人吮吸的血怎么流出来的时候，他大概不曾体验过何为生机勃勃，何为灵敏机智。

屠格涅夫将《幽灵》投给陀思妥耶夫斯基的杂志。公众读不懂这篇小说，就像最后一篇《够了》，在《够了》

中屠格涅夫似乎完全告别了文学。这些作品都称不上杰作，但是对于探索屠格涅夫的心路历程还是意义巨大的。

*　*　*

到达巴登的第一年就发生了一桩不愉快的事，相当出乎意料。还在巴黎、即将启程来巴登之际，他接到使馆转来的要求他去彼得堡的命令书：文件上指责他和侨民即政府的敌人有来往（指的是赫尔岑、巴枯宁和奥加廖夫），要求他对此作出解释，并以没收他的财产相威胁。

屠格涅夫去大使馆找大使，他们有私交。见到大使，他坚定地宣称他不会去彼得堡的。

"这一切很有可能以一派胡言了事。但我是一个患病的老人，我若不立马辩驳，那里会把我说得庸俗不堪。"

"老人"四十五岁。他确实患有痛风，却仍旧走了许多地方，爱社交、音乐、打猎——射击野鸡和山鹑。不用说，推辞不回去是没有根据的。但是屠格涅夫是集荣誉于一身的作家，与大使本人一样有派头的老爷。大使建议他写一封私信给皇上。

"君主爱您这个作家！直接写信给他吧，把话完全说开。"

他当真这么做了。这一切都让他受到惊扰，在他的想象中只觉得这一切很让人忧烦。但是君主待他果真很温和：他建议屠格涅夫对审查要点作出回应。

回应中部分回忆了他的青春时代，40年代和巴枯宁在柏林的友谊，他们的哲学交谈和对某个话题的着迷，1842

年与赫尔岑、奥加廖夫在莫斯科的相识，和巴枯宁娜的罗曼史以及普列穆辛异想天开的时光。屠格涅夫的音调平稳而又措辞得当。结论是这样的：是的，他不仅和这些人熟悉，而且和巴枯宁甚至成了朋友，当时后者还没有献身革命。接下来他们分手了。（至于后来他寄钱给巴枯宁的妻子，资助她从伊尔库茨克返回，屠格涅夫没有否认。）他与赫尔岑也有近交。1848年赫尔岑还不是坚定的革命者，甚至到1856年，当屠格涅夫再次出现在巴黎，赫尔岑正在主持《钟声报》，他的批评也是适度的。屠格涅夫并没有同情他接下来所走的路……"赫尔岑不再否认，开始像那些决定成为狂热分子的怀疑论者那样，夸张而喧闹地布道。"在最近几年他越来越少与赫尔岑相见，而在《父与子》出版之后，他们的关系就完全中止了：赫尔岑认为屠格涅夫是一位"冷淡的享乐至上主义者，一个落后分子和过时的人"（而当时更左翼的人恰恰也是这么说赫尔岑的）。

屠格涅夫当真曾与赫尔岑过从甚密，而且1848年时经常拜访他。但是并没有成为"特别的"朋友——屠格涅夫甚至出于善意，在描述中加深了这份友情。他也不能够详细叙述他们如何从容却又利索分手的事。赫尔岑几乎是神秘地对待俄罗斯民众和村社，屠格涅夫对这一切都持否定态度。对于赫尔岑来说，西方正在患病，俄罗斯能够显示前所未见的独特性；屠格涅夫则认为，俄罗斯要么走西方的道路，要么在粗野中夭亡——这场争论由来已久，一直到今天仍在持续。

最终屠格涅夫如是说明了自己的情况：年轻时候与革命者们交过朋友，中年时期曾经结识过这些人，有时候出于人道给予帮助，但并没有参与"谋划"，最近几年则因思想争执而分道扬镳……

枢密院对此并不满意。他必须去彼得堡。屠格涅夫不想去，能拖就拖，声称自己病了。终于，1864年他不得不动身。

这次出行对于俄罗斯这个国家说来完全没有意义，结果在另一方面成为头等重要的一次旅行：它开启了一系列写给维亚尔多的新信件，是他爱情的新的、令人震惊时段的明证。

二十一年！爱恋，火热的亲近，长久的分手，于分手中的联系，沉迷，差一点进入婚姻；相见，痛苦的嫉妒和分开，多年的痛苦折磨，复杂而又苦涩的和解之路；给人以安抚的相见、与另一颗优雅的心的书信往来；就这般，这位四十六虚岁的"老人"，享受着一等座位从巴登艰难抵达彼得堡，下榻于警察桥旁的上等宾馆。他浑身上下（重又）浸透着极纯洁、极高尚的精神至上的爱恋。和波琳娜的关系似乎一切都已经明了，一切都已经言尽。还在三年前他就觉得，过往时光已与他"彻底分离"，心已经死了，而且活在石头般的僵硬状态中——倘若复原的希望重新燃起，那它会把人"彻底惊到"的。

但是复生的奇迹就这么发生了，它的细枝末节没人知晓——是秘密，也不必去触碰这个秘密。这是一种新的关系吗？或是新的恋情形式？有一点是明白的，这里有激情、盛放、狂喜……爱情的"巴登时期"，"非常特别"的，或者是真正的、幸福的时期！

屠格涅夫去了彼得堡。他心里只想着柏林，但却去不了。"我一直像是在做梦；我不习惯这样的想法，我已经离巴登这么远了，一切人，一切物，一切的一切都在我眼前穿梭而过，像是与我无关。"他一个人坐在客厅，等待着开往柯尼斯堡的夜班火车，但无论是柯尼斯堡，还是即将审判他的彼得堡，对他来说都一点儿意思也没有。有趣的、令人着迷的事只发生在巴登。波琳娜如何坐在客厅里演奏着钢琴，唱着浪漫曲——自己的作品吗（她在巴登写过一首曲子）？或者也许是舒伯特的，比方说那首很少演奏的，让他如此喜欢的曲子：《当蛩音奏响》（*Wenn meine Grillen schwirren*）。丈夫"在小壁炉旁打着盹儿"，孩子们在画画，克拉夫迪娅画得特别好——"迪迪"，他的心肝宝贝。

终于抵达彼得堡，"Hotel de France"[1]——红色天鹅绒的家具，彬彬有礼的店役，老朋友安年科夫和鲍特金，离得很近的法庭。但到达两个小时后的夜晚，他已经在给巴登写信："不提笔写这封信我则不想睡觉，写完信我明天发走。"

第二天事情很多。第一件事情是由参议院对他进行审判，正是这个参议院的主席驱车为"罪犯"接驾。而后，各色人物挤得水泄不通。但最主要的——关于这一点他在当天就详尽地写给波琳娜了——他见到了安东·鲁宾斯坦，不仅仅是见到了，鲁宾斯坦还把波琳娜（其实并不是为了维亚尔多）的十五首俄罗斯诗人作词的浪漫曲都演奏了一遍，并赞许了这些曲子，说许多曲子让他很震惊（这些浪漫曲的荣誉就这样在屠格涅夫的书信中沉寂）。第二天，

---

1 法语：法国酒店。

践诺和出版商见面，"我们俩当即就将了他一军"，出版商当着众人面没有回避，而这一切之后，"我刚刚独自留下，强烈的思念便铺天盖地向我涌来。对在巴登所度过的宁静、醉人的生活我十分怀念……我无时无刻不在想念它，我无法不想，而且那份印象——让我梦绕魂牵——它不会丢弃我的"。

"我觉得我的幸福和满足只会出现在我回到那片富饶的土地之后，我将我人生最美好的部分留在了那里。"

"我从明天开始等您的信。啊，我收到您的信将会多么高兴！"

彼得堡的生活就这样开始了：和安年科夫与鲍特金共进午餐，去看戏；拜访伯爵夫人拉姆拜尔特；拜谒皇家音乐协会，鲁宾斯坦在那里做指挥；光临济助文学家委员会的会议，出席意大利大使高调举办的晚会。多尔戈鲁基公爵与他倾心交谈，苏沃罗夫公爵对他"高格调殷勤接待"，而这位公爵即将成为他的法官之一："您已经认识了的胖子维涅韦基诺夫向我宣称，他审理的这桩案子乃小事一桩。"反正这一切都是小事，喧闹而又炫目的一场梦，重要的是"只有当我回到我可爱的小山谷我才会觉得自己是幸福的"。重要的是波琳娜的来信不要姗姗来迟或丢失。而彼得堡，潮湿的冬天，贵族聚会的舞会，君主也在场，而且所有贵妇人的头发都扑了粉或是垂在双肩并用一根宽丝带绑着，人群里奢华的服装比美丽的面孔还要多，为贵妇人定了调的盛装打扮的彼得堡——同样是天外美景，同样是如梦似幻。

1月底他的案子得到了解决，这在他写给波琳娜的信中却只字未提，颇为有趣的是，维亚尔多扮演卡尔斯鲁尔（给外省演出的《俄耳甫斯》），但愿她不会忘记演出的日子。当她不在巴登的时候他便不想回那里。"应该说，我的幸福是我在车站能见到您——要知道，我希望，您能来接我。Das Herz mir im Leibe hupfen...[1] 我不想对此想得太多；这是一种巨大的幸福，我可能会被它不会实现的预感和恐惧所折磨……但不是！上帝是善良的，他会很高兴看到一个因喜悦而发疯的人……"

他的"案子"最终了结了。屠格涅夫（大概乘坐轿式马车）来到枢密院。彬彬有礼的办事员、法警、文牍员。鸦雀无声的大厅明亮而又华丽。守法镜[2] 后面有身份重要、穿着制服的老者，将军，枢密院官员——全都是知名人士。法庭向被告人道歉，他们不可能把他关起来的——他们怕他甚于他怕他们。他们提了几个小问题，而后将他护送到单独房间，让他坐下，给了他一个很厚的、装帧考究的簿子。

"您看吧，塞满公文的档案与您的案件有关。请您作书面回答。"

他写完了答词，便以一种阔绰的派头乘车离开，穿着华贵的貂皮大衣，持着手杖，把冻僵的双脚伸进暖和的毛皮毯子里。晚上又和某位法官共进晚餐。他是这么写给波琳娜的："我都无法用语言对您表达，我一直在想我思念您到了何种程度。我的心因感动而完全融化，只要想起您姣好的形象——我不会说，这个形象是我想象出来的——

---

1 德语：我的心因爱而战栗。
2 顶上有双头鹰的三棱镜，是沙俄官厅中的陈设物，贴有彼得大帝敕令守法的谕旨，作为守法的象征。

因为它永远不会抛下我，更像是在与我靠近。"

接下来他没能忍住，改成了德语，说他总是有深深激动的征候！"一直以来，我都能感觉得到您的手抚摸在我头上的珍贵重量，而且幸福地意识到我是属于您的，我很乐意因爱和对您的从不间断的崇拜而煎熬得筋疲力尽。"

法庭于1月28日作出判决。准许屠格涅夫出国——只是责成屠格涅夫在接到传票时迅速到庭。（他后来在6月1日被最终宣布无罪。）

3月，屠格涅夫回到了他的巴登。

* * *

很明显，他已经在这里扎根。他想定居在这里，将它视同斯帕斯科耶。他住的房子的主人们爱他，但认为他是个天真的人，kindisch[1]。比方说，这位已经上了年纪的著名作家居所的门上常别有字条"屠格涅夫先生不在家"，以此徒劳地躲避来访者。屠格涅夫先生经常光顾维亚尔多家，而且如果维亚尔多身染微恙，或是迪迪多咳嗽了一声，他就会特别焦虑，一天好几次来访、递字条。这一切做得一点"不洒脱"。

屠格涅夫自己也觉得，该建起一个安稳的窝了（在离维亚尔多更近的地方）。他决定建一座房子。

他物色了维亚尔多家别墅旁边的一片土地——1.5俄亩[2]地皮，带有果园和一片百年古树，绿荫如盖，这些让屠

---

1 德语：孩子气。
2 1俄亩等于1.09公顷。

屠格涅夫的庄园别墅（1881 年）

格涅夫非常喜欢，甚至喜欢树皮上的祖母绿色的青苔。他尤为赞叹花园中的泉水——美妙的泉水，醇厚、澄明、清凉……

这座房子是法国建筑师建造的，呈现出路易十三时期的风格，带有几座小塔，板岩屋顶，一个个敞阔明亮的房间，巨大的演剧大厅，通往半圆凉台的玻璃门。这得要一笔不菲的资金，这时掌管斯帕斯科耶的是屠格涅夫的叔叔尼古拉·尼古拉耶维奇，曾经是一位很光鲜的军官，现在是一个不修边幅的邋遢老头，一个偏爱坐享其成和对家务料理漫不经心的人：伊万·谢尔盖耶维奇连他应得的一半也拿不到。

叔叔总是哼哼唧唧的，抱怨巨大的花费并和费特一起指责屠格涅夫花钱如流水（而屠格涅夫不喜欢叔叔的脑筋不清楚，这导致了痛苦的绝交）。

房子建造缓慢，花了三年多时间。这个时期屠格涅夫与维亚尔多两个人的私生活集中在波琳娜家中。

维亚尔多的浪漫曲在彼得堡刊印了，也许还是有人愿意唱的。但她自己不仅作曲，还在巴登建起了一座典雅的音乐中心，她的花园里放置着钢琴，还挂着许多她丈夫搜集的画作。每到周日，这里就举办音乐之晨。女主人演唱，她的学生们也唱，知名音乐家伴奏。这一切都非常时尚、光鲜，听众也都是经过挑选的。

后来，当屠格涅夫的房子竣工时（1867—1868），各种集会就都挪到他的演剧大厅：在那里一切都会显得更加华美。英明的波琳娜想出了高招：组建起规模不大的轻音乐乐团，并让这里为学员的乐队演奏提供机会。屠格涅夫也觉得这事正是时候——某个俄罗斯的别波[1]在乌尔比诺的一位公爵夫人的宫廷里写作。这位已经享誉欧洲的诗人为维亚尔多的戏剧奉上了三颗奇幻的珠宝："Le dernier des sorciers"[2]，"L'ogre"[3]，"Trop de femmes"[4]。波琳娜为这些作品配上音乐。这些短剧里有很多女角，维亚尔多本人扮演一个王子，女弟子们扮演一众妻妾等，屠格涅夫演吃人兽、魔法家、巴夏[5]。表演很细腻，很具备艺术性。国王威廉、王后奥古斯塔、巴登大公爵、王子和公主、上流社会的太太、声名显赫的外国人、演员、俄罗斯大公，他们都曾寻欢作乐于孔威萨奇昂斯佳乌斯[6]或漫步于利赫滕塔尔林荫道——现在都汇集到了演剧大厅。晨间演出的活动进行得很顺利（有场演出甚至被转移到魏玛，转移到真正的剧院——仿佛是歌德盛世的复归。李斯特来为波琳娜的乐曲润色），能参加这样的聚会是一种荣幸！能耳闻维亚尔多的演唱，一睹上流社会小姐们的表演很愉快！再看一眼著名的俄罗斯作家，看他扮演魔法家角色中的一只白熊，特别滑稽好笑。

波琳娜得到的奖品除了热烈的掌声和学校的宣传，便是皇室的礼物，比方说，她得到的是手镯，路易·维亚尔

1　此称谓取自拜伦长诗《别波》（Бенно，1818），说的是在威尼斯的一个狂欢节中久别的丈夫回家，发现妻子已经有了外遇，然后一杯咖啡平息风波。
2　法语：《最后一个魔法家》。
3　法语：《吃人兽》。
4　法语：《太多的老婆》。
5　巴夏，也叫帕夏，是奥斯曼帝国行政系统里的高级文武官员的称号，也指有这种称号的人。
6　巴登的一处公众聚集的场所。

多获赠的是一只极其美丽的花瓶。屠格涅夫没有获奖。有时候他很快乐，也很幽默，经常是兴高采烈地促成波琳娜的成功，但有时候却很忧伤。"应该意识到，还是有东西触痛了我，每当我以巴夏的角色身份躺在地上，我就会发现我们的皇储们嘴角挂着一丝轻蔑的微笑。"但是他又补充说："然而我们演的戏却非常可爱和令人愉快。"

屠格涅夫从巴登写给伯爵夫人拉姆拜尔特的第一封信中就已经有了担忧，他担心他们的通信和友好关系会中断。他说得没错，他们俩在许多方面的差别加大了。伯爵夫人不怎么喜欢他写下的《父与子》，尽管有别于年轻人对这部小说的不喜欢。她期待他能为百姓写出一本"质朴的和描述道德伦理的中篇小说"。（屠格涅夫神采飞扬地捍卫自己的艺术自由：我写我想写的东西——只有情有所钟，才能触摸到艺术的本真。）她觉得他在疏远祖国。在她的神秘心情下她感觉他离信仰太远了，最重要的是，他把女儿从祖国带走了。关于祖国，他自己也向她承认："俄罗斯对我来说已经疏远，我都不知道该如何言说我的祖国。"他反对有人指责他的女儿，不无激动地说："我不仅'没有从她那里夺走上帝'，而且我自己会领着她去教堂……如果我不是基督徒，这是我个人的事情，大概也就是我个人的不幸吧！"

当然，重要的是他和维亚尔多的关系发生了变化。他找到了一种温柔的"无间相处"的方法，于是情欲再起。诚然，说起这件事他很低调："大概是因为我的要求变少了，也许是因为那里（巴登）有了我真正的巢穴，只是我发现，不知从何时起，我得到幸福要容易得多。"但要知道他不

屠格涅夫像（1865 年）

能明确地向公爵夫人描述他是多么地爱维亚尔多。

　　无论如何她曾经给他慰藉，只是这份慰藉他现在已经不需要。伯爵夫人拉姆拜尔特无论什么时候都无法与维亚尔多匹敌——甚至在他最艰难的时候。现在是二十年的伟大爱情最终战胜了迷离而又细微的感情。他给伯爵夫人拉姆拜尔特写的信变得稀少，写出的句子是："就您的若干表达我应该作出结论，您自己选择了最好的沉默。"接下来，已经是1864年："我非常感谢您的来信，尽管您责骂我并向我道别。"

　　眼看着多年的、纯洁而又美好的感情逝去，是让人难过的。来往书信已经停止——已经是什么也不能再让通信恢复了。在屠格涅夫孤单的时候，慰藉者是需要的，但随着维亚尔多的走近这已经不需要了。在最后一封"诀别信"中他建议伯爵夫人这么做：假如她遭受到深深的震撼之后，想彻底与给她带来痛苦的过往告别，那就不要再回信给他——他会明白的。

　　他很想尽可能低调：别从"底部"捞任何东西上来，而是建起一种友情信件的简单交换，谈谈生活中的事件。

　　这是无法坚持的。伯爵夫人沉默了，也许，在她那份悲戚而又几多清冷的纯洁中还有几分对屠格涅夫的不满。把事情推倒重来，这种逆转是不可能的。她永远偏离了他的道路。接下来再也无从得到有关她的消息，但她的面目将永远铭刻在他的脑壁，于他写给她的每一封信中透着亮光。

　　关于她我们还知道的仅仅是她在1883年先于屠格涅夫离世。

* * *

 这下子，维亚尔多近在身旁——维亚尔多处于一个很享受的位置，像是有所"回应"，像是"允许"他爱她。大自然、森林、绿地。心满意足，随心所愿。他自己的房子建造缓慢，但最终建成。将常常光顾那里的是普鲁士国王，前来看望的有忠实的朋友——波隆斯基、费特，还有德国友人路德维希·皮奇——一位狂热地崇拜屠格涅夫的文学家、批评家。他经常去巴登做客——而且和维亚尔多也颇为交好。在新的房子里总有一间在等着他："la chambre de Pietch vous attend."[1] 在花园，在他钟爱的小溪旁，有不大的橱窗。在那里总是可以和那位皮奇喝茶，欣赏山景，繁茂的森林，绿色的蒂尔加滕塔尔草地，遥远处某个有古旧城堡的废墟——伊菲茨盖玛的，还有其他的。屠格涅夫滔滔不绝而又心怀善意地讲述着，他身穿居家外衣——别看他是个西方派——有时候也穿一件俄罗斯斜领衬衫，外加一件长礼服。皮奇像崇拜神一样听他讲述。对于一个诚实憨厚的德国人来说，屠格涅夫的每一句话都十分金贵。他们谈论着艺术、俄罗斯、文学。临近早餐时还在讨论着翻译的难点——《烟》或是别的作品。在用木头装饰的餐厅里用早餐，窗户朝向一片绿色的旷地。书房挂着荷兰画家的画作，图书馆并不像斯帕斯科耶的，但终究是图书馆。花园和篱笆后面住的是相处亲密的邻居。下午屠格涅夫经常去那里，有时候仍只穿着那件斜领衬衫，就像回家一样

1　法语：皮奇房间在等着您。

随意。略微拄着手杖，捋顺一下自己的白色卷发，脚上穿着柔软的鞋子：痛风又开始了，时常折磨着他。跟在他身后的是毛发蓬松的珀加索斯。老维亚尔多在做着什么活计——著名的作家友人把整个一家子都"俄罗斯化"了：波琳娜在给俄罗斯诗人的词作谱曲，路易在将俄罗斯诗人和屠格涅夫本人的作品翻译成法语。小女孩们已经长大，有的在唱歌，有的在画画。为给屠格涅夫过生日，迪迪还会画出漂亮的画作《至善的人家》作为献礼。家里常常有别人家的小女孩：波琳娜在教她们唱歌呢。有外国学生，也有俄罗斯学生。一位年轻的、欧洲最富有的新娘之一的俄罗斯伯爵小姐从卡尔斯鲁厄坐车前来，花大价钱来上课。（她没有成为歌唱家，但是维亚尔多对她的人生产生了很大的影响。）波琳娜头发花白，但生机勃勃，大方得体，一双黑眼睛炯炯有光。如果伯爵小姑娘没有把练习做好，她会不满，眼神也会失去温和。

"我做不了，维亚尔多太太——我做不成……这太难了。"小姑娘嗫嚅着，很难为情的样子。

"再试一次。您再练一遍。"

"这个音我好像唱不了。"

"不，您是能唱的。"

波琳娜·维亚尔多知道该怎么教学生，她们便重又开始练习。

有时候门被小心翼翼地打开，门槛上站着身材高大的屠格涅夫。他手里牵着他的珀加索斯。维亚尔多同样是不无严厉地看着他，他的脸上带有几分内疚的表情。她继续教课。

"只要不让您的狗发出声来。劳驾。"

屠格涅夫乖乖地坐下，一副谦卑的样子。他吓唬着珀加索斯，它安稳坐在他脚边，伸着长长的粉红色舌头。它经常喘着粗气，肥厚下垂的嘴唇往后收着，用一双聪明的眼睛看着伯爵小姐。有时候还会轻轻地尖叫几声。主人惊恐地捂住它的嘴，把他平常挂着的手杖放置在一旁。

"哎，就这样啊，您看到了，现在您已经有点儿上道了。您别以为艺术是个很平常的东西，在哪个环节都需要意志力，应该克服自己的畏难心理，这样才能学成。我跟您说的您应该做到，这样一切就会有好的结果啦。"

如果这是8月或是9月，屠格涅夫会和路易·维亚尔多外出打猎。巴登不比斯帕斯科耶：没有阿法纳西和波列西耶，但有的是上等的野鸡、山鹑。猎人们碰到一起都盛装打扮，有封号的还领着有封号的狗。但是屠格涅夫的珀加索斯同样是身份不低。比方说，在奥芬堡城下，从森林中走出一队猎人去林边，前面是田野。珀加索斯拉车直奔土梨树丛。近旁的狗什么也没嗅出来，而它带着路——像是不想丢面子——突然出现了一只可怜的兔子。但珀加索斯举止自信，踞地作势。两只绝好的野鸡从它身下冲了出来。但若要是打偏了的话，又会是多么可怕。那么一位已经不年轻的身材高大的人定会扑到地上叫唤着："天啊，这以后可怎么活呀！"

每到晚上他都和皮奇一同去维亚尔多家。那里有真正的音乐：贝多芬、舒伯特、女主人的歌唱，久久的交谈。一点以前，或是两点前都不会散。常常是回到家以后，皮奇和屠格涅夫又到花园里去交谈——林中猫头鹰发出叫声，屠格涅夫的小溪在潺潺流淌。梨树核桃树簌簌有声，珀加索斯仔细地谛听着、嗅着、低吼着，打着响鼻。乳白色的、富有浪漫情调的雾在远处轻曼地飘动，天上的繁星、不应声的月亮，兴奋不已的皮奇。

一派平和的田园风光！让人似乎觉得，生活已经很圆满，很睿智，活在诗中、爱中、艺术中、书本中——远离喧嚣和闹市。

但生活中也有别的。巴登并不只是有群星璀璨和舒伯特的悠扬乐曲直抵屠格涅夫的心，也还有"现实问题"以及对这些问题日积月累的痛苦体验。那颗心依旧还有毒液在浸润，给人带来不快！

写完《父与子》屠格涅夫心中就失去了宁静。与维亚尔多的关系已经调整好，而俄罗斯、文学那里总出岔子。无法忘记的侮辱总在心里滋长，仇人的数量并未减少。不仅是涅克拉索夫和《现代人》，卡特科夫和他的《俄国导报》也成了敌人，俄罗斯的事情就是让人一时喜来一时恼。

年轻人的荒谬的傲慢自大，"左派"、虚无主义的嚣张，还有正在酝酿的涅恰耶夫现象[1]，而另一头"上流阶层"、官宦、愚民政策，也没好到哪里去。

从复杂而痛苦的感情中产生的《烟》是巴登时期最主要的作品。这部小说融入了屠格涅夫年轻时就已经有的特点——冷酷讥笑与蔑视、恶毒，比这些更糟糕的是嫌恶、鄙视社会和人。他抨击了所有人：将军和政治家，古巴廖

1　涅恰耶夫现象因涅恰耶夫（1847—1882）而得名，指的是俄国革命中的集权性人格。

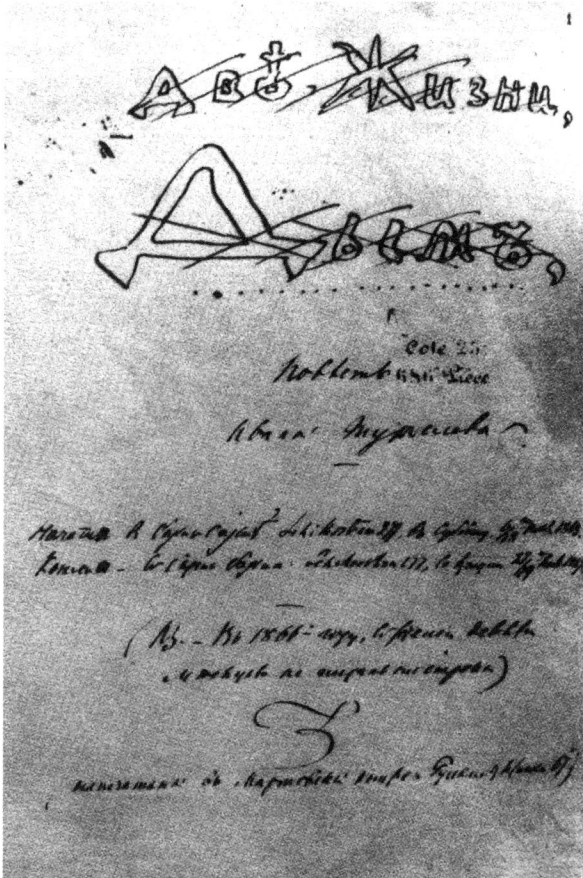

屠格涅夫手迹，《烟》标题页（1876 年）

夫[1]之流和年轻人，夸夸其谈者和假先知。只有一样东西是崇高的，那就是爱。小说中只有爱被神圣化了，是饱蘸情怀书写的，而这是一种情欲之爱，是摧毁，是一种灾祸之爱，病态的爱。伊琳娜与利特维诺夫——只是围绕着他们而烈焰腾腾——对别的人都不给予宽恕。"善良的"，曾经善于温存体贴，善于帮助别人和吸引人的屠格涅夫在这里却很残酷。在《烟》中很少仁爱精神。应该补上一句，正是这种刻毒、非仁爱的东西才让他不得成功。果戈理居于伟大的讽刺之上，这种讽刺也是悲剧性的，而屠格涅夫的嘲笑是渺小的，是无法与他的很多优秀作品相提并论的。

但《烟》依旧是一部非常出色的长篇小说，这是一部双面的，并不成功却又成功的，展翅飞翔却又被压制着的小说，它映现出了小说的创造者是一位有着两副面孔的雅努斯[2]。在《烟》的空气中，在精神心绪中，"一切都是烟"，一切都是从火车头烟囱冒出的白色碎块，无声息地四散开去，它是巴登的屠格涅夫生活的一个侧面。如何将这种心绪与他对维亚尔多崇高无比而又最最温柔的感情相联系呢？

1867—1868 年间他又去了一趟俄罗斯——因斯帕斯科耶的事务（钱财方面的）。他又去了柏林，去了彼得堡，见到了德国的艺术家，拜访了彼得堡的安年科夫一家、姆岑斯克的鲍里索夫一家，还有购买了他的小树林的奥廖尔商人（他开始从这片小树林的进款为"迪迪的嫁妆"存钱）。他认识维亚尔多已逾二十五年。这就是他于丰富多彩的旅

---

1 在屠格涅夫看来，古巴廖夫是农奴制的守护者。
2 古罗马神话中的双面神。

行中写下的文字："疼惜一下您可怜的朋友吧！——尤其是疼惜他与您的离别。什么时候的分别都不像这一次让人内心沉重：我夜间哭了，流着痛苦的泪水。""啊，我对您的感情太过崇高和激越。我不能再、无力再过远离您的日子……""您的双眸没有抚照到我的那一天，对我来说便是若有所失的一天。"

　　同样又是发生在1864年的事：生活事务、叔侄结账、用他的斯帕斯科耶资材盖的学校、庄稼汉们、"斯帕斯科耶的两个牧师也来看望我，他们穿的靴子散发出焦油味"——这一切都是琐碎小事，无聊，多余。而就在彼得堡："我带着温柔之情走过您在彼得堡下榻过的楼房，它唤起我多少的回忆啊！这已经是很久以前的事情了，四分之一世纪了，而我却如此鲜活地铭记这一切……这是因为这些回忆与其他记忆相关联，这些记忆一直持续到今天，几乎没有中断……"痛苦的岁月能够忘怀吗？库尔塔维涅尔的苦难、写给伯爵夫人拉姆拜尔特信中发出的呻吟忘怀得了吗？而留下的是："也没必要跟您说，我曾多么想念巴登，就是现在也特别想念巴登。只有当我回到那里时，我才会幸福。"

　　真好比两个世界。在一个世界里活着涅克拉索夫们和古巴廖夫们，卡特科夫们、苏罕奇科夫们和巴姆巴耶夫们。报纸、财务、家事、争吵、政治，也许还有进步，这可能就是他的故国。在这里永远都可以期待侮辱、误解。总是要不停地安排一些事情：从叔叔那里得到更多进项，将女儿嫁出去，听取陀思妥耶夫斯基歇斯底里的攻击（陀氏曾来巴登拜访过他，因屠格涅夫的老爷做派而愤怒，让其恼火的还有自己欠着屠格涅夫的钱，以及《烟》的西方派观念和屠格涅夫的四轮轿式马车）。这个世界在腐蚀人，让人变得肤浅，在助长虚荣。

在另一个世界——"只有在您的脚边我才能够呼吸"——波琳娜·维亚尔多、伊琳娜、爱的无限、山峦、绿地、泉水、群鸟、巴登上空的繁星。爱情与大自然——这真的让他生机勃勃。

屠格涅夫一只脚在这里，另一只脚在那里，面对最后秘密的景象：死亡的神秘越发顽强地进入眼帘，屠格涅夫生活在巴登，也许他不反对在那里，在奥斯河畔，在日耳曼鲜绿的国土过完自己的人生，就像歌德、彼特拉克在沃克吕兹，彼得罗·本博在帕多瓦附近。

但是一切却成了另外的样子。平静的生活结束了，爱情再一次欺骗了他。

屠格涅夫像（1867 年）

灾　祸

　　1870 年 6 月，屠格涅夫写信给他的友人马斯洛夫，一个忠实实现受托之事的人："人生中上帝是自由而为的，假如我猝死，那么你应该知道，留存在您身边的股票是我为我亲爱的克拉夫迪娅·维亚尔多买下的，就此您应该做的是，如果发生任何灾难，请将其带到巴登-巴登市，递交到波琳娜·维亚尔多太太手中。"

　　这封信上打着斯帕斯科耶的标记。屠格涅夫经常在夏天去俄罗斯，如今却总是只为一件事：卖掉某个小树林，"一小块土地"，等等。为了在巴登生活无忧，钱是必需的。这些钱对于维亚尔多一家也是有用的——姑娘们长大了，不得不为她们考虑嫁妆的事。这就是屠格涅夫的乡村生活："我在这里过着双重的生活：文学部分——反复修改和重新构思我的小说；第二是财务方面的——卖掉几小块土地，全都是为了从中多提取一点'钱'。"

　　斯帕斯科耶村这个时候当是黄金时段。太阳投下的光斑遍布公园，草场芬芳袭人，有蜜蜂和野草莓，斑鸠啼鸣，丸花蜂嗡嗡。"而四周是两百亩此起彼伏的黑麦！当你进入某种静止的状态，这一切看起来是庄严的，漫无边际的，迟钝的，在这种状态中连接成一体的，既有生命，也有牲畜，还有上帝。"

他正在深度加工的小说是《草原上的李尔王》，又是故园时光，年少的回忆，一片片田野，黑土地，瓦尔瓦拉·彼得罗夫娜的影子，这回这影子不再让人恐惧。巴登很远，维亚尔多也很远。并不能说他和维亚尔多之间一切都很平和，也曾出现过阴影……而且这一时期见不到从斯帕斯科耶写往巴登的信了。在屠格涅夫身上终究是看不到特别阴郁的东西的，他很平静地工作和"交易"，也许在沼泽地已经捕获第一批野鸭，大概他没有特别关注报纸，就在这时他心爱的欧洲事件频发。在斯帕斯科耶黑麦的一片喧闹中，在巴黎、埃姆斯、柏林，在拿破仑三世、德·格拉蒙公爵、俾斯麦和那位在屠格涅夫别墅听了短歌剧的国王威廉本人之间，发生了秘密的最头等重要的事情。关于这些事"我们"只是在听到射击声传来的时候才知道。

屠格涅夫像往常一样，处理完乡村的事情之后，便去了彼得堡。当他在列斯内的安年科夫那里用午餐的时候，当他和波隆斯基友好交谈的时候，法国外交部长以最后通牒的方式向普鲁士施加压力，表示不能让头脑简单的德国王子登上西班牙王位（法国曾经表示愿意给他提供合适的"位置"，并许诺有不错的薪水）。这边屠格涅夫在彼得堡给朋友们朗读小说，而那边十分自信的法国人非常固执，威廉不是很想发起战争，但俾斯麦和莫尔特卡恰恰相反，他们绞尽脑汁地挑起战争，而且终于得逞了。

曾几何时，屠格涅夫在巴黎经历了革命，此刻他又赶上了战争。

他从彼得堡到达柏林时差一点陷入征兵总动员，不管怎么说他是落入了战前的慌乱，大概是不无艰难地抵达巴登，总算是及时到达，因为很快火车就完全停运（对个人）。战争占据了一切。

别无他法。德国耍了场大把戏。与法国作战并不同于和奥地利或丹麦交战。法国被认为是第一军事强国，但是德国人相信自己年轻气盛，孔武有力，纪律严明，并能就此赢回所输掉的账。他们的动员是无可指摘的，夺路前行像是在做演习，各路大军集中火力，比法国军队更快更到位地全面铺开，攻势的猛烈程度上也是他们占了优势：战争成功打响。

在巴登，屠格涅夫遇上了复杂的情况。维亚尔多夫妇是法国人——"敌人"。诚然，他们不同情拿破仑，但某种意义上他们依然是敌对方人民的代表。与此同时，波琳娜新结识的朋友，一位巴登大夫，一个德国人，成了维亚尔多家的常客。他介入她的生活，如此亲近，以至于非得像维亚尔多的丈夫那样隐忍才能够忍受——是的，屠格涅夫也已习惯了很多东西。（屠格涅夫的反抗也只能是消极的——这就是他在斯帕斯科耶没有写信的原因。）因此现在法国人、俄罗斯人、德国人同时出现在巴登。大家都处于焦灼不安之中。家庭的混乱，种族的混杂，男人们关系的紧张，战争——一直让人惶惶不可终日，人们不再有安居乐业的感觉。巴登离边境不远，战争一打起来，真不知道情况会如何。但是法国的荣耀是伟大的，他们担心它遭到侵袭。显而易见，大家都活得无所适从。1870 年 7 月 20 日屠格涅夫写信给米柳金娜："我们已经做好应对一切的准备，必要的时候我们将撤走，去符腾堡——坐轿式马车前去，因为所有铁路交通都已经切断。我说'我们'，也就是维亚尔多一家和我;我和他们分不开。"

"最初,法国武器的胜利是毋庸置疑的,只要战火不席卷整个欧洲!"为此屠格涅夫和维亚尔多计划"乘马车"逃离巴登,躲开法国人,躲开据称要越过莱茵河的"土著兵"[1]。

然而战火的蔓延明显不像性情平和的演员们想象的那样。德国很快就掌握主动权,并集结了大量兵力发动了进攻。而法国人就像俄军在克里米亚战争中一样毫无准备。部队由无能的将军指挥。军队供给不好,武器太差,机动能力跟不上。战事进展非常快,组织乏术的法国军队以单个军团撞上了德国精良的火力,并惨遭失败。(麦克-马洪[2]躲在弗雷什维涅尔城下,弗罗萨尔[3]则在弗尔巴赫城下。)总指挥巴赞于梅斯地区败退,逃往凡尔登,8月18日战斗激烈起来——格拉维洛特战役爆发了。我们甚至不明白,这是谜一般的巴赞想要的还是不想要的。由于撒克逊人的迂回包抄,法国军队可以说溃不成军。现在屠格涅夫与维亚尔多夫妇没有什么可为巴登担心的了。法国军队溃退了,巴登令人兴奋地响起了钟声宣告着胜利。巴赞(及其整个军队)被锁在梅斯,斯特拉斯堡围攻开始了。而9月2日发生了空前的战争丑闻——色当城下大反击,法国人直接落入陷阱,拿破仑本人当了俘虏。

屠格涅夫和维亚尔多夫妇起先完全站在德国人一

---

1 指法国殖民军队中的阿尔及利亚步兵。
2 麦克-马洪(Patrice Mac-Mahon,1808—1893),法国元帅,后为法兰西第三共和国总统。
3 弗罗萨尔(1807—1875),法国将军。

边——出于对法国体制的反感，对色当战役德国取得胜利的欢迎。但是，说实在的，屠格涅夫的赞同本身已经伴有焦灼。（"我不隐瞒自己，前路并非玫瑰花铺就——战争征服欲掌控着整个德国，它并不是特别令人宽慰的一道景观。"）斯特拉斯堡的炮轰完全不能让他高兴起来。在9月写给皮奇的信中他非常清楚地明说了："帝制的坍塌对于可怜的维亚尔多来说是最大的满足。当然现在他更加痛心，但是他应该充分意识到，这一切都是法国人咎由自取。至于我，一如您非常了解的，已经调整好心态，因为如果法国人胜利将是自由的毁灭。只是不该焚烧斯特拉斯堡。"

屠格涅夫肝肠欲断的时候也临近了：法国，波琳娜的祖国被毁灭了，那个曾让她经历过风风雨雨的库尔塔维涅尔也被击溃了。如果说拿破仑不好，那么俾斯麦和所有普鲁士军队都是愚蠢和粗鲁的，更让人生厌。屠格涅夫爱德国，但爱的是《阿霞》和有海德堡的德国，有巴登的德国，歌德式的魏玛的德国。这个德国在战争的胜利中成为过去。曾几何时，屠格涅夫在巴黎王宫读到有关美国成就的书，第一次感受到了政治体制的魄力，这种体制现在已经亮相欧洲，其强大的震慑力粉碎了旧的虽然有缺陷但也充满着艺术气息的法国。

立下遗嘱嘱咐马斯洛夫将股份归迪迪所有的同时，屠格涅夫想到了自己的死——他指的是这一灾祸。生命呈现给他的是另外一种。

在维亚尔多家，大伙儿为德国伤病员忙碌着，战争让人们远离了剧院，乘马车去巴特维尔德巴特（Bad Wildbad）已经没有必要。但路易与波琳娜·维亚尔多终究是法国人，在人所共知的时刻（很快就降临了）他们不得不离开巴登。宁静的田园生活结束了。不仅仅是离开，而且是财富的失去。维亚尔多夫妇收拾齐全并离开此地——如此匆忙，显而易见，却又那般心情沉重，因此很多东西没有照看周到。比方说，那位神秘大夫于混乱中从维亚尔多那里偷走了屠格涅夫的全部来信（1844—1870 年间的）。

屠格涅夫自己则有点拖拖拉拉，因为病痛的原因（这些年痛风已经让他很痛苦）。但一个人在巴登是待不下去的，10 月底他收拾行李，11 月人已经在伦敦，同时到达那里的还有维亚尔多一家。

伦敦的阴霾、大雾，很冷的住宅，疾病，半是侨民的生活……波琳娜在上课，在什么地方公开演出，表现得精神焕发，勇敢果断。一切都落在她的肩上。她的名气和活力搭救了她：课程仍旧收费很高，一小时一百法郎——家庭生活水准没有下降。

而在法国，战争在持续，甚至外省也都在组建军队，巴黎被围困，被攻占，德国人一派耀武扬威之气势。

屠格涅夫在伦敦度过冬季，二三月份去了彼得堡——再次去讨钱，现在不得不考虑的不仅仅是维亚尔多，还有他自己的女儿（于 60 年代中期嫁给了法国商人布柳耶尔）。也许是因为战争，布柳耶尔夫妇落入了濒死的边缘。友人马斯洛夫再度出现。"亲爱的伊万·伊里伊奇！安年科夫将我女儿的信发给了我，这封信全都是号哭；如果她不能很快搞到四千法郎，那她和丈夫就死定了。"接下来就很明了了，拍卖卡德诺耶领地，可以"挪出两三千卢布"——只是要卖得掉。

这次来访彼得堡与以往来时的不同之处在于，所有的友人间的聚会、上流社会的社交、宴请和演讲都是在战争的背景下进行的。（俄罗斯社会站在法国一边，他们为巴黎被攻占感到遗憾，对和平、赔款等条件感到惊恐。）屠格涅夫给在伦敦的波琳娜写下了这一切，他写得冷静、低调，完全不像 60 年代他从这里写给巴登的那些信的语气。没有以前的敞开心扉，没有喜悦……难怪神秘的医生于战前每天都坐在波琳娜身边，这并非没有理由。纵然他现在不在伦敦，但他毕竟存在过，而且久久地存在，让人怎么也忘不掉——他偷走了屠格涅夫所有的过往信件：实际上，他偷走了屠格涅夫的完整人生！

可以从这些彼得堡信件（1871 年 2 月到 3 月，最后几封是写给维亚尔多的）中了解到许多：首都人们的情绪，音乐会的演出，鲁宾斯坦、作曲家谢洛夫、安托克利斯基的情况，《草原上的李尔王》的成功，还有公爵夫人叶莲娜，等等。只是对屠格涅夫的爱避而不谈：它像是被一层轻薄的，但无法察觉的忧郁之面纱所遮掩。

屠格涅夫春天时回到了伦敦。法国已处在绝望之中，推翻拿破仑的力量尚显不足，沉重的失败感还在寻找突破口——更加血腥的突破口。公社在巴黎延续着 1848 年那场让他难以近观的革命，巴黎在躁动，在呼啸。德国人幸灾乐祸地观望兄弟相残的谩骂——此时此刻，梯也尔[1] 和凡尔赛军不得不予以镇压，从圣克卢这座惊慌失措的城市的高

---

1 路易-阿道夫·梯也尔（1797—1877），法国政治家、历史学家。1871 年 8 月 30 日至 1873 年 5 月 24 日任法兰西第三共和国首任总统，在其政治生涯中充当了残酷镇压巴黎公社的罪魁祸首。

层开始，到去了伦敦的屠格涅夫那里，就像到去了鲁昂的福楼拜跟前，传出的只是这场新战争的呻吟声。从这场战争，甚至从远方得来的印象都很恐怖（就像福楼拜所感觉到的）。屠格涅夫只觉得法国已经是"片甲不留"。

但是，无论是法国，还是巴黎，都没有就此平息。梯也尔大开杀戒，制造了血流成河的惨景，城市的几乎所有工人都丧命了（农民和小私有者的法国完胜），但是巴黎完好无损，尽管在轰炸和战斗中受尽苦难，鲜血很快被擦干，死去的人被忘却，一幢幢楼房已经盖起，马路在修筑……生活在进行，和约在缔结。赔款——没有特别的难处——正在开始。出乎所有人意料，一个国家很快将又是兴盛繁荣。维亚尔多临时返回巴登，在那里尽其所能进行拍卖，屠格涅夫协同而行，卖掉了自己的房子，这座让他极尽操劳，每个地方都精心营造的房子，也许他曾打算在那里度过自己最后的岁月。而重生了的伟大巴黎重又接纳这个奇怪的俄法家庭。12 月，家庭所有成员已经来到杜艾街。

别人的灾难很少触痛屠格涅夫。不管怎么着他对法兰西"事件"不作回应。内心生活按照自己的特殊路径在行进。在新的居住地，经过折磨、流亡与诸多动荡的他（很快便勃发生机），写下了最后一篇发生在这里的中篇爱情小说《春潮》，就像伴着农民解放时期创作的《初恋》一样，这部小说与战争根本没有关系。早已逝去的法兰克福、糖果店、美不可言的犹太女子（在这里变成了意大利女子杰玛）又回到了记忆中，再次出现了"致命女郎"。再次展示了爱情的"可怕"力量，女人的主宰与霸道，男人的懦弱与耻辱。曾几何时，佩图什科夫毁灭于面包店老板娘身边，而后是"阿列克塞·彼得罗维奇"屈服于卑微的女舞蹈家，利特维诺夫为了伊琳娜抛弃未婚妻，而现在，萨宁陷入一场"爱情病"，主要特征仍然没有消失……

《春潮》是一篇深刻的屠格涅夫式作品，是命中注定的作品，非常重要的小说，它诞生于重大的心灵事件，难怪他在彼得堡写信给波琳娜，谈说刚刚被运送到艾尔米塔什的斯芬克斯："我特别想让维亚尔多看看这尊斯芬克斯。"

他自己在生活中对此已经有了足够多的玩赏。

巴 黎

　　也许比起当时忍受阿里·舍费尔（此人导致波琳娜第一次离他而去），屠格涅夫忍受德国大夫要更容易些。战争对巴登生活的毁灭终究与他的内在心绪相吻合。后来他不带指望地调节了自己的心态，再次走近波琳娜：他五十四虚岁，她满五十，但他觉得自己要衰老得多。而且当他病倒在伦敦，维亚尔多却举家走人，说是因事离开，留下他一个人时，他未必能坚信自己还年轻，还被爱着。"毫无疑问，世界上有的只是不幸。"他曾在给伯爵夫人拉姆拜尔特的信中这样写道。尽管巴登一片鲜绿和阳光明媚，但他仍然没有改变自己的想法。这些客观原因已无法让他离开维亚尔多。

　　在巴黎，等待他的是一座庄严的墓地。他又和波琳娜生活在了一起，住在杜艾街，住在庭院与花园之间的独栋宅邸的顶层，下面一层住着维亚尔多。偌大的沙龙、客厅、画廊——一切布置得舒适甚至是奢华。波琳娜在这里上课，组织音乐晚会，接待宾客。通往楼上的是深色木质楼梯，屠格涅夫拥有四个房间，虽较为简朴，但依旧家具齐全。（他爱整洁：桌子收拾得很仔细，家什摆放得井井有条。他讨厌到处乱放的纸张等。）他住的房间里有一架不大的钢琴，有许多书，还有他喜欢的人物肖像画和其他画作。

而他自己现在已是一尊"历史纪念碑"（集所有荣耀于一身），一位声名卓著的朋友，但已经赋闲，白发苍苍；一个恭顺的人，已经彻底投降的人。俄罗斯朋友，有的是熟人，有的甚至都不认识，却经常"高攀"来看他。可以一大早就来，可以中午来，从楼下进来还要经过维亚尔多太太的检查——来一次并不容易。常来光顾的有作家、画家，类似拉夫罗夫的大胡子侨民，还有完全不知名的访客。有的人一连好几个时辰与他交谈，另一些人带着草稿前来，还有一些人索要介绍信，再有一些人要钱用于办革命杂志。据清单得知，俄罗斯第一作家像是一位俄罗斯驻巴黎使节。维亚尔多夫人不得不忍受他那些衣冠不整、头发蓬乱的客人，尽管这并不令人高兴。没有谁害怕使节本人，留在俄罗斯人记忆里的是头戴花边发饰的白发太太，她的一双黑色的、巨大的眼睛，炯炯有神，面目冷峻，在楼下发号施令。

这位俄罗斯使节表现出很大的耐性和沉郁的善良，对任何人都是有求必应。给人家写信，恭顺地听取各种劝谕，顺从地拿出钱来，他未必对这些人特别感兴趣，更确切地说，这些人常常让他很累，有时候会惹他生气。他并没有把心分给他们，但是他也不推诿——他不具备直接反对的气力，他的早年就已经有了的漠不关心，就像忧郁症，依旧没有改变。不过，他可以在外来人身上观察到某些东西——他一直具备很好的观察力，但这是屠格涅夫的外层。他过的是自己的生活，而不是别人的生活——沉浸于自己的感情、想象与思考，沉浸于心灵的"忧愁印象"中；周围的人们是环境（他的真诚的朋友波隆斯基、安年科夫非常明白自己的作用）。除了正在衰老的维亚尔多，谁也不为他所需（但是维亚尔多和她的家庭已经成为他自身的一部分，爱的一切波折——喜悦、屈辱——都是过去的事了）。比方说吧，他年轻时候就认识赫尔岑，而且走得非常近。诚然，临近生命终结他们却走远了。在赫尔岑死前不久，屠格涅夫在他那里用餐，谈笑风生，可爱、快活……而当他死了，他竟然都没去参加葬礼（尽管他可以去。就像他没有参加母亲的葬礼）。假如赫尔岑求他办事，他会毫不犹豫地做他能做的一切。但他从来就没为赫尔岑做过什么。

不管怎样，在亚健康、衰老而又愁戚的屠格涅夫身上，他对人处于灾难时给予同情的特征还是配得上各种各样的尊重的，光是听人说话的耐心就值得尊重！更别说找时间前去询问与鞠躬了。另外他读过无数本毫无希望的手稿，写下了许多温情的信件，帮人介绍工作，把病人安排进医院，出钱办学校；为支持有需要的人张罗文学音乐晨会，建立了巴黎第一座俄罗斯图书馆（大名鼎鼎的屠格涅夫图书馆，这座图书馆于最后一场战争中毁于一旦——德国人将它的藏书运走了）。诸如此类的事情已经不胜枚举，不那么像一个"欧洲"作家所为。

然而与此同时，他恰恰就是一位欧洲作家——现在差不多是法国作家了。诚然，他对这一看法是生气的，当有人问他：真的吗，您也用法语写小说？这时，他笔下的斯帕斯科耶、姆岑斯克、奥廖尔都苏醒了过来。"不，不，我用的一直是俄语！"（他对法语并没有多么热爱，尽管他法语掌握得好极了。这种问题对他来说并不公道。）

然而，他迈着强有力的步子走入法国文学生活，并留下足迹。

他和乔治·桑（他对她非常珍视）、梅里美的相识是很早的事情，产生于库尔塔维涅尔的幸福时光。而在60年代初他认识了福楼拜并结成密友。他这么眷恋福楼拜，甚至认为他只有两个真正的朋友：福楼拜和年轻时的别林斯基。

除了福楼拜，同样是在60年代，他"广泛"结交法国作家，沙尔·埃德蒙把他带入马格尼餐厅的聚餐中，常去那里的有圣伯夫、泰奥菲尔·戈蒂耶、福楼拜、龚古尔兄弟、泰纳、勒南、保罗·德·圣-维克托等，那时在法国，人们不熟悉屠格涅夫，只知道他是《猎人笔记》的作者，但是作家们拿他当级别相当的"自己人"，在第一次聚餐中就恭敬地欢迎他。

但是70年代，当他在巴黎完全站住脚以后，他与更年轻的作家左拉、都德、莫泊桑结成了更永久更亲近的朋友。

此地结交的福楼拜乃一颗善良的灵魂和"当地天才"，不提及这位法国文学骑士，我们则无法谈论屠格涅夫的巴黎岁月。

当你想起福楼拜，他像是披着某种铠甲——但他没有推上脸甲，于孤独、诚实的劳动中度过自己的一生，抵挡卑俗，击碎愚蠢，大口呼吸着海洋、荒漠和星空的风，让一颗刚毅的、深受伤害的心变得永远柔软。在僻静的克鲁瓦斯庄园，福楼拜用他那金属般的小说发出怒吼，小说的节奏跟马车过马路时发出的隆隆声相似。没有在学院得到位置的福楼拜面对谁都不卑躬屈膝，冷峻而善良，朗读自己的手稿时用的是大街上都能听得见的雷鸣般的嗓音。福楼拜的阴郁威严经常被人群遮掩住，他乃一位忘我投身自己艺术的人——一尊"文学中走出的僧人"的形象。一如屠格涅夫，他同样也是染病在身和闷闷不乐的人——据说，似乎从很早开始，直到生命结束，他都是从心底挖掉了对女人的爱：取而代之的是艺术上的壮举。屠格涅夫女性般地、身兼双重性别身份地、变着法与任性地、清冷却又温存地陪伴在他身边！他是个不曾受到呵护的人，这位"隐士"既没有身着铠甲，也没穿过修道士的粗毛衣，无论是在生活中还是文学中，他都缺乏坚韧的精神。青年时代他没少吃女人水性杨花、轻浮而又虚假的苦，临近老年他把许多欲望都克制了。70年代在他身上已经发生不了40年代经常发生的事，但也不可能再出现福楼拜男人气的执着，不再有那种坚强和勇敢。福楼拜什么也不怕，无论是霍乱还是死亡（尽管不是位教徒），既不在公众面前怯阵，也不害怕批评。他的生活严整又和谐，尽管舆论界对他的低估和社会上盛行的庸俗让他吃了很多苦头，就像每个人一样，他也需要慰藉（依旧是那位屠格涅夫安慰了他）。福楼拜比屠格涅夫更注重打造自己的人生，什么样的风也不能把他带去别的地方。由于年轻时候的爱情，他也忍受了许多，但是维亚尔多-屠格涅夫的故事不可能发生在他身上。说真的，他天生不像屠格涅夫那样情欲丰沛，也就把更多精力投入艺术。他的小说是锻造而成的，有男性的意志力，是完美的。屠格涅夫翻译的《圣米利安传奇》（语言的丰富构成这部作品的优点）并没有完全传达出福楼拜的声响。

　　但是有必要让对比的双方保持均势：福楼拜确有不能和屠格涅夫等量齐观之处，体现在后者言语上的自如质朴，它的力度和自然，还有不墨守成规却又恰到好处——赋予生活气息更为充分的展现。

福楼拜和屠格涅夫的确私交甚好。屠格涅夫经常去他的克鲁瓦斯庄园，在巴黎多次约他共进午餐，走访了他在蒙索公园近旁的穆里尔奥街上的住宅。

福楼拜的住宅不大，但陈设雅致——阿尔及利亚风格——窗户朝向绿色公园。东方的兵器，沙发，书……屠格涅夫深爱陷进软沙发，有时候让自己躺在里面。这是阿尔丰斯·都德第一次与他见面的那天记得的情景：当一个衣着黑色、头发蓬乱的普罗旺斯人出现在门口时，他从沙发上爬了起来，不无迟疑，"一个体形魁梧，满头白发的人"。

每逢礼拜天中午屠格涅夫都要到福楼拜那里聚会，这种相聚是小圈子里的：都德、左拉、龚古尔兄弟、莫泊桑、屠格涅夫。他们因文学而走近。文学是他们共同的兴趣，共同的职业。屠格涅夫身上有更让他们好奇的新世界、异域风情。屠格涅夫向他们讲述了很多有关俄罗斯的故事，从他那里他们了解了普希金、托尔斯泰，还有许许多多。即使在这个小圈子里他也没有放过充当俄罗斯使节的机会。就这一点可以这么说：在他们中间，屠格涅夫比他们自己更像欧洲人。除了法语，他还懂德语、意大利语、英语、西班牙语。就在那位福楼拜那里，在洒满阳光，饰有标枪与丘尔邦[1]的房间里，在公园绿色的草丛前，孩子们在那里奔跑，保姆们在坐着，他不用词典给朋友们翻译歌德、斯温伯恩——尽管年事已高，还经受着痛风给他积攒的痛苦，

1　印度人的缠头巾。

但他精神却很振奋，而且十分着迷于此。他的文学作品总是让人动容。他喜欢和自己人在一起，在这群行业的大师们中间。文学是屠格涅夫最纯洁、最崇高、最完美的一角。像福楼拜一样，他对它的忠诚是无限的。屠格涅夫知道的东西更多，他本可以教福楼拜一些东西，但福楼拜却没什么可教屠格涅夫的，而其他的则没什么好说的。屠格涅夫生来就是才情双绝的人，都德距其不远。极其肤浅的是左拉（有着巨大的，但并不令人愉悦的天赋）；龚古尔兄弟乃冷淡的唯美主义作家和势利之人……这一切都没有那么辉煌，但他们全都沉浸在写作中，这让屠格涅夫着迷。当福楼拜朗读自己的作品时，他总是情怀热烈地听着。屠格涅夫的耳朵捕捉着微弱的形象，听了很长一段才听到一个重复的语词，福楼拜对他的批评表示钦佩，但他自己也很欣赏福楼拜的品位，为他的赞扬感到骄傲，但是当福楼拜不能很好地理解普希金，他就会很生气。

除了聚集于福楼拜那里，他们还创立了著名的"五人聚餐会"，或是"被喝倒彩的作者"（每个人都曾有过戏剧上演的失败——然而，说及屠格涅夫，则尚且存疑：他接过这个头衔更多是出于礼貌）。

午餐安排在饭店，要么在歌剧院后面的"阿道夫和佩莱"近旁，要么在喜剧歌剧院不远处，要么在沃森附近。五个人都努力成为美食家——有点儿为此炫耀，而实际上普罗旺斯人都德除了布亚贝斯[1]，便不再懂别的了，福楼拜了解的也就是鲁昂鸭子。龚古尔认为，加上姜果酱"好极了"。

1　法国菜肴，鱼汤类的。

屠格涅夫在饮食上确实很内行，难怪俄罗斯酒吧的主厨都是农奴厨师，这些酒吧才是俄罗斯饮食业的行家里手。难怪他来自一个鳇鱼肉、小体鲟和鱼子酱都很有名的国度。他喜欢下水汤、炸鸡、鱼子酱，而酒喝得很少。

假如维拉·谢尔盖耶芙娜·阿克萨科娃以自己的崇高品性和灵性参加一次这样的午宴，她就完全不会像以前那样嫌恶"被喝倒彩的人"，也就不会对屠格涅夫怀有敌意了。

临近七点聚餐，每人为这次聚宴付四十法郎（按当时物价这是很贵的），而后大家伙儿落座在一个单独的房间长达两个小时。左拉脱下夹克，屠格涅夫酸溜溜地责怪他不戴背带，并与福楼拜激烈地争论是否可以吃芥末炸鸡。他们争论得很火热，直到他们打赌了十几杯香槟，而后找行家作为鉴定人来评判（他们给了一个不确定的答复：我不知道谁给谁拿的酒）。这一切都不太像年轻的屠格涅夫和巴枯宁的"守夜"，也不太像在列斯内和别林斯基一起攀谈迎来"一个又一个早晨"，但是应该公道说一句：他们说的并不只是鸡仔。大家也评价各自的作品，都带了自己的新作。福楼拜的是《圣安东尼的诱惑》《三个故事》，龚古尔的是《艾丽莎女郎》，左拉的是《穆雷修道院院长》，都德的是《杰克》《纳博巴》；屠格涅夫的是《活尸》《处女地》。"我们相互知心、开诚布公地倾诉，没有奉承，没有相互间的钦佩。"（都德）

这提高了午餐的格调，使其变得高尚。变得高尚的还有他们对爱情的交谈吗？这类交谈同样不少。但当时屠格涅夫是孤身一人，无论是生理上的，还是精神上的，凭他那一头的银发年长于其他交谈者。因为对于"自然主义者"

来说，爱要么是自然的行为（就像野兽一样），要么是美食。在他的世界观的一片黑暗中，屠格涅夫只承认盲目的本性（创造了生命的无意义和混乱），屠格涅夫接近它们。但爱是他神秘的启示。他知道爱的神圣的缘起，不喜欢对爱的羞辱。他是厨房里的美食家，却不能忍受爱情中的美食，为这，他被亲近的同伴看成"落伍者"。他们对他像对待一个孩子，向他讲述恋爱技巧，大概除了这种技巧，这些人全然不曾思考爱情。他和左拉的争论很精彩。左拉坚称，对女人的爱与友情，或是对祖国的爱，在本质上没有任何不同，只是因为对占有的渴望更为突出。屠格涅夫反对，认为爱情是一种非常特殊的感情，什么东西也不能跟爱情混为一谈，它具备神秘的特性。他回忆起自己年轻时的时光，回忆起涅斯库奇诺耶，回忆起女邻居公爵小姐，坚定地认为："在心爱的女人眼里，有一种超感觉的东西。"在爱情这个题目上，他是无敌的。别人不可能战胜他，因为这来自他的经历：他不是从书本里，而是从生活中知道的。放弃对爱情的终极看法对他来说就意味着放弃自身和自己的写作。他不仅认为他在心爱的女人的眼中看到了神灵，而且认为爱完全可以融化一个人，好像让他从普通的生活中溢出，让他忘记自己——从个性中"引出"（同时与无限结合）。不是所有人都能够爱。有人失去了这份天赋。（他不喜欢托尔斯泰笔下的列文——认为他很冷淡，不善于爱，一直只忙自己的事情。）

而他自己如此"容易受到"爱情的影响，以至于他认为只有在恋爱中才能够写作。也许他是夸大其词了。但是离开爱，就如同离开创作，终究是没法活下去的。在他那里，二者是融为一体的。

＊　＊　＊

还在很早的时候，屠格涅夫年轻又幸福，在库尔塔维涅尔经历了一场神秘的、惊心动魄的感情体验——像是透过平常世界他让自己知道还有另一个世界，这个世界是神秘莫测而又不祥的。这个世界让他感觉到既在星空中，也在夜晚树叶的沙沙声响里，同时也在睡梦中——梦在他生活中一直有诸多意味，他没有简单地看待这些梦境。很美妙的是，比方说，但丁对于青春的光明幻觉，在他那里是大异其趣的。"所爱的女人"并不就是贝亚特丽齐的形象，尽管在对爱情的超感官的理解中他和但丁同源。这是否取决于在屠格涅夫那里没有全能的光明的上帝的感觉？对他来说，更高的力量是盲目的、无情的，人是微不足道的，从宗教世界突围是不愉快的，与此完全矛盾的是爱的喜悦——他很清楚。但丁相信贝亚特丽齐来自一个恩典的源泉，而屠格涅夫觉得他的贝亚特丽齐的魅力更像是魔法。这是他堪称病态的含糊不清的表现之一，令他非常沉痛。

他在赫尔岑家中表现出的奇怪性，在和平街流露出的孤独的忧愁感，短篇小说《浮士德》晦暗的（但有着深刻的诗意的）巫术，《幽灵》的恐惧，令人毛骨悚然的梦，这一切都是同一条根上长出来的。诚然，他塑造出《贵族之家》中的丽莎，某种异样的东西朝着他发光，但他没能够和丽莎一起在教堂做祷告。

随着年岁的更迭，另一个世界到来的感觉在他身上出现，但并没有给他带来快乐。他不仅写下了关于"幽灵"的作品，他还见到了这些幽灵。下楼用餐的时候见到老头子维亚尔多，他穿着一件猎人夹克，在自己的更衣室洗了脸。屠格涅夫走了几步进了餐厅——餐厅里坐着的还是那位维亚尔多，神态极为平静，并没有洗过脸。在伦敦，人被一劈为二：他和牧师在餐桌旁交谈，除了牧师，他还看到了他的骨架、空洞的眼窝等。或者，一个阳光明媚的早晨，一个穿着宽大上衣的女人来找他，用法语说几句话——不止一次来找他，好像他已经认识她。"奇怪的是，她用法语说着什么。我从来没有一个相处亲密的外国女人，而且是来自死人那里的，也就是说……我一生中见过好几次鬼魂。"

这只是幻觉吗，或许不只是，那是另一个问题，但是他们出现过。他们将屠格涅夫本人一分为二，不管是生活中的屠格涅夫，还是写作中的屠格涅夫。

正如上文所说，紧接着《父与子》他又写下了《幽灵》，稍晚还写下了《狗》。70年代他像是以二重和音昭示世人：《草原上的李尔王》——姆岑斯克田野上的、奥廖尔的、斯帕斯科耶的对乡村予以绘声绘色描写的屠格涅夫；还有《笃……笃……笃！》（"我刚刚把这个如歌似诗，天空般蔚蓝的作品誊写了一遍。令我极其惊讶的是，它看起来像一个有毒的蘑菇。"）。在后面这篇作品里他找到了怎样的天空般蔚蓝，我不知道。在这个"艺术工作室"里，一个被军官勾引的女孩自杀了，从"那个"世界将诱惑者召唤至跟前——在一个神秘的朦胧的夜晚，发出微弱的呻吟，这呻吟就像《白静草原》中的孩子们听到的那样。毫无疑问，"那个"世界越来越近了。现在他的最好的东

屠格涅夫像（1874 年）

西都是在"召唤"下写出来的。《活尸》早就打好了草稿。但是在他更年轻、更沉浸于"鸭子的爪子"和"牛的脸上正滴落着晶亮的水滴"的时候，露凯丽雅，她的梦、她的幻象并没有怎么吸引他的注意。书稿放在桌子上，它在艺术上还没达到臻于完善的地步。这是不经意的作品？偶尔为之的东西？他以前也应别人力邀参与慈善文集的工作，但只是现在（1874年）我们的文学才出现这一珍宝。这样的露凯丽雅正是俄罗斯和我们大家的庇护者，如同恭顺的阿嘉申卡，瓦尔瓦拉·彼得罗夫娜的女奴和苦命女人，就像丽莎。她和丽莎也一起见证着屠格涅夫直至生命终结还没完全展现的某些可能，那些没有施展全面的魔法力量。

1875年以小说《钟表》的发表为标志，作者自己认为这篇小说很奇怪——在有点混乱的故事中钟表似乎起着不祥和意味深长的作用。下一篇《梦》更加晦暗，噩梦绵密，很有说服力，只有一个自己见过鬼魂的人才能写出。而后的《阿列克塞神父的故事》，这篇小说里只是描写魔鬼如何掌控着人的灵魂。

他在小说中的语气温顺得令人惊讶，他害怕得不到回应，几乎受到威胁（感觉到全能的、不可避免的邪恶）。但这位艺术家在他的日记（1877年）中指出轻松、明亮的东西是多么重要："午夜，我又坐在我的桌子旁。我的心比漆黑的夜晚更黑……坟墓似乎急于吞下我；就像白昼飞逝的那一刻，空洞的、漫无目的的和没有光彩的。你看：人们又倒在床上了。""没有活着的权利，也没有狩猎的权利；再没有什么可做的，没有什么可期待的，甚至没有什么可以指望的。"

黑暗和悲伤颓唐的气息是每个人都熟悉的——有时到了圣徒那里圣徒也会落入哀伤。但他们（在祈祷，在精神与爱的追求中）通过与至高无上的善的融合而克服了它。屠格涅夫已经没有地方可低头，没有人可倾诉，指望不上谁的帮助。

在 70 年代那段时光，当他与法国文学家共进美味的晚餐，在德鲁奥拍卖行购买绘画，与拉夫罗夫相识，并为革命杂志提供资金时，当他对奋不顾身地收集自己作品的苏黎世民粹派女学生们感到高兴时——此时他能真正写下的只会是"地下出版物"。屠格涅夫白昼的，社会性的，"反映当代现实"的创作已经完全失败了。

《处女地》是复杂、长久思考与观察的果实，这部小说可能是屠格涅夫运用最成熟的技巧写成的，但因具有最大的流动特征和结构的坚固性（他早期创作的薄弱方面）——它完全地夭折了。这个简陋粗糙的、压根儿不成功的东西，没有经过任何滋润，文思完全枯竭——这对于一个成熟的艺术家来说是最可怕的：仿佛一切都在原地，一切都毫无裨益。所有的文章都是干涩的，没有活的汁液（尽管它有一种生命力）。苦涩的《处女地》描绘年轻人，有时是令人感动的知识分子的心路历程，他们是不幸的，哈姆雷特型的，并没有散发出任何真正称得上鲜活的气息。屠格涅夫白白把钱花在了拉夫罗夫的杂志上。还有，那个拉丁区的隐士和他的苏黎世女学生们并没有带给他任何东西。

不，现在，写这样的一部小说，不是一个生病的老人，被生命即将结束的感觉折磨的屠格涅夫能做的事情。

* * *

在《梦》中，一个长着一双"邪恶的黑眼睛"的军官绝望地爱上了小说叙事人的母亲，他诉诸暴力，在其丈夫不在的情况下，潜入她的卧室，把枕头扔在她的头上，等等。在这种情况下出生的儿子后来总是梦见父亲，有一天终于遇到了他（他和母亲独自生活在海边的一个城市）。父亲真的很像梦中的父亲（他有一种神秘的"黑人血统"）。他父亲再次试图接近母亲，但这次失败了。他去了美国，在暴风雨中丧生，他的尸体被冲到岸边。在海边散步时，年轻人再次看到已经死去的父亲，手指上戴着他第一次潜入时从受害者手指上摘下的订婚戒指。年轻人跑回家，把母亲带到这片沙滩，但溺水者已经不在了……他神秘地消失了。

"父亲"被写得模糊不清，笼罩在神秘的云层中。那时候就好像他自然而然地来到了母亲那里（甚至墙上的一扇暗门也在给他指路），但留下的是一种催眠法力的印象，一种隐藏在带黑人血统的黑眼睛的人身上的巫术——黑暗势力的协助。

在被拒绝的爱中施以强力……而且还很模棱两可……在这《梦》里有情欲的绝望，也有摆脱情欲入侵的无助（母亲无法抗拒旋风的突降，也就是别人的情欲的意志力）。

爱欲中的意志力，这是屠格涅夫长期以来一直感兴趣的话题，亦即一个人对另一个人的奴役，无论是极端粗野的，还是更为复杂但同样令人毛骨悚然的"爱的疾病"的发作，就像玛利亚·尼古拉耶芙娜将这种病突然降落在《春潮》

中的萨宁头上——都长期占据着屠格涅夫的内心。爱欲让他爱，也让他怕。在《梦》中，屠格涅夫笔下出现了少有的男人付诸行动的情形。（通常是一个女人掌控一个软弱的男人，一个没有意志力的男人。）

我不知道维亚尔多怎么看待《梦》。在她清醒和"理智"的心绪下，她未必赞同。无论是她，还是她的丈夫，对屠格涅夫常常是严苛的。无论如何，在他们的屋檐下，在杜艾街一栋房子的三楼，在挂着维亚尔多肖像的小房间里，立有她的半身像，从那里可以听得见学生们的花腔演唱，她们在楼下和一头白发，但一双黑眼睛闪闪发亮、勾人魂魄的女人放声歌唱，屠格涅夫则在编写这些稀奇古怪的，谁也无法走近且不受欢迎的东西……

他自己也老了，而爱欲在他身上并没有熄灭。现在他未必还爱着波琳娜。在有着庭院和花园的房子里的生活怎么都无法唤出和她的浪漫情事。但她对他的权力是巨大的。他似乎处于寂静无声、被施了魔法的麻木状态。他的心甚至可以向别人敞开，但压倒一切的大概就是波琳娜的黑眼睛，那双实际上极富磁力的眼睛会一直注视着他。她只要说朝东，他就不敢朝西。去了俄罗斯，但应着波琳娜第一声召唤，他立马就飞抵巴黎，像是雾海梦游。

尤利娅·彼得罗夫娜·弗列夫斯卡娅男爵夫人是一位光彩照人的美人，一个气质绝佳、情怀热烈、情欲亢奋的人。他们在1873年底相遇，他非常喜欢她。早在1874年春天，他就从巴黎写信给她谈说自己对她的感情，"有几分不同寻常，但真诚而又美好"。夏天他经常去俄罗斯。弗列夫斯卡娅到斯帕斯科耶去见他，7月在那里待了五天——她并不拘谨，但无论怎么说她也不是一位冒险家。当然，她也喜欢屠格涅夫。她也没有安排好自己的生活，也很痛苦。她很想活下去，但她不像拉姆拜尔特伯爵夫人那样哀戚多思，不像奥尔加·亚历山大罗夫娜那样是位居家型女人，她更是一个新时代的女性。不就是身处 70 年代《前夜》中的叶莲娜吗？她非常有见识，也很有阅历，她懂得失望，也很知道自己的力量。不是一个家庭，也不是一份爱情就能把她吸引住的。在她那里，生活就意味着行动。她和所爱的人相依相守，但是平等的。

屠格涅夫不适合充当英沙罗夫的角色。像往常一样，他布下一张张捕获猎物的银色的网，轻轻地缠绕着和诱惑着，但他能给出什么决定性的东西呢？在斯帕斯科耶，他高声朗读自己的诗作，非常老道地讲述着（女人中究竟有谁在思慕屠格涅夫？），神秘地亲吻一只手，叹息着（他是多么可亲，又是何等迷人），总是踱步在近旁："在我看来，假如我们俩像年轻人般地相遇，毫无经验地恋爱，而且重要的是我们都是自由的人……请您自己把我的这句话说完吧。"

这种"假设句"会把谁的情怀点燃？（假如，假如……）但要知道这是屠格涅夫写下并从维亚尔多那里偷偷拿回来的话。波琳娜非常巧妙地让自己委身于巴登的医生，而这事她就没有和屠格涅夫知会过。但是，假如她了解到他的"走神"，她未必还会搭理他。

屠格涅夫在巴黎郊外见过弗列夫斯卡娅：1875 年在卡尔斯巴德，他们在一起饮用矿泉水。1876 年，在俄罗斯。又是一年后，他如此大胆地给她写信："自从我遇见您，我便满怀深情地爱上了您，同时也有一种想要拥有您的难以退却的欲望；然而，这种欲望有是有，但是还没有达到放荡不羁的程度来向您求婚，同时其他的原因也阻止了我；另一方面，我很清楚，您不会同意法国人所说的 une passade[1]。"弗列夫斯卡娅从前曾给他写过信，她没有"任何后顾之忧"。他随即补充道："不幸的是，我对那句话太确信不疑了。"（他的通常观点是：不要在女人身上唤起情欲。）他的信终究让弗列夫斯卡娅感到困惑。她回答说，在信中有一句让人颇费猜详的话，为这句话她"煞费脑筋"。但这件事又以一个带有假定的从句告终。2月8日，他写道："毫无疑问，几天前，假如您愿意的话……"

也就是说，"假如"她接受了他的话。当然，这事并没有发生。弗列夫斯卡娅根本不打算让屠格涅夫"娶"她。什么样的"名分"或"宁静的港湾"她都不想要。相反，一股不可抗拒的力量在推着她前行。她想要行动，而且是一种善举。弗列夫斯卡娅果断而直截了当地行动了起来。正是俄土战争时期。在最后一次（5月底，在巴甫洛夫斯克的波隆斯基别墅）与屠格涅夫会面后，很快她就作为慈悲修女奔赴战场，去的也是保加利亚，叶莲娜曾去的地方。战地上，她英勇地照顾伤病员，并在那里为战友们英勇献身。她没有舍弃自己"金子般的志向"，献出了自己的生命。

恰好这时屠格涅夫开始了新体裁作品的创作，即抒情哲理体裁，屠格涅夫称之为"散文诗"。他的一篇著名散文诗就是写弗列夫斯卡娅的死——有关弗列夫斯卡娅的最

---

1 法语：任性，心血来潮。

后情况，也是她人生最后的荣光。

"……在泥泞中，在气味难闻的潮湿稻草上，在匆匆改成战地医院的破旧谷仓的遮阳篷下，在一个被摧毁的保加利亚村庄里，她患伤寒症已经两个多星期，正奄奄一息。她昏迷不醒——甚至没有一个医生看她一眼；在她能够站起来的时候她曾照顾过的生病的士兵——一个接一个地从被感染者的洞穴里爬起来，将一个碎瓦片里的几滴水洒在她焦干的嘴唇上。"（《纪念弗列夫斯卡娅》）

就这样，弗列夫斯卡娅失去了自己的生命（或者更准确地说，她赢得了永生）。对于她来说命运与她的人生是相般配的：流星般飞逝、充满悲剧性，并有英雄一样的人生结局。屠格涅夫与人生的清算进行得较为缓慢，在这种患得患失中什么样的英雄行为也不曾有过。

布日瓦尔

"我和维亚尔多一家在这里买了一栋漂亮的别墅，离巴黎只有四分之三小时的车程；我正在为自己建造一个展馆，要到 8 月 20 日才能完工；但我马上就要在那里安顿下来……我每周去巴黎三次。"

这是 1875 年夏天写的。"这里"是指布日瓦尔，靠近圣日耳曼，塞纳河畔。

他们可能是合买的。这座别墅被称为 Les Frenes（"白蜡树"，俄语音译为雅谢尼）。别墅大门朝向河岸并可通向公园。（这大门现在还在，门上挂有一块牌子，上面写着"俄罗斯著名小说家伊万·谢尔盖耶维奇·屠格涅夫曾住在这里"。）两条铺满沙子的道路通向房子。四周是葱茏的灌木丛、美妙的白蜡树和依依垂柳。和巴登一样，这里有很多水，先是积蓄在盆地，再像一条条小溪沿着小草地奔跑，穿行在秋海棠、倒挂金钟，以及长满青苔的大树中间。维亚尔多一家住的主屋在楼上。屠格涅夫有一个不大的木屋，依瑞士神韵而建，离楼房不远——一切都掩映在鲜花丛和绿色里。底层是餐厅和客房，上面是一间大书房，有许多书、画和包了深红色羊皮革的家具。从转角的窗户可以看到塞纳河的景色——河上行驶着今天也有的那些驳船、小船，依稀看得见柳树和白杨树下的西葫芦、绿色的草地、奶牛、远处的淡蓝色——于是一切都更空旷，更乡村。再往楼上，是卧室和来客住的房间。

每年春天，他们都会从巴黎，从杜艾街来到这里，乘坐马车在大路上缓慢前行，车上装有很多大箱子、行李袋、硬纸板——供整个夏天用（有点像在巴黎的斯库奇诺沃或是察里津诺），直到11月，大雾才把他们赶到城里。

全家聚集在一起：七十五岁的路易·维亚尔多，波琳娜，女儿们——克拉夫迪娅·沙穆罗和玛丽安娜·杜维尔弩阿，儿子波尔。屠格涅夫从卡尔斯巴德接受治疗回来，或者从俄罗斯回来（几乎每年都去一趟）。维亚尔多的学生们也住在隔壁的寄宿学校。

生活过得很安静，像垂暮老人的时光。屠格涅夫一如既往地写作。《梦》《阿列克塞神父的故事》，后来的《克拉拉·米利奇》《散文诗》和临终前的草稿，都与布日瓦尔有关。1876年秋天，他在这里重写《处女地》，许多信件都标明布日瓦尔（屠格涅夫总是小心翼翼地标示日期和地点——他也喜欢别人写给他的信标出这些）。

你看到他在这里病恹恹而又悲伤的样子，他痛风缠身，经常披着方格毛毯，慢慢地在公园里散步（最美好的时光，相对来说，直到最后一次生病前），这迥别于他在库尔塔维涅尔的青春时期，但是无论是库尔塔维涅尔的感情，还是庄园本身，什么也没再保存下来。

年轻时，美的吸引力是不可阻挡的。迪迪正在他书房里，在朝向塞纳河的窗户旁，把画笔和颜料放到专门为她准备的画架上。这是一位引人注目的年轻女子，一头油亮的黑色头发，面部线条突出，深邃的蓝眼睛。她看起来像母亲。她也会唱歌——波琳娜教她。但她的兴趣更多被画笔、颜料所占据。迪迪从小就画画。在巴登的岁月里，她送给屠格涅夫《至善的人家》当作生日礼物——而在这里，她画的是一些风景画、静物画。

屠格涅夫喜欢她在近旁，也许他会给她出主意，提出批评，给予表扬。楼下，从外面的槌球场传来的同样是年轻的声音，点击球，笑声：这个不是很有趣的游戏学生们玩得很开心。他把一条花色繁杂的毯子披在肩上——夏天常常很冷——下楼，坐在白蜡树下的长凳上，看着他们玩耍。学生们来自各不相同的种族：匈牙利南方美女加塔尼，耽于幻想、擅长美妙低音提琴的德国女孩费尔蒙，罗姆是俄罗斯女孩。每个人都像精选的，全都是高个，清一色的苗条身材。在巴黎，屠格涅夫在维亚尔多的沙龙见过她们一次，便借用《先知》中的"再洗礼派教徒"的绰号给她们仨起教名，她们的名字就这样留下了。姑娘们再次觉得，屠格涅夫与她们的关系就像拉弗列茨基和年轻人，只是不是奥廖尔贵族之家的拉弗列茨基，而是拉丁大地上的，而且是六十岁的拉弗列茨基。再洗礼派教徒们虔诚地对待他——这是一位伟大的作家，一位如此和蔼可亲却又悲伤的人，甚至如此英俊，尽管上了岁数。也许他游戏的时候会耍一耍老把戏，而姑娘们未必会决定打败他，尽管并不害怕他。谁会怕他呢？他欺负哪个孩子了呢？（与维亚尔多不同，因为她经常会让身材高挑的学生哭鼻子，然后讲和、亲吻，直至新一次的争吵。）

但是，他在白蜡树下坐不了太久。仆人从房子里跑出来："有人找屠格涅夫先生……"或者是："来了位太太，说是有事，很想见屠格涅夫先生。"

他们是同胞，维亚尔多并没有特别亲切地迎接他们，但他们仍旧潜进来。也许，一个年轻的、头发火红、留着胡须、穿着俄式偏领衬衫的民粹主义者，未来的兹拉托夫拉茨基，来"了解我们著名作家对革命运动的看法"，彻底弄清楚"他对进步有什么看法"——同时，也要对"渐进主义"和《处女地》中"正面类型"的不够突出而略表自己的看法。

"在俄罗斯，事件正在酝酿中，"年轻人说，"彼得堡现在有两个政府，一个在冬宫，另一个在执行委员会的秘密公寓。"

屠格涅夫知道这一切，但没办法，只好听着。他半躺着——身材魁梧，满头银发，用毯子裹着腿。

"就请您原谅我，"他用高亢的男高音低声嘟囔着说，"——原谅我这么个姿势跟您说话。生病的老人……是的，是的，我敬佩俄罗斯青年的自我牺牲精神。我非常感谢您的宝贵的指点。不用说，我在《处女地》中失策了……"

访客环顾四周。显然，情形让他窘迫，让他难为情的还有他本人的斜领衬衫与山羊胡子。

"您在这里远离生活中心。这么说吧，为了捕捉新出现的类型，必须在内部，而不是在外部……"

这是屠格涅夫的一大痛处。因为远离这个"中心"，为了所谓的"背叛"祖国（"换成了法国"），还有谁没责备过他呢？（而当福楼拜去世，屠格涅夫试图为他在俄国竖立纪念碑而筹集资金时，这个可爱的俄罗斯又是多么怒不可遏地攻击了他！）

可能是这样的情形，一个民粹主义者偷偷地、神气十足且涨红了脸，当真抽出一小卷手稿，手稿里将"正面"人物类型"导入"屠格涅夫的说教，讲述一个诚实的女老师和一个同样诚实的男老师是如何走向民间并造成了什么结果。

屠格涅夫耐着性子读完，并予以赞许，转寄给斯塔修列维奇，以求问是否可以将其"安插"进《欧洲导报》，他将从自己的资金中预付版面费……（这也是波琳娜不喜欢这些来访的俄国人的原因之一。）

或者根本就不是民粹主义者，而是一位叽叽喳喳的女士在等候屠格涅夫的出现，她戴着面纱，穿着针织毛衣和一条带着褶边的宽大裙子。

"伊万·谢尔盖耶维奇，我是您的仰慕者——请允许我介绍一下自己……我十分钦慕您的才华，我特别想要您的亲笔题词。"

这已经是再好不过的情况了。要不然就是为儿子的事操心。她想把儿子放进寄宿中学，读公费，这样的话他能否写一封推荐信……署上他的名字……凭借他的知名度。

"您的儿子多大了？"

屠格涅夫拿过鹅毛笔。

"虚龄五岁了。"

"咦，是这样的话，他们不会收的。"

"哦，您知道的，我想留着备用。在巴黎旅行时，我就想：应该去拜访伊万·谢尔盖耶维奇，他很善良，等奥列格长大了，他需要一封推荐信，还有著名作家的签名。"

大概伊万·谢尔盖耶维奇心里并没有多少祝福不同的

母亲和奥列格的意愿，但他写了信，直到维亚尔多那只坚定的手把门敲响——接见到此结束："大家伙儿正在等屠格涅夫先生用早餐。"（或午餐，或其他。）

晚上，韦斯特纸牌是他愉快的消遣之一。7月18日是家里的节日：波琳娜的生日。（住在巴登的时候，他总是在此之前从俄罗斯返回。但在布日瓦尔，情况并非全然如此。）

不用说，屠格涅夫在准备礼物：几天之内他坐着马车去巴黎，去萨利·德罗特，他是那里的常客。

他的绰号是 Grand Gogo Russe[1]。这意味着欺骗他并不难——的确也是，没有什么比骗他更容易的了。他会到处找某种石膏、围巾、小玩意儿，而后多付了钱，胆怯地将这些东西带回家。礼物将深得女皇的赏识，这是不言而喻的。黑色的眼睛再一次熠熠闪亮，他会再次亲吻她曾经美丽的手。

再洗礼派也不会掉队。为了纪念这一天，她们在巴黎订购了一大捧红玫瑰来讨太太欢心。另外两个女生也加入了她们的行列，这是五个人的献礼。

波琳娜依旧早上上课。有人敲门，一整丛玫瑰被推了进来。她立刻明白了这是怎么回事，但却有点儿故作不解：皱着眉，作出一脸困惑的样子……其他四个女孩在门边喁喁私语。

"这是什么呀？从哪里来的啊？"

花束里有五张名片。

她慢慢地把这些名片一张一张地拿出来，举止款款，

1　法语：伟大的俄罗斯笨人。

像是不明就里，念着："咄，多么蠢的礼物，这些小玩意儿都是什么呀！"

但再洗礼派已经闯进来，逗老师开心，亲吻着她。

当然，午餐场面隆重，有香槟、火鸡、冰激淋。晚上还有客人前来。学生们将唱歌。也许波琳娜还会回忆起往事，会用著名好声音的未尽余音唱道："哦，只有那个渴盼幽会的人……"那双不曾暗淡下去的眼睛闪闪发光，一颗心再度激动起来。

接下来这一天就结束了。屠格涅夫一如往常——一个人留在自己的小屋。在角落的窗户玻璃里，看得见巴黎的上空，一片苍白的落日余晖。夏日的夜空繁星闪烁。书桌上的台灯在绿色灯罩下放着光芒。就像从前在库尔塔维涅尔——耳朵里有血液流动的声音，树叶无休止的沙沙声，一滴水随着轻微的银色声响而落地。蚊子的最尖细的女高音。还有——逝去的生命的感觉。

午夜时分，僻静的库尔塔维涅尔有些许让人害怕的感觉，可能会梦见什么，感觉到什么。那时——青春尽显芳华之时，哪怕不会长久，却是一场顺心达意的爱。但那个未知的世界，几近开启的世界，已经成为过往：几乎难以感觉得到。而现在它就在近旁。完全接近了他，如同《梦》中的梦魇。秘密的力量，可怕的和邪恶的力量，可能对他施了魔法并让他征服了那个女人，让她在其身边（在不平等较量之中）度过一生。但是，也许并非如此。是否反过来了？是否被迷惑的是他——他被拴在了"别人的巢穴边"？

也有可能 monsieur Tourgudneff[1] 会站起来，在夜晚的静谧中绕着花园走一圈，回来时在日记中写下："生命中最有趣的事情就是死亡。"

---

1 法语：屠格涅夫先生。

荣　誉

从 60 年代初起屠格涅夫就觉得他已经衰老，人们已经不再爱他，而且他的"一切都已经成了过往"。这在一定程度上没错。

旧的俄罗斯，宗法与农奴制的俄罗斯正在走向终结。田野的一切芳香、"风平浪静之地"、俄罗斯姑娘的温顺、农奴的温顺、俄罗斯广袤无垠的静谧正在逝去。屠格涅夫大量地写下这块土地的湿润、诗意、美丽，但是时代自身在退潮。《贵族之家》，这最后一份无可辩驳而又意蕴深邃的文学成就获得于 50 年代末。

60 年代的文学领军人物随即便说："屠格涅夫不合乎时代要求。"他也确实与时代要求不是很吻合。他唱出了时代的不协和音，生硬的干巴——这不是他的领域。前文已经说过，他对《父与子》的攻击是多么令人难以忍受。浅薄的东西会不留痕迹地过去。《烟》是半成功作品，也是有毒的。（几乎）没有人为《处女地》说一句好话。况且，屠格涅夫生活在西方，到俄罗斯也都不是长住。模子已经备好。一个过气的，既脱离时代又脱离祖国的老作家，他能拿出什么？

在这些年里，屠格涅夫写得更少：已是暮年，而且闲愁别绪也越发浓郁。托尔斯泰或易卜生的气质则不同，只会燃烧得越来越强烈！屠格涅夫需要被爱、被宠，没有这些，他很难写作。他越来越意识到事业已经终结。陀思妥耶夫斯基刻薄地嘲笑《够了》这篇小说，总之，"60 年代人"尽了最大努力来毒害屠格涅夫的晚年。

说真的，他的作品在欧洲不断被翻译、被评论。在巴黎作家和维亚尔多时期的音乐家、艺术家中，还有一些沙龙中，他享有个人的（更多是指作为交谈者）声名。被翻译成法语的书销量不好。他自认为在法国的影响力和地位很小。在德国，有忠实的文学朋友（批评家）朱利安·施密特、皮奇。德国人对他的评论大概最多，也最敬重他。上世纪 70 年代，他的作品在美国的运气不错。但是在爱丁堡（他在那里读到一篇文章《论谁也不感兴趣的话题：俄罗斯文学》）——他自己的名字被无知地歪曲了。整篇文章让他感觉，他是不必要的作家。

时值 1878 年，屠格涅夫六十岁，为自己的生日他什么也没写！如果十五年前他说"够了"，那现在说什么呢？他认为，他会在 1881 年死去（是他出生年份数字 1818 的重新排列）。因此，谈论他的荣誉应过些时日再考虑。但是荣誉并没有征得屠格涅夫同意，自己就来了，当它认为这荣誉是他必得的（他的死同样也没顾及任何数字）。

荣誉到来的第一个信号是欧洲的，不很强，但是很有质地。1878 年 6 月，在巴黎举行的国际文学大会上，屠格涅夫被选为大会副主席。他坐在雨果旁边，两人轮流主持开幕式，并都发表了讲话。雨果当时享有盛名，屠格涅夫谦虚地作了一场关于俄罗斯文学的演讲，受到与会者极大欢迎。一头银发，上身着一件燕尾服，打着白色的领带，戴着夹鼻眼镜，轻微而高亢的嗓音，不带炫耀，总体感觉这是一位大作家——一切都"传达给"了听众——俄罗斯文学从来没有占据过这样的位置，是屠格涅夫把它托举起来的。从道义上讲，这项考验出色地通过了。副主席的技术水平却不太行（他没有排队发言，有时站起来，好像要说什么却又没说；他无力地掌控着铃响，后来又把它弄掉了）。但这并不重要。雨果做了件不合常理却又更纯粹的事情（例如，他投票赞成一项与他自己的发言完全相反的决议）。重要的是，屠格涅夫和雨果比肩，面对欧洲，他俩一道被提升到文学长老的地位。

俄罗斯还不曾扬名。大家全都觉得它就是一尊"斯芬克斯"。但就在这个不吉之年，俄罗斯竟传出一个令人喜出望外的消息。在代表大会上的讲话中，屠格涅夫谦逊而坚定地谈说俄国文学："一百年前，我们是你们的学生；现在你们把我们当作自己的同志来接受了。"而在两个月前，他收到一封来自俄罗斯的信，这封信使他非常激动：这是列夫·托尔斯泰从雅斯纳亚·波良纳写来的一封信，正是这位托尔斯泰在十六年前打算用双管枪射杀他。屠格涅夫并没有作出任何亲近行为：他只是在欧洲传扬了敌手的文学声名，把他作为俄罗斯首屈一指的艺术家。而托尔斯泰本人的心中似乎有什么东西被推动了，他现在想起屠格涅夫并不是一个"卑鄙小人"。

"最近……我感到惊讶和高兴的是，我对您没有任何敌意。上帝保佑你也有同样的感觉。说真的，我是知道您有多善良的，我几乎可以确信，您对我的敌意在我对您的敌意消失之先就已经过去了。如果是这样的话，让我们彼此握手，并恳请彻底原谅我对您所犯的一切过错。"他继续回忆起屠格涅夫在文学上应有的声名，以及他对自己所施行的一切善举；就此托尔斯泰建议——如果屠格涅夫可以原谅的话——恢复友谊。"在我们这种年岁，幸福只有一个，那就是与人的友爱，如果我们能建立起这种友爱，我会非常高兴的。"

接到这封信，屠格涅夫哭了起来。他如是回复：

"……我已准备好以最大的热情恢复我们以前的友谊，并紧紧握住您向我伸出的手。您没有认为我对您怀有敌意，这是完全正确的；如果有的话，很久以前就烟消云散了……

"……打心眼里高兴我们中间的误解结束了。我希望今年夏天能到奥廖尔省，如果能成行的话，当然我们会见上面的。在去那里之前，我祝您诸事安好——并再次友好地握您的手。"

是年夏天，屠格涅夫来到了斯帕斯科耶，而且于8月初，他在雅斯纳亚·波良纳与托尔斯泰会面。托尔斯泰离家去图拉迎接他，看得出，他想把和解安排得十分隆重。他们一起从图拉来到这里，两人都兴高采烈，彼此非常亲切。屠格涅夫在托尔斯泰家住了几天，在托尔斯泰那里他以他小说的谦恭、质朴和绘声绘色迷倒了所有人。显而易见，他精神饱满，处于柔软和感动的精神状态。"不管是您，还是我，"他后来写信给托尔斯泰，"我们俩都比十六年前变得更好了。"显然，那个"过去的"屠格涅夫，那个带着某种姿态和句式的屠格涅夫，已经消隐无踪。托尔斯泰曾觉得屠格涅夫令人难以忍受，现在他对屠格涅夫很恭敬，几乎称得上温存。当然，距离仍然存在。两人所保持的克制正是为了不触痛尖角。然而，屠格涅夫根本顾不上尖角之说，另有别的事压抑在他心头。餐厅里有十三个人围着餐桌坐下，他们开始开玩笑说谁会第一个抽签抽到死亡。屠格涅夫也笑了，然后举起手说：

"Qui craint la mort, leve la main!"[1]

除了列夫·托尔斯泰，谁也没举手：

"Eh bien, moi aussi je ne veux pas mourir."[2]

两个一流俄罗斯作家——只有他们说，他们害怕死亡。（索菲亚·安德烈耶夫娜认为，列夫·托尔斯泰举手是"出于礼貌"——《伊万·伊利奇之死》的作者是很讲礼貌的！）于是二位便用法语表达了自己的意思。

然后，当然，就像往常一样，他们在村里散步，欣赏科兹洛娃·扎谢卡[3]、可爱的田野、故乡的小树林。屠格涅夫顾不上争辩，也没工夫吵嘴。最后的爱带来了兴奋，而且荣誉也已经留给了他。没有前路可奔往，没什么好担心的。也的确，费托娃·斯捷潘诺夫卡时代的神经质和暴躁都已经远去。

晚上他们下棋。下棋是出于礼貌，谁也不会下输的。屠格涅夫下得更好，大概托尔斯泰不得不通过输给他来锻炼自己的谦逊。

屠格涅夫在托尔斯泰那里住了三天。客人和主人彼此都很满意，也对两个光荣人生的观众起了很好的作用，即

1　法语：谁怕死，举手！
2　法语：好，我也不想死。
3　雅斯纳亚·波良纳火车站的旧称，于1918年更名。

他们漫长、复杂而颇具戏剧性的关系有尊严地结束了。屠格涅夫离临终不远了，也该与托尔斯泰和解了。一个真正的俄罗斯（欧洲俄罗斯）不可能永远与另一个真正的俄罗斯（亚洲俄罗斯）敌对。

与托尔斯泰的和解对费特产生了正面影响。大胡子费特曾经是屠格涅夫诗歌与狩猎上的朋友，从1874年起几乎成了敌人。

对俄罗斯和政治的不同态度让他们两人分道扬镳。屠格涅夫的自由思想、对政府的冷淡、对侨民情况的熟悉以及对革命者的一些同情激怒了费特。然而，屠格涅夫则对费特几乎顽固地维护农奴制的保守主义感到恼火，屠格涅夫对他诗歌的欣赏也变得越来越少。不满之情本来已暗燃了很久，这回一下子爆发了。有消息传到屠格涅夫耳朵里，费特在扩散有关他的荒谬故事：好像是屠格涅夫在与两个年轻人的谈话中努力用"去西伯利亚的迫切愿望来感染他们"。屠格涅夫的某句话显然被曲解和夸大了，这导致了二者关系的破裂。但费特仍然是托尔斯泰的邻居和朋友。8月的相见，屠格涅夫在托尔斯泰那里留下的印象，都对费特产生了影响。屠格涅夫于1878年8月25日回到斯帕斯科耶，写信给托尔斯泰："申欣-费特给我写了一封非常可爱的信，尽管有点语焉不详，信中引用了康德的话；我立即回复了他。因此，我这次来俄罗斯并不是无益的。"

但他与祖国重要的，也是胜利的会面还在后面。

*　*　*

1879 年初，屠格涅夫的哥哥尼古拉在俄罗斯去世，这位哥哥曾与他并肩同母亲作战，母亲去世后，他成为一笔巨大财富的所有者，并与安娜·雅科夫列夫娜（安娜·雅科夫列夫娜早于他去世）一起生活了一辈子。当年他因为她没少吃母亲的苦头，但是他却一直受控于这个女人。安娜·雅科夫列夫娜完全控制着丈夫，而据伊万·谢尔盖耶维奇（他不喜欢嫂子）的说法，他"吻她的双脚"——在某种程度上重复了伊万的命运。安娜·雅科夫列夫娜不能与维亚尔多相提并论，但她也不漂亮，性格难以相处，脾气暴躁。

在弟弟屠格涅夫的人生中，哥哥几乎可有可无，除了他在 60 年代来到巴登，那个时候伊万·谢尔盖耶维奇告诉他重要的家庭秘密（关于他自己和维亚尔多，这些秘密我们并不知道）。尼古拉从未达到他弟弟的精神水准。他们的相去甚远并不令人惊讶。尼古拉是一个地主，一个庄园主，一个吝啬的商人。这一切都是与伊万·谢尔盖耶维奇格格不入的。

屠格涅夫在参加亲人朋友的葬礼方面总是运气不好（很明显，这已是注定了的：彼此的袖手旁观），他既没有看到躺在棺材里的母亲，也没看到躺在棺材里的哥哥、别林斯基或赫尔岑。1879 年 2 月，他因遗产问题来到莫斯科。尼古拉·谢尔盖耶维奇死后仍然忠实于妻子的遗言：他把大部分财产留给了她的亲戚，伊万·谢尔盖耶维奇得到的很少。

不管怎样，屠格涅夫来到俄罗斯是为了要钱。但是有关遗产，发生在一位叫马里亚列夫斯基的人身上的许多不愉快的事，我们只是道听途说。关于作家与俄罗斯的相遇，却有很多可说的。

　　似乎是从一件小事开始的。马克西姆·科瓦列夫斯基，一位著名的学者、老爷、美食家，一位"西方气质"的人，过着散漫而自由的生活（当时是《批评观察》杂志的编辑），邀请屠格涅夫到他家吃早餐。（屠格涅夫依旧落脚于同一条美丽的普雷希斯坦街心花园大街，在他的朋友马斯洛夫那里，即单位办事处。）科瓦列夫斯基召集了二十名仆人。早餐很丰盛，很讲究。胖得笨重的主人宣布第一杯酒为"作为一位慈爱而宽容的青年人导师"的客人敬上。这一切都是顺理成章的事：屠格涅夫刚到，而且是一位年迈的、著名的作家……更令人惊讶的是，屠格涅夫一生中吃过那么多早餐，说了那么多祝酒词，也听了那么多祝酒词，这一次屠格涅夫却"还没听完祝酒词，就大哭了起来"。这一举动完全不是西方式的——无论是在沃森还是在"阿道夫或佩莱"的聚餐上，谁都不会这么做。是什么东西击中了屠格涅夫，暴露了他的"斯拉夫"本性？他后来称那天为"虚幻的"。事实上，没有什么是虚幻的，除了一件事：这件事发生在莫斯科，他小时候在这里上了寄宿学校，年少时进了大学，曾爱上齐纳伊达。有一件事很重要，这是祖国，祖国的人们不仅没有把他遗忘，而且奉他为导师并爱着他。在死亡来临之前，他还可以收获到生命的果实。

　　这些果实从四面八方撒落。他的到来使他大获全胜——尽管他没有任何预想。一切都是自发的。

例如，老迈的、虚胖的阿列克塞·费奥菲拉克托维奇·皮塞姆斯基在俄罗斯语言文学爱好者协会朗读小说中的一章。阅读——在大学的阶梯教室。出于长期的友情他邀请屠格涅夫，屠格涅夫没有马上同意（觉得身体不太好），但他最终还是来了。他从主门进来。在正对着主门，离主门非常近的地方，立有一个轻巧的白色小屏幕，上面有一盏神奇的灯笼。令人触动的是（由于他的笨拙和高大的身材）——一个灰白的头突然出现在坐满观众的圆形剧场前台，欢呼声响起。一个"高尚的人"，大学生维克托罗夫，因了屠格涅夫而沉迷于文学史，在人群中发表演讲。人们忘记了皮塞姆斯基。

"不久前您受到了教授们的欢迎，而现在，请允许我们向您表示欢迎，我们——正在大学就读的俄国青年学生——欢迎您，《猎人笔记》的作者，这本书的出现与农民解放的历史密不可分……"

一句话，一切都遂人愿。接下来也有某种"教导"，但被年轻人的欣喜若狂所淹没。屠格涅夫谦逊地表示感谢，也许这种谦逊更加打动了年轻的俄罗斯，此时它激动而热烈，时常带给人微笑，同时又热情洋溢。欢喜之情使人们对他紧跟不舍，学生们沿着走廊飞跑，人头攒动于出口处，门都差一点摇晃起来（就像波琳娜·维亚尔多曾经在彼得堡时那样）……"屠格涅夫走出正门的时候，假如警察没赶过来把门关上，他们会涌到街上去的。"

事实上，同样的事情也发生在普雷希斯坦花园街的房子里。从早上开始，仰慕者们——学生、演员、英国俱乐部成员、音乐学院学生、准备作肖像画的画家，几十个人都来要求作家亲笔签名，大多数是女孩。（这些"屠格涅夫的女孩们"又一次蜂拥而至，以至于作家不得不把自己的名字写了一整天。临近晚上，他已经完全地筋疲力尽了。）

3月初，屠格涅夫辗转彼得堡。彼得堡文学界随即为他举办了一次晚宴。文学基金会为他组织了一场晚会。应一所寄宿中学恳求，他做了演讲——女教师们几乎把他扛了起来。又像在莫斯科一样，每天早晨房间里便聚集起人群，他们带来了他的作品（再次求签名），自己还写上了贺词和祝词。屠格涅夫有几本书，姑娘们一下子就把这些书拖走了——争论着，谁该拿哪一卷，互相撕扯着书，"像傍晚的寒鸦幼雏尖叫着"。有个姑娘高兴得喘不过气来，因为她领到了一本《处女地》。屠格涅夫不时地笑道："也许六个月前，同样是这位读者曾诅咒这本《处女地》呢。"（但总的来说，给他留下的印象是，70年代的女人比"60年代的女人"更温柔、更真诚：也许这不仅仅是一个粗略的观察，民粹主义的浪漫主义与巴扎罗夫自然科学和青蛙不同。）

同是1879年3月的彼得堡，屠格涅夫在拥挤的人群和荣誉的喧闹声中结识了另一位杰出的朋友。

1月，年轻的女演员萨维娜在亚历山大舞台上演了庆祝演出剧目《乡村一月》。这出戏被做了些压缩（她因此获得成功）。萨维娜饰演了美丽的小姑娘薇拉——演出非常成功。她与屠格涅夫交换了祝贺电报。通过书信往来他们结识。现在他们要私下见面了：屠格涅夫的朋友托波罗夫把他们的会面安排在欧罗巴酒店（屠格涅夫下榻在那里）。萨维娜到了那里。好一幅对比强烈的画面：一位白发苍苍的老者映衬着一位脸庞棱角分明、大眼睛、细腻而又冷酷，但也是热情似火的爱嘲笑人的姑娘。不管她曾怎样活泼爱动，屠格涅夫的名声让她不安，感觉到了心理上的压力。她只在奔萨和明斯克有一些名气，但他，是全俄的名流。她胆怯，虽然她不是胆小鬼。在最后一刻，她紧张得差点取消了这次会见。

屠格涅夫充满友爱地接待了她，简直就像一位"爷爷"，就像童话里的一位 Knechtruprecht[1]。他以为她扮演娜塔莉亚·彼得罗夫娜，他很惊讶，她演的是薇罗契卡[2]。

她邀请他去看最近的演出。只是当她临出门时才想到，票已经卖完了，只好赶紧向剧院经理为他要了个包厢的座位。经理把自己的包厢票让给了他，屠格涅夫理所当然地接受了。演出开始时，他坐在包厢深处，无灯光照明处，没有人注意到他。幕间休息时，人们开始呼唤"作者"出场，在那一刻，不露面是做不到的。萨维娜飞到包厢，把屠格涅夫拉到舞台上——剧场一片轰动，就这么持续了整整一个晚上。屠格涅夫就从包厢里给剧场各边的观众鞠躬——现在大家都不让他安静下来了。

萨维娜得意扬扬。剧作是她表演的，是她把屠格涅夫带到观众面前：他的荣耀也投到了她身上。第二天她又是和他一起在文学基金会的晚会上表演。现在他们俩要表演的是《乡巴佬》[3]中的柳宾伯爵和达丽娅·斯捷潘诺夫娜·斯塔斯蒂耶娃。

1　德语：严寒老人。
2　薇拉的爱称。
3　又译《外省女人》。

"当我们走出来的时候，我当然没有只向掌声鞠躬，也在为作者鼓掌。伊万·谢尔盖耶维奇久久地鞠躬，最后一切都安静下来，我开始问：'阁下，您在我们这儿要待许久吗？'

"我还没说完，掌声就又雷鸣般响起。伊万·谢尔盖耶维奇笑了笑。欢呼声不绝于耳……"

就这般，他伴着欢迎词走入俄罗斯，并伴着欢迎词离开俄罗斯。春天在巴黎见过屠格涅夫的人都说，他变得年轻了，精神了，好像花在绽放，甚至有重新迁居俄罗斯的想法（也许，这未必就是真话）。

莫斯科和彼得堡的鼓噪传到了西方。牛津大学授予屠格涅夫民法学博士学位。"哦，学位帽配上我那张俄罗斯人的面孔是多么糟糕！"他写信给马斯洛夫，好像很惊讶他们给了他这顶帽子。他对民法一窍不通，不知道如何进行最简单的交易，但却成了一名博士……（英国人认为他是因为《猎人笔记》，因为解放农奴而获此殊荣。）"事实证明，我是第二个获得这种荣誉的俄罗斯人。"

屠格涅夫"很惊讶"他被选中了，但他很满足。他爱荣誉，在荣誉面前他很软弱。

* * *

1880 年对俄罗斯启蒙运动来说是相当重要的一年：普希金纪念碑在莫斯科揭幕，它为诗人的时而走红时而沉寂、诗人事业和人们对他记忆的再度抬升做了一个总结。在纪念碑前，争论停止了。这位艺术家似乎被列为圣人，他的作品进入学校课堂和课本，而英名"流芳百世"。

屠格涅夫比任何人都更应该参加庆祝活动。毫不奇怪，1880年春天，他去了俄罗斯，盘算着临近6月前到达莫斯科。

他往返于多个地方，去了彼得堡，去了自己的斯帕斯科耶，又到乡下去见托尔斯泰。托尔斯泰正处于调整内心状态的焦灼中。就在普希金纪念碑揭幕日到来前，陀思妥耶夫斯基从罗斯库特宾馆[1]给妻子写信道："关于列夫·托尔斯泰，就连卡塔科夫也证实他所听到的，他完全疯了。"如是这般，尽管他"疯了"，托尔斯泰伯爵还是亲切地再次见了屠格涅夫。他写了《福音简述》，和客人一起去打丘鹬，沐浴着春天的朝霞，头顶早早升起的金星，去看白桦绽包抽芽，雪花莲恣意开放，在难画难描的傍晚，天空和日落的温柔中，在森林的腐烂气味和清新中……除了俄罗斯有雄丘鹬的求偶飞行，其他任何地方都没有。为什么奉行不抵抗主义的托尔斯泰和为爱献出生命的屠格涅夫却在射杀和平的、以爱诱人的鸟儿——这是无法理解的。曾写下美丽梅恰河畔的卡西扬，能听出所有的鸫鸟、知更鸟的啼啭，以及沙锥鸟的号叫、斑鸠的咕噜声，柔软而又忧郁地爱着大地上的生物的（在难忘的夜晚的优美中）屠格涅夫，在自己死亡的门槛上找到了杀死最优雅的鸟的满足。

托尔斯泰把客人安置在一个最有利的地方，在大空地的边缘，他自己却往远处走去。丘鹬使出浑身解数吸引主人，他却在那里焦灼着，而屠格涅夫带着列夫·托尔斯泰的小儿子只是在听。终于，咕噜声在头顶上方"拖扯"着。

---

[1] 19世纪下半期到20世纪初莫斯科最大的宾馆之一。

普希金纪念碑（1880 年）

屠格涅夫瞄准、射击。一只丘鹬掉落到一棵枝繁叶茂的白杨树上。天已经黑了。不管屠格涅夫和列乌什卡，还有托尔斯泰的狗找了多少地方，都没找到。年老的列夫一直在射击，而后他手提着袋子走过来，袋子里是两只被射杀的鸟。

"这是个生来有福的人，"屠格涅夫嫉妒地说，"幸福总是无处不在而且永存。"（说的是，他的家庭生活让人们联想起 malebolgie[1]，他认为自己的既往作品全都是迷途，并时常接近于自杀。）

丘鹬们一边从托尔斯泰手中迎接死亡，一边应爱的召唤而飞翔，屠格涅夫的心此刻还在为了爱而颤抖——这已经是最后一次了。虽然他也告诉了伯爵夫人索菲娅·安德烈耶夫娜，他不写作是因为他没有恋爱，但这是不对的。去年与萨维娜的相识没有白白地消逝。就在这个时候，他和她以一批温柔爱抚的书信在互动。

他此行来的主要目的不是打猎，而是希望把托尔斯泰带到莫斯科参加普希金的庆祝活动。尽管托尔斯泰对客人彬彬有礼，很友好，但在这时还是以他特有的方式拒绝了。"这一切都是装模作样"，也许他没有直接这么跟屠格涅夫说，但这句话在文学家中广为流传。屠格涅夫一无所获地离开了他，先是去了斯帕斯科耶，然后去了莫斯科，参加庆祝活动。

莫斯科为他们做了辛勤的准备——一个面包和盐的莫斯科[2]，一个聚集着知识分子和商人，西方派和斯拉夫派的

---

1 意为"撒旦"，但丁生造的词。罗津斯基将其翻译成"恶德的渊薮"："地狱第八圈，地狱漏斗呈宽大环状，被悬崖陡壁环抱着。"原注。
2 俄罗斯待客的最高礼仪，这里形容莫斯科是十分注重礼仪的城市。

莫斯科，它有阴谋倾轧、忧虑不安和流言蜚语，但它也是汇聚在艾尔米塔什和特斯托夫[1]大饭店，用干咸鱼脊肉、露馅馅饼和鸡雏招待着各路来宾的莫斯科。在这里，卡特科夫[2]和科瓦列夫斯基[3]没有区别。来自俄罗斯各地的代表和作家齐聚一堂（甚至从彼得堡给他们开了一趟专列）。应该在开幕前更好地安置他们，让他们吃好喝好。给第一流的名人安排午宴——像面粉制造商的儿子的武科尔·拉夫罗夫，这位现在是《俄罗斯思想》的出版商，一位美食家和"天性开朗"的人，够忙活的了。陀思妥耶夫斯基在下榻的罗斯库特宾馆写信给妻子："他们没有按照彼得堡方式来招待。一尺半的鲟鱼脊肉、一尺半的煮烂小体鲟、海龟汤、草莓、鹌鹑、令人惊奇的芦笋、冰激淋、最精致的葡萄酒和管够的香槟。"（他用他那天才的平民作家语言补充道："晚餐的精致达到了这样的地步，乃至餐后，有两百支华丽而昂贵的雪茄出现在咖啡和甜烈酒后边。"）对陀思妥耶夫斯基来说，小体鲟他是第一次见，而这一切屠格涅夫都再熟悉不过。陀思妥耶夫斯基在盘算是否有足够的钱（庆祝活动因皇后去世而被推迟了几日），他在考虑最好能拿上小说《卡拉马佐夫兄弟》的一笔预付金，他惴惴不安和放心不下的是，是否接受杜马支付三卢布的旅馆房间（而他们会突然认为，他很高兴、"说话冒失"什么的吗？）。

1　艾尔米塔什与特斯托夫（以物主姓氏命名），均为十月革命前莫斯科的知名大餐厅。现今在莫斯科还有艾尔米塔什花园。
2　米·卡特科夫（1818—1887），俄罗斯政论家、哲学家、文学批评家，《俄罗斯导报》出版商，《莫斯科大公报》的编辑与出版商。
3　玛·科瓦列夫斯基（1851—1916），俄国社会学家、历史学家和民族学家。

屠格涅夫气定神闲地在马斯洛夫家安顿下来。他有足够的钱。当然，他也被喂撑了，很淡然地接受了这里的款待。

代表大会规模很大。除了托尔斯泰，所有文学界人士都参加了。屠格涅夫、陀思妥耶夫斯基、冈察洛夫、皮塞姆斯基、费特、阿克萨科夫、迈可夫、格里戈罗维奇、波隆斯基、奥斯特洛夫斯基、卡特科夫、尤里耶夫、科瓦列夫斯基，还有许多教授、科学家、文学和慈善团体的代表。当然会分成两部分：西方派成员—斯拉夫派成员。前者由屠格涅夫领头，后者由陀思妥耶夫斯基领导。是否邀请卡特科夫和《莫斯科消息报》？朗读的对象、内容和地点？一切都是这么让人焦虑与烦恼。深受折磨的陀思妥耶夫斯基坐在他罗斯库特的房间里，他觉得大家都会回避他，"有损他的尊严"，他还觉得屠格涅夫会率领普雷希斯坦花园街的西方派总部来对他发号施令，以贬低斯拉夫主义而提升自己。总体说来，在他备受折磨和痛苦的幻想中自我感觉的许多事情，实际上完全没有发生。

经历种种拖延，纪念碑于 6 月 6 日在特维尔大道揭幕。纪念碑是由奥佩库申制作的——大家都已经知道了的，依旧是沉思的普希金，他手里拿着帽子，穿着燕尾服，头微微倾斜，卷曲的头发，跟莫斯科的风景很搭配。想象一下 6 月的早晨，充满深情的修道院祈祷前的钟声，人群，挤满了观众的看台，纪念碑脚下是一群穿着燕尾服德高望重的老者，夏天的云彩在他们身上留下斑驳光影，威仪的警察局局长，瞪着眼睛的警察，奏着赞美诗的乐队。骠骑兵军官亚历山大·普希金就站在那里，他是莫斯科的女子贵族学校未来的名誉监护人，当时他并不老。他们说，他很像他的父亲——这一点你是乐意相信的。甚至在老者亚历山大·亚历山德罗维奇·普希金身上也留有某种他父亲的风范。当帷幕落下，这位父亲成了莫斯科的一部分，是该地区的天才，就像花园大道的守护神，同时也是一尊俄罗斯的圣像。

屠格涅夫也在这里，非常激动。他是在普希金还活着的时候认识诗人的，在棺材里的样子他也见过。他自小就崇拜他，留着他的卷发发型。据一位女目击者说，"他站在纪念碑附近，感觉他整个人通体透亮"。他怀着深深的激动敬献上花圈。

屠格涅夫强烈体验着纯粹的"普希金的一切"。但是特维尔大道上的屠格涅夫并不是那位几个小时后，在午宴上两次拒绝与卡特科夫碰杯的人。（在这之前，卡特科夫在报纸上非常恶劣地侮辱了他。）晚上又走出来第三个屠格涅夫，头发灰白，身材高大，走向贵族会议的舞台，用他那高嗓门，微微低声地开始朗诵《最后一朵驱散风暴的乌云……》——到第三行时顿住了，忘词了，观众开始给他提词。他可爱地微笑了一下，和观众一起朗诵了这首诗的结尾，就像一起在教堂里唱信经一样。

选择这首诗，强调了他和俄罗斯的和解。

够了，藏匿起来！时光成为过去，
大地清爽，暴风雨疾驰而逝，
风儿啊，温抚着一枚枚树叶，
你被风儿从静谧的天空吹走。

是的，不用说，这场"暴风雨"全都已经过去，荣誉与和解是毋庸置疑的……但生活也已成为过往。普希金的节日——演讲、盛宴、朗读——对于屠格涅夫来说既是最高的加冕，也是对俄罗斯的告别。他很明白这一点。（他正是因此而激动。）公众也很激动，或许也朦胧地感觉到了这一点。当他在另一场晚会上朗诵出第一句"我又置身祖国怀抱"（《"我重又拜访……"》），听众雀跃起来，掌声雷动，都不让他说话了。他不停地用同一种高而细的声音拖长声调接着念完：

> ……而在远处
> 站着位他们愁眉苦脸的同伴，
> 作为一位孤身老者，在他的
> 四周仍旧是空茫茫一片。

这说得相当准确。他独自一人，一如从前，仿佛永远。陀思妥耶夫斯基详细地写下了庆祝活动，写下自己在罗斯库特的生活，把自己的情况写给他的安娜·格里高利耶夫娜。没错，他还写了个附语，让他煞费脑筋的是她是否背叛了他，但是可以想得出来的东西还少吗？他可是陀思妥耶夫斯基啊！安娜·格里高利耶夫娜写给他的信也不少，当然是经常写。他火急火燎，担心钱的问题，担心房子，为自己的拖延作解释，如急着去哪里，急着去找谁。安娜·格里高利耶夫娜的生活也在他的心里。屠格涅夫可以写信给爱着另一个人的萨维娜。在巴黎等着他的是一个普通的棺椁——那里只是供一个人长眠的（谢天谢地）地方。看来，提到普希金纪念日的屠格涅夫的信件根本就没有。

6月7日上午，在俄罗斯文学爱好者协会的会议上，他做了关于普希金的讲话，这个讲话稿是他事先写好了的。他以奇怪的方式对稿子做了些许压缩。是不是在斯拉夫派的巅峰时期，他更显谨慎。对普希金他当然是极尽溢美之词。他并没有执意称普希金为歌德和莎士比亚类型的"既是民族的也是全世界的"诗人。这让陀思妥耶夫斯基非常恼火。第二天即8日早上，陀思妥耶夫斯基在同一个协会做了一篇关于普希金的著名演讲，以示对屠格涅夫演讲的回应，这篇演讲产生了非凡的效果：它使其他一切都黯然失色。

"阿波罗"和"狄俄尼索斯"相遇了。阿波罗得到了俄罗斯最后的，也最肯定的祝福，在奥林匹斯山上赢得了无可争议的地位。也就在那个朗读《乌云》的晚会上，在与会者的最前列，他给普希金半身像奉上了一个月桂冠——皮塞姆斯基则举起这顶桂冠，并把它放在了屠格涅夫本人头上，引发了经久不息的掌声：文学的月桂冠对他来说是无可争议的。

孤僻而阴沉的、欣喜若狂又脾气火暴的狄俄尼索斯，阿波罗的仇恨者，最伟大的野心家和潜伏的受难者，准备了一枚罗斯库特炸弹，他把这枚炸弹填满。6月8日上午，这枚炸弹在演讲开始时发出沉闷的嘶嘶声，准备炸裂。终于，砰的一声响：虽然他谈到了普希金，谈到了文学，甚至同情地提到了自己敌人笔下的丽莎，但他还是用文学以外的东西炸毁和撼动了"爱好者们"的隔阂。他把普希金抬高至俄罗斯，将俄罗斯抬高向全世界，他把俄罗斯当作弥赛亚来介绍，他激动着，发着疯——演讲结束时，听众们陷入歇斯底里状态。这位了不起的人将宗教的激情和疯狂带入自己的演讲，他能同时感受到佐西玛和斯维德里加洛夫、阿廖沙和斯梅尔佳科夫，谈论普希金的无所不应，并计算着屠格涅夫多少次被请出返场，谁的追捧者更热烈：是他的或者屠格涅夫的？

普希金的庆祝活动具有全俄性质。普希金向俄罗斯展示了俄罗斯。屠格涅夫和陀思妥耶夫斯基直抵莫斯科人的内心。热情是巨大的。陀思妥耶夫斯基演讲后，宿敌和好了，他们发誓要"更友好相处"，等等。年迈的可爱的莫斯科！她风雨飘摇，她狂躁不宁。所有的这些长款的常礼服，大胡子，裙撑，运动衫……

很久以后，一位上了年纪的老妇人，一个纯洁而温柔善感的灵魂，长着一双珐琅质的蓝色眼睛，告诉我屠格涅夫是如何走出演讲晚会的，他的声音是如何被淹没的，他们是如何哭泣的，陀思妥耶夫斯基是如何狂暴——她自己也流下了眼泪（回忆起那些高尚的，而且算得上无上幸福的日子）。是的，节日，这就是一个节日。

"每到晚上我们都无法平静。所有人都走在特维尔大道，坐在纪念碑旁，一直坐到很晚，坐到半夜，在那里读诗。总是有人在那里……大学生们，小姐们。"

萨维娜

　　屠格涅夫"为了普希金"来到俄罗斯，也像是"为了萨维娜"而来。1880 年 2 月至 3 月，他经常在彼得堡见到她。要么是她来找他，要么是他想要一张《野蛮人》的剧票：显然萨维娜开始让他感兴趣了。

　　他们年岁相差很大：她二十五岁，他六十二岁。但这让他对她的态度有种穿透时空的力度。如果在巴黎有维亚尔多，如果他在那里安分、听话、安于现状，是一位知己，这位知己可以听从指派去药店买药或是买窗帷，那么这里就不一样了：青春。从某种意义上说，他完全属于波琳娜，但她给不了青春的诱惑。

　　起初，他似乎在和萨维娜玩一场微妙而温柔的游戏，他是擅长这种游戏的大师。和任何一场游戏一样，这里也有自己的进攻和撤退、机动和反机动。他在信中指出了这一点。突如其来一场寒凉（"那么，我明天——星期六——下午两点半我在家等您？我会在家的。——也许威严会有几分柔软。"），那是比温柔更强烈的感情。在她生日（3月 30 日）那一天，他以"极绅士的"风范称呼她"最亲爱的玛丽亚·加夫里洛夫娜……"，给她送上一个小金手镯当生日礼物，上面刻着签名："献给 М. Г. 萨维娜。屠格涅夫赠"。然后又是一些他所谓的"外交上的微妙之处和模棱两可的双关语"——但 4 月 17 日他就动身去了莫斯科，翌日抵达后随即写信给她。一切都是写自那个办事处，那是彼得堡给予他的最珍贵和最美好的回忆。再过一周，"你成了我生命中永远离不开的宝物"。

就这样，普希金节日的准备、列夫·托尔斯泰、丘鹬、与索菲亚·安德烈耶夫娜在雅斯纳亚·波良纳的谈话，这是一些事，而在这一切掩盖下的全然是另一件事。

5 月，萨维娜打算去南方，去敖德萨玩。屠格涅夫住在斯帕斯科耶，写了一篇关于普希金的演讲稿。但除了庆祝活动、演讲和文学之外，他还梦想着在她穿过姆岑斯克和奥廖尔的途中怎样才能见到她（甚至是把她吸引过来见他）。

而这一次，她不能够去斯帕斯科耶。但他们信中商谈并约定 5 月 16 日相会。

晚上十点左右，在不大的姆岑斯克火车站，人们可以在那里吃热馅饼，女士们在月台上漫步，伊万·谢尔盖耶维奇·屠格涅夫在 5 月柔和的朦胧中，手捧鲜花，等待着莫斯科开来的火车。在一等车厢里，一位年轻的明星迎着他飞来——她要征服敖德萨人，但在行进途中也可以先把屠格涅夫征服。蓝色的车厢，风度翩翩的列车长，红色的天鹅绒沙发，沙发上有一本被扔下的书，香水的味道……瘦小的萨维娜，高大的屠格涅夫亲吻着她的小手，献上鲜花。火车是快车，停靠时间很短。屠格涅夫留在车厢里。他们在火车上共度了一个半小时，火车穿过黑土的田野，车窗开着，吹来沼泽和朦胧小溪不时散发出的潮湿气息，还有黑麦穗的味道。也许男孩们在篝火旁或土堆附近，看管着一片混乱的马群，而且"白静草原"本身并不遥远。村庄已经夜色如墨，只有点点火星在飞舞，而且还有繁星闪烁。

应该在奥廖尔分手。在最后一刻，在车厢窗边的月台上，萨维娜从车厢里望着他，屠格涅夫体验到了一种强烈的、几乎抑制不住的、突如其来的年轻人的感觉：如果在第三次铃声响起的最后一刻抱住她，把她从车厢里拽出来，带她到斯帕斯科耶……

当然，结局是屠格涅夫式的："很有可能，但没有发生。"铃响了，火车开动了，而他仍然站在那里，挥舞着手帕跟着她。

在奥廖尔过了一夜，他去了斯帕斯科耶。不知道他们在车厢里谈了些什么——但这次旅行给他留下了深深的印记。此刻他又独自一人置身于巨大的斯帕斯科耶。花园百花盛放，5月恣意敞开它全部的心扉。夜莺的夜晚。奇怪、急剧而又无果的感情撼动了他。他紧接着就给她写信：

"我甚至很难向自己解释您为我注入了怎样的情感。我是否爱上了您——我不知道；在此之前我的感觉常常不是这样。这是对身心相融的一种不可抗拒的欲望，一种完全献出自我的欲望，在那里，甚至一切尘世的东西都消失了，我在胡说，但假如……假如……那于我将是难以言喻的幸福……而现在，当我知道这不会发生的时候，我不是那么不幸，我甚至感觉不到特别的忧郁，但我深深地遗憾，这美好的瞬间永远地失去了……

"我希望我们还能继续互通信息，但那扇半开着的，后面好像藏有一种神秘而奇妙的东西的门，已经永远被关上了……

"……您不会再收到这样的信了。"

当他写这封信的时候，萨维娜已经临近敖德萨。也许她在姆岑斯克和奥廖尔之间的那一个半小时里和他玩得很开心很尽兴，但她自身的灵魂却被另一个人填满，一个叫尼基塔·弗谢沃洛日斯基的男人，她未来的丈夫。因此，屠格涅夫的所有情感的颤动都是完全没有结果的，他能够遇到的只会是满足不了情欲的所谓的"友谊"。弗谢沃洛日斯基是一个年轻的轻骑兵军官，相貌出众，掌管着别尔姆州巨大的希瓦庄园（她去过那里）。萨维娜给屠格涅夫写了一些信，给弗谢沃洛日斯基写了另外一些信。已经年迈的屠格涅夫（甚至有可能他当时都不知道有弗谢沃洛日斯基的存在）非常清楚自己处境的绝望。他当真再也没有给她写过像在斯帕斯科耶所写的那样的信。但这段关系没有中断，一直维持到他去世。

在普希金的庆祝活动中，萨维娜置身于幕后。但此时已经是8月了，他们在巴黎见面了。这次会面不像姆岑斯克的那次：至少是因为神秘的弗谢沃洛日斯基的最终出现。一切已经带上冷冰冰，几乎是"例行公事"的特征……

"亲爱的玛丽亚·加夫里洛夫娜，我对我们的约会很不满意。我们无论是聚还是散，都权当一对知书达理的陌路人。我星期四会在巴黎，早上12点左右来看您。"（屠格涅夫于布日瓦尔。）看得出来，道别也很冷淡。"我记得在巴黎，我们的最后一次约会中，您与我握手道别，我非常清楚，这，如果不是争执，那就是分离……"分离开始了，但争执，真的应该没有。生活只是在行进——一种是在巴黎和布日瓦尔的老年生活，而另外一种生活在彼得堡，充满青春与活力，充盈着才华的成熟与燃烧。屠格涅夫明白自己的处境。生活启示他一种唯一可能和唯一值得的行为方式：长时间的、友好的、梦幻般的通信，"不带希望，不求结论"。在这一点上他一直都很坚强。1880/81年的冬天，他与萨维娜建立了这样的通信联系。对她在舞台上的成就感兴趣，对她的健康，对她的神经质感兴趣，对她偶尔会插入温情表白的信件感兴趣——这就是他的简朴营养。在思想上亲吻"聪明的双手"或"亲吻您右手的所有手指"并不多见，但在某种程度上装点了感情贫瘠的生活。这里没有像写给拉姆拜尔特伯爵夫人那样深刻而重要的自我言论，更像是关系疏远时期给维亚尔多写的信，但形式有所减弱。

临近春天，他想出了一个非常合理的主意：夏天他叫她去斯帕斯科耶看望他，他像往常一样要去那里。

* * *

萨维娜这次来看望他，在斯帕斯科耶度过了几个美好的 7 月天。前来屠格涅夫家里做客的是波隆斯基和他的妻子，他们都是与安年科夫、马斯洛夫和托波洛夫同一类型的忠实的老朋友。波隆斯基夫妇的到访缓解了萨维娜的状态，萨维娜像是来到了一个完整的家庭。

大家伙儿把女客人安置到离屠格涅夫书房不远的房间——书房通往走廊的小门打开着，朝向她住的房间。门窗全都朝北，挨着棋牌室。萨维娜得到了休息，在这里度过了非常愉快的四天。池塘上为她准备了一个类似游泳池的装置，每天早晨她都在斯帕斯科耶水池游泳——她是一个优秀的游泳运动员，（并非乡下人的样子）而是穿着游泳装，在露台上用餐。7月16日，一场雷暴裹挟着冰雹突然袭来，午餐时玻璃都震碎了。大家不得不赶紧把一切都拖到餐厅，施行自救。但后来太阳又临空照耀，一派祥和，炎热。屠格涅夫白天在书房里待上几个小时，到了傍晚，天渐渐凉爽了，他就走到阳台上，并叫上萨维娜。

"唉，请说说心里话吧！"

萨维娜的"自白"也就是谈她的生活，她的演艺事业，也许，还会谈她的知心人。这让屠格涅夫很喜欢，显而易见，是因为她描述得非常好。喜欢得他竟然有一次送她一本特别的小书，一本蓝色的书，书页带着金边：他让她把故事写下来，以免这段描述不知去向。她有时候久久地向屠格涅夫作着自白，以至于一弯细长的月牙儿升起在干草蓬松的屋顶上，池面上潮湿的水汽在氤氲，被缰绳绊住的马匹在草坪上打着响鼻，餐厅里茶炊发出嘶嘶声。（俄罗斯的7月之夜，明亮，芳香！）

有一天主人很是激动不安，站起来，于黄昏时分把他的年轻女客人带到书房里，读了一首短短的散文诗。这首散文诗还没有付梓，也不可能发表：起码是因为它太过私密，过分明显的呻吟，里面讲述的是"漫长的爱，一辈子不被理解的爱"。那里还写道，当"他"死的时候，"她"不会来到他的坟墓（这完全应验了）。

去年，屠格涅夫告别了公众的俄罗斯，文学的俄罗斯。现在与斯帕斯科耶、奥廖尔、姆岑斯克相守。曾经，当他还是个男孩子的时候，他在这个公园里捉鸟，听可爱的鲁宁发出的庄严而悦耳的声音。夜间偷偷溜出去约会。此时此刻，他闻到了最后的芬芳。

萨维娜逗留的另一个白昼和夜晚也很精彩。

7月17日，波隆斯基夫妇庆祝了他们的结婚纪念日。屠格涅夫过得很开心，办了一场很气派的香槟晚宴，并作了简短祝词对他们表示庆贺。在那次晚宴上（或者也许是在另一次类似的晚宴上），萨维娜越加地兴致勃发，顽皮得忘乎所以，跳起身向他扑来，拥抱他，温柔地吻他，这一吻让他永生永世忘怀不了。

晚上，妇女和女孩都被召集起来，请她们吃饭，让她们唱歌，跳舞，跳环舞，波隆斯基弹钢琴。萨维娜大幅度地舞动身姿，甚至屠格涅夫自己也在跳。

假设让我们想象一下，就在那天深夜，他向客人们朗诵了他的小说《爱的凯歌》，这是他在萨维娜来之前一个月在乡下写成的。

五年前他写了一篇《梦》。那里有一个神秘的黑眼睛男人，他以黑人力量和魔法的混合掳走了不爱他的女人。而在这篇小说里有两个朋友都喜欢瓦莱丽。法比娶了她，穆奇是一位音乐家，他去了东方。四年后，他带着一位哑巴马来人回来，并学了魔法和巫术的奥秘。他施以巫术（现在只能叫作巫术），掌控了不爱他的瓦莱丽。第一天晚上，他出现在她的梦中——梦里她献身于他。第二天夜里，他偷偷地用自己的法力把她从丈夫的卧室带到公园的亭子里。两次，当她离开时，穆奇拉着小提琴演奏着爱的凯歌。

这篇小说的出色之处在于它给予人难堪的东方魔术的

感觉，一种感染人心的东西深藏其中，还有一种催眠术。但是，爱情的歌是凯歌吗？在斯帕斯科耶的那个夜晚，听着这支凯歌，萨维娜懂了吗？波隆斯基和约瑟芬·安东诺夫娜是否听明白这首歌更像是一首单恋的歌？当你被爱的时候，没有必要诉诸暴力或魔法。但是，如果在漫长的人生中，内心深处积聚着一种倦怠的感觉——不是它把幻想推动的吗？

以萨维娜的智慧，她不久前听那首散文诗时未必不明白这是怎么回事。当然，她对此保持沉默，就像波隆斯基一家也不说什么一样。他们谈论的是另一件事：关于诗歌，论作品的美——还能跟作者谈论什么呢。《爱的凯歌》，说真的，大家都很喜欢。（更令人惊讶的是，它全然走进了读者心中：它受到了巨大的欢迎。）

后来，几乎是在黎明时分，屠格涅夫带着女客人去公园听"声音"。这可能是阅读的延续。无论如何，屠格涅夫在夜晚的公园就像在家。他们听着神秘的声响，既毛骨悚然，同时又感觉很好。他把黎明前醒来的所有鸟儿的名字都告诉了她，他背下的正是它们的歌。

第二天，萨维娜离开了。很快，她从别姆斯基省的希瓦庄园宣告她与尼基塔·弗谢沃洛日斯基订婚的消息。

命 运

夏天，在斯帕斯科耶的时候，屠格涅夫经历了一些不愉快的小事件。比方说，布良斯克霍乱的消息使他心烦意乱。（霍乱是他多年来的心病。）像往常一样，他觉得自己开始有麻烦了。他脸色阴沉，开始谈论死亡，甚至他所说的笑话也更多地提到霍乱。

令他难以忍受的还有鸟，一只在晚上顽强地与他房间窗户玻璃搏击的鸟。他穿好毛衣，前去波隆斯基家住的那一侧房间。雅科夫·彼得罗维奇正要上床睡觉，约瑟芬·安东诺夫娜正在写信。屠格涅夫非常激动，约瑟芬·安东诺夫娜不得不跟着他一起去。她回来了，拿着一只比麻雀还小的黑眼睛小鸟。屠格涅夫试图把这一切都当作小事（他说"所谓的神秘的东西从来都不是指人类生活中什么重要的东西"），但这只小鸟还是飞来了，这已经是过度地按"屠格涅夫方式飞来了"。（就在弗拉基米尔·索洛维约夫死前它也飞来过！）

不算什么好事的还有，波琳娜被一只有毒的苍蝇咬在脸上，而且鼻子也肿了，她自己也差点病倒。从斯帕斯科耶到布日瓦尔来回往返的电报飞了起来。屠格涅夫差点就离开斯帕斯科耶。假如确实有必要走这一趟，他也就走了，不管什么萨维娜了。但一切看起来没那么可怕，他就留下了。波隆斯基早些时候离开了，约瑟芬·安东诺夫娜待了一段时间，屠格涅夫本人在 8 月底离开了。我不知道他是怎么离开斯帕斯科耶的。当马车把他从插有十字架的燕麦田带到姆岑斯基火车站时，他想了些什么？感觉到了些什么？这是他最后一次看到这些十字架。

根据出生年份推算，10 月份他还没有去世。他感觉还不错——再有点不同的是，还在斯帕斯科耶时他写给希瓦庄园萨维娜的信中说："我已经感觉得到在落后的俄罗斯外皮下长出来的法国外皮。"在维亚尔多身边，他在精神上甚至在外表上都有了一些改变。例如，他曾喜欢闻烟草，但"他的女士们"不允许他这样做。所以他只在斯帕斯科耶这么做——在布日瓦尔用一种盐代替烟草。

但他已经习惯了西方和法国的皮肤。"朋友"，"爷爷"，一种家庭的影子，一种压抑，一种胆怯。在布日瓦尔，一个平静的秋天，相当孤独的秋天。（维亚尔多一家搬往巴黎。）后来，在杜艾街，学生们在楼下发出爽朗的笑声，与著名外国人（但没有俄罗斯人）的普通聚会，都是清一色地玩字谜游戏[1]。（令人惊讶的是，像屠格涅夫、勒南、路易·维亚尔多这样的人怎么会玩"谜语"游戏：ox-y-gène[2]——每个人都应该在自己的话语中插入一个音节，让听者去猜。）玩游戏的空当会有人弹钢琴，波琳娜用残存的美声演唱："哦，只有那个懂得约会之渴望的人……"然后重复游戏：时而挑选帷幔，时而安排好女士和她的丈

---

1 原文为法语：petits jeux。
2 法语：氧气。

夫前来串门的事，时而帮助另一位太太与债务人斗智斗勇，时而请大夫来给迪迪看病。或者是，为被遗忘在马车上的乐谱集而苦恼。

在这一切的背后，偷偷地、偶尔为之地在波琳娜的眼皮底下与萨维娜通信——梦想，幻想（弱者寻求的安慰）。萨维娜在彼得堡，在亚历山大剧院演出。伴随她的是年轻、成功、追捧者（就像四十年前的波琳娜）。但与她通信的不是当年"写蹩脚诗的地主"，而是伊万·谢尔盖耶维奇·屠格涅夫——每个人都明白，这意味着什么："亲爱的玛丽亚·加夫里洛夫娜，收到您的来信我真是太高兴了！看一眼您的笔迹，我就很高兴了……我很抱歉，我见不到您——而且我也不会很快与您相见——不早于3月。您就梦想着，悄悄地跑到国界之外会多么美好；而我则从我这方面梦想着——如果能和您两个人一起旅行哪怕是一个月，那将是多么美好——这样的话，就没有人知道我们是谁，我们在哪里……

"您的梦想——我的梦想——毫无疑问，依旧是梦想……"

为了这些梦想，他选择了一个经典的目的地：意大利——不大也不小。从威尼斯到罗马，让它呈现这样一幅景象："走在街上，或者乘坐着小游艇，两个穿着旅行服的外地人：一个高个子，笨拙，白发，长腿又很体面的样子；另一个身材苗条的小姐，长着让人吃惊的（黑色的）眼睛和同样黑色的头发……假设她很志得意满。他们漫步在画廊、教堂等地方，在一起用餐——晚上两个人去看戏，在那里……在那里，我的想象力虔敬地停止了……是不是因为这事要避人，还是因为没什么可隐瞒的？"

隐藏吗？可能是有什么东西需要隐藏，但令人惊讶的则是别的东西。萨维娜是弗谢沃洛日斯基的未婚妻。屠格涅夫知道这一点，然而，想象力依旧没有停下来……

屠格涅夫的梦想没有实现——它们也太奇怪了，以至于将这些梦想念上一遍也是让人难堪的。萨维娜则来到了国外。早在 1881 年 11 月，她就感到筋疲力尽。剧院的演出太多了，有伤健康，以至于她设法逃脱了。先是去基辅，在那里休息了一阵儿。但这还不够。1882 年 3 月，她动身去国外，去了梅朗，然后去了维罗纳。她的心事相当混乱。她是弗谢沃洛日斯基的未婚妻，但她喜欢斯科别列夫（著名将军），她继续与屠格涅夫玩温柔的游戏。这些弗谢沃洛日斯基和斯科别列夫并不让他特别满意，但他已经习惯了这样的状态，依旧时不时说些"挖苦话"。"您对梅朗的描述非常详尽和可爱……但我忍不住笑了——真的，我笑的是自己……当您恣意渲染梅朗的美丽时，您甚至能够找到可行的言辞，却只字不提给您留下深刻印象的那个了不起的战士——对你们的结婚计划什么也没说。"

接下来音调又变了。"您去意大利的打算，特别是去佛罗伦萨，我完全赞同。""许多许多年前（1858 年），我在佛罗伦萨度过了最为美妙的十天；它给我留下了诗意盎然、最多姿多彩的回忆……同时，我独自一人在那里……说什么呢，假如我有一个同伴，一个讨喜的、性格好的、美丽的同伴（这已经是肯定的了）……""如果您到了佛罗伦萨"，"请代我向它鞠躬"。"我带着一颗坠入爱河的心走过它的美轮美奂……但这颗坠入爱河的心是无的放矢的。"

3月底萨维娜来到了巴黎，屠格涅夫带着华丽的温柔迎接了她——给她带去了一束美妙的杜鹃花。

"开放吧，"他说，"就像这束花。"

萨维娜正准备接受治疗。屠格涅夫这段时间里也有自己的焦虑和不安：女儿波琳娜·布柳耶尔悲惨而不幸的家庭生活彻底结束。丈夫让她倾家荡产，他开始酗酒，拿着手枪追着她跑。她不得不逃跑，父亲不得不把她藏起来。然后，维亚尔多病得很重（"我的老朋友维亚尔多两周前差点死了，现在还没有从床上爬起来"）。但这一切都还好。他终于有时间照顾萨维娜，照顾她，照料她治病。他把她安顿在著名的夏尔科家，忙着赶走一个她不喜欢的医生。一句话，屠格涅夫做得很称职。而萨维娜则敏锐地、聪明地、已经醋意十足地扫视着维亚尔多、杜艾街的豪宅和屠格涅夫的顶楼房间——她感到不满意。她的醋意不是出于爱情，而是出于对"明星""绘画"的崇拜：这就像近年来在维亚尔多家见过他的其他俄罗斯人。不消说，他身上的某些东西唤起了她深深的共情和嫉妒：大概是波琳娜跟他在一起时的某种语气。但这也被夸大了。毕竟，在波琳娜那里他是一位老爷。他在楼上住了四个房间，在楼下用餐；为了接待协同的伙伴，他在那里开了一个华丽的沙龙。布日瓦尔有一整栋房子，也并没有无人照料。当科尼来看他时，他衣服上的纽扣儿掉了——不是每一个纽扣的脱落都是维亚尔多的责任，对此必须公正。屠格涅夫有一个女仆，他并不缺钱，钱随便他怎么用，可以因为随便什么原因而可怜屠格涅夫的年老时光，但这种原因却不可能是他在物质、生活上的匮乏。（另一方面，波琳娜女儿路易丝·埃里特的回忆是不合情理的，外人所说的弃之不顾也是不存在的。在她们看来维亚尔多一家在钱财上是支持了屠格涅夫的，这当然是胡说八道。事实恰恰相反——迪迪出嫁时，是屠格涅夫给她置办了嫁妆。）

萨维娜在巴黎待到身体经治疗痊愈，然后去了彼得堡，带走了她对屠格涅夫友爱的柔情和对维亚尔多的厌恶，而屠格涅夫进入了他生命中最可怕的和受难的一年。

他在青春年少之时可能死于海上火灾，但他没有死；他总是害怕霍乱，只凭一个想象就害上了病。他害怕1881年10月，但是白白地恐惧了一场，而在1882年4月他犯上了"神经痛"这个毛病，他对此并没有过多在意。疼痛和痛苦，心情不愉快，但没什么了不得的。夏尔科诊断他为心绞痛，"十来天他不让我离开房间"。屠格涅夫和夏尔科都没有意识到他身体状况的可怕。他得的既不是神经痛，也不是心绞痛，而是脊髓癌。

* * *

他对约瑟芬·安东诺夫娜写道："疾病并不呈现危险，但它会迫使你躺着或乖乖地坐着：因为不仅在爬楼梯的时候，甚至在普通的行走或站立状态，肩膀、肩胛骨和整个胸部都会出现非常剧烈的疼痛，而且还呼吸困难。"就在同一封信中，他叫她和她丈夫到斯帕斯科耶去，不要等他，他一有机会就来和他们团聚。然而，波隆斯基担心他的病。况且他自己也觉得时间拖得越久，他就越发严肃地思考自己的病。作为一个"开明"的病人，他想确切地知道一切，夏尔科用当时粗浅的医学知识给他填鸭式灌输（无法确诊脊髓癌）。

　　4月底，他能够向雅科夫·彼得罗维奇详细描述出什么是心绞痛，这是一种致死的病，随后他又给出另一种病——心脏痉挛，这种病是不会让人死去的，但它是持久的、慢性的，不知道什么时候痊愈。他的肩膀被这种疼痛灼伤了，好像问题是出在可怜的屠格涅夫的皮肤上，而不是脊椎。他完全不能走路。当"右肋间神经痛"增加时，他都不能躺下：夜里必须坐着。

　　在这种姿势下保持不动，人们把屠格涅夫抬上马车，转运到布日瓦尔。他们以为春天、大自然、空气会让人恢复生机。但是在5月的布日瓦尔，所有的蝴蝶在飞舞、百花盛放，呼吸着所有蓝色和阳光，他越发觉得事情不好。疼痛越来越厉害，越来越难以忍受。他写信给约瑟芬·安东诺夫娜说："我是一个被打叉勾掉的人，尽管我还能尖叫很长时间。"回到斯帕斯科耶与他们见面的希望很渺茫。屠格涅夫很高兴波隆斯基一家同意在没有他的情况下去斯帕斯科耶（是经过了长时间的商量，原本约瑟芬·安东诺夫娜竟然打算去巴黎照顾他）。

　　他这么说自己："当您在斯帕斯科耶的时候，请代我向我的家、我的花园、我的小橡树——我的故园致意，我恐怕再也见不到它了。"波隆斯基在信中给他送来了斯帕斯科耶花园的鲜花和树叶。（他要一朵丁香花。）而在布日瓦尔，医生们把一台压在锁骨上的机器放在他的肩膀上，由此好像稍微轻松了点，像是可以走几步似的。但如何！"任何乌龟都会超过我。"还有一个新招：在另一位著名医生扎库的建议下，他们开始施行牛奶疗法！一个受尽折磨的人甘愿抓住每一根救命的稻草：牛奶就牛奶，他每天喝十二杯牛奶。隔一段时间在痛处喷上吗啡，用热毛巾敷上。

就这样，屠格涅夫仍然活着，甚至可以说是体面地活着。没有希望，也没有怨恨（说到这里，他并不是一个教徒），有的更像是恭顺，痛苦和绝望常常使人变得很谦卑。他甚至在写一些东西。（从"散文诗"开始已经相当久的一段时间了，那还是在1878年。）他很乐意将以前的小作品再加工——书写得音调平顺、安静，也许变得有些"被架空"（尽管他在其中写了生命存在的琐事、疾病等）。萨维娜终于嫁给了她的弗谢沃洛日斯基。由于那些充满爱抚的信，病灾中的屠格涅夫将其算作他对她犯下的不少罪过。她给了他微笑和温柔（我想，她写的是实话），有例为证："您不时回想一下，在巴黎与您告别对我来说是多么沉痛，我当时感受到了多少痛苦！"（也许屠格涅夫哭了，读到这段文字的时候……）发生了这样的事：一个"美好"的句子一闪而过，她自己也会把它忘记。千里之外，他会作出提示的。"除了我，我无限狂爱着的奇珍般的伊万·谢尔盖耶维奇……"他回复："您懂得的，因了这番文字至少应该双膝跪下。有一个不幸：如果您忘记了这句话，那就是您写这句话的时候并没有完全过脑子。"这真的是不幸。但这种不幸并不是第一次发生在屠格涅夫身上，还在巴黎的时候他就常常对波琳娜说："记住啊，我们当时在乔治·桑家做客，肖邦还在演奏，就是这片乌云停伫在花园上方，雨刚刚停止了喧闹……""在哪里？在乔治·桑那里？嗯，这好像是很久以前的事了。我不记得了。"他总是记得的。

而他爱的女人们却忘记这些事。

如何解释牛奶仍旧对他有帮助？7月、8月进行得比较轻松，甚至都有了希望。他可以稍微站起来走动了。医生们坚持认为没有危险，但必须忍受：这是神经性的疾病，许多艺术家、作家和画家晚年都会受到这种疾病的困扰，它可以拖延很长时间。应该喝牛奶，并等待。他耐心地等待着。在这个时间段里，他写了他最后一部，也是他真正精彩的作品《克拉拉·米利奇》。

作品中总也鸣响着屠格涅夫的调子——单向的爱和对来世让人震撼的情怀，不像天堂一样令人神往，而是森严可怕的。克拉拉又不是贝亚特丽齐。她是一个有魔力的女人，但她自己却并没有饱尝爱的滋味。她在阿拉托夫身上找到了爱——他是唯一能够回应她爱情的人，但偏偏不巧他竟是个聋子，他没有感觉到，她活着的时候阿拉托夫并没有爱上她！他还那么年轻，自己也不懂得爱。一对处男处女。她服毒自杀。她从棺材里把他"带走"，她的灵魂夜夜显现，折磨着阿拉托夫，赐给他以前没有经历过的幸福。让他发疯，让他失去生命。

克拉拉被描绘成一个阴沉、黑发的"吉卜赛女郎"。她的眉毛几乎长到了鼻梁上，嘴唇上有黑色的小胡子（也许波琳娜的嘴唇上也有绒毛），发出的声音是女低音。她并不温柔可爱，而是高傲、专横。阿拉托夫感觉到她磁性的眼神。在音乐晨会上他第一次见到她。他不太喜欢她——恰恰是因为她身上的悲剧气质，而且是来自《麦克白夫人》中的悲剧。她唱道："哦，只有那个懂得约会之渴望的人……"但置她于死地的恰恰是谦虚的阿拉托夫——他自己也死了。

这部小说于9月写成。屠格涅夫称之为"小中篇"，像是写得"缓慢而吃力"（他谈论自己作品的通常方式）——但他知道写作是一件严肃的事情。令人惊讶的是，他是如何强力挣扎着写出来的啊！说什么他也不想放弃文学。对于生活，对于女人，对于爱情，他已经是"长在岩石上的牡蛎"，但对于文学并不是这样。在完成了《克拉拉》之后，他为斯塔修列维奇的《欧洲导报》挑选了那些个人情感较少的"诗"。他与托波罗夫通信，谈论自己的作品集——格拉祖诺夫出版了这些作品。托波罗夫给他从俄罗斯寄出一卷又一卷作品校样，尽管肩胛骨疼痛，他还是反复读、修正，清理他的字行（他的人生）。《猎人笔记》《罗亭》《父与子》，中篇小说、戏剧、短篇小说——四十年的存在里最美好的东西，在临终时他也无法拒绝它。

秋天，他独自一人住在布日瓦尔。（维亚尔多一家很早就搬到了巴黎……天气很恶劣。）值得一提的是，他似乎没有那么孤独。他在写作，写了很多信。他安慰了在彼得堡为他悲伤的波隆斯基夫妇。他向贝尔滕森[1]详细陈述了自己的病情——哪里疼痛，疼痛又转移到了哪里，例如胃的疼痛等。他很高兴每天夜间的睡眠。他带着轻松而悲伤的冷笑，拒绝了新的治疗：用生黏土敷在疼痛的地方。（他仍然相信牛奶，并继续难以置信地吞咽它——每天十至十二杯。）他最终顺从了，也就是对自己的绝望处境不再怀疑。

"最大程度"地治疗现在变成了：别太痛苦。但牡蛎

1　贝尔滕森，医生，俄罗斯人。原注。

屠格涅夫庄园别墅里的工作室（1883 年）

还是牡蛎，随它去吧！

但是这个愿望也没能满足。11月，他搬到巴黎。到了1月，疼痛加剧了——没有吗啡就睡不着觉。在1月（1883年），他做了一个手术，"从肚子里割除了……'溃烂的李子'，医生称之为'神经瘤'"。他恭敬地重复着一个他不懂的词，认为手术最终会有疗效。他错了。是不是该割除它，这是医生的事。手术很成功。伤口很快就愈合了，没有引起并发症。但从那个1月，从这场手术开始，他的"旧"病开始以让人恐惧的力量在增长。喘息时机已经终结。疾病的进攻重又开始，而且兵力增加了三倍。现在不仅仅是肩膀和肩胛骨，整个背部、胸部都痛了，一切全都痛了，完全动不了。无论是牛奶、注射，还是机器，全都无济于事，起作用的只有吗啡。夏尔科这时只能安慰他：神经鞘发炎，所以很痛。

最后几卷，第六卷、第九卷……都经他手审校过。早在2月，在给格里戈罗维奇的信中，他就巧妙地、细腻地分析了《古塔珀奇男孩》：像这样的一些句子应该完全扔掉，应该改变冗繁的句式，故事里不必要的细节太多，等等。

但这已经是他最后一些亲笔写的信件了，后来改为口授。

*　　*　　*

春天，布日瓦尔，栗子树枝繁叶茂；画眉鸟在花园里蹦跶着。老维亚尔多死了。屠格涅夫坐着轮椅被人家从小屋里推出来——在春天的阳光下，他可以从远处向他那奇怪的"朋友"的骨灰鞠躬，他在他的巢边生活了四十年，与他平和地交谈、打猎，有时听到他对自己的著作发表毫无意义的评论。波琳娜并无伤感之情地埋葬了她的丈夫。第二天，她已经开始上课。屠格涅夫看着他的棺材，从楼上抬到大门口，再抬到河岸边，渐渐远去，此时此刻，他在想什么呢？

5月，他还可以写信给波隆斯基夫妇："我很久没给你们写信了，我亲爱的朋友们，再说我该写些什么呢？病情非但没有减轻，而且还在加剧。痛苦是永久的，无法忍受的——尽管天气格外晴朗——没有任何希望——对死亡的渴望与日俱增——我也只能请求你们，希望你们也能祝愿你们不幸的朋友的愿望实现。"

屠格涅夫就这样奄奄一息。他一生都在追求幸福，捕捉爱情却没能追上爱情。他没有找到幸福，他在痛苦中迎接死亡：他对人生所持的可怕看法似乎会得到证实。但事实上，它是无论如何也不会得到证实的，因为我们不知道他的最后命运，他存在的最后深度。我们只知道，这个布日瓦尔的夏天对于屠格涅夫和照顾他的维亚尔多来说都是可怕的。疼痛使他喊叫，只求一死。这种状况一直持续到8月。吗啡作用于他的大脑——一会儿觉得自己已经被毒死了，一会儿把波琳娜看成"麦克白夫人"。

临死的时候，他几乎认不出任何人来，却对着波琳娜一个人说（"她挪步到他跟前，他抖起精神"）：

"您就是女皇中的女皇！"

他于8月22日去世。他离开人世时，整个人都变了。不仅脸上没留下痛苦的痕迹，而且除了以一种新的方式呈现在他身上的美，他活着时所缺乏的意志、力量——虽然是温和的，甚至是温柔的，但总归是力量——都得到了令人惊异的表现。

有一张他躺在棺材里的照片：真的很英俊，也许他从来没这么英俊过。

1929—1931

译后记

　　翻译这本书是俄罗斯屠格涅夫研究家们的托付，也凝结了我的普希金俄语学院同学们的鼓励和期待。

　　那是 2004 年春节，公历 1 月 22 日，我当时正在普希金俄语学院访学，应邀前去屠格涅夫的斯帕斯科耶-卢托维诺沃庄园（亦称自然保护区博物馆），参加一年一度的俄罗斯屠格涅夫学术研讨会，会期三天。最后一天，六位同窗好友从普院赶来相聚，我们一同受到了庄园管理人员的热情接待。晚上，庄园经理列文带领领导班子用庄园待客风俗款待了我们，为我们送上了面包和盐，同时还给每位同学赠送了一份精美的精神食粮，就是摆在我们面前的扎伊采夫的《屠格涅夫传》。列文称这是截至目前俄罗斯屠格涅夫传记写得最好的一本。返回莫斯科途中，同学们迫不及待地将这本书翻开来一睹为快，似乎列车的颠簸也在为他们助兴，他们完全沉浸在如诗如画的文字中，感觉书写得十分吸引人，并一致鼓励我把这本书翻译出来以飨国内读者。回到莫斯科后，我和俄罗斯同行说起这本书，他们也对鲍里斯·扎伊采夫赞不绝口，说他的传记作家的声名就是因写作俄罗斯传统作家的系列传记而确立的，除了这本《屠格涅夫传》（1929—1931），还有《茹科夫斯基传》（1947—1949）、《契诃夫传》（1954），被公认为印象主义作家扎伊采夫为 19 世纪俄罗斯作家描画出的三联画。因为是侨民作家的作品，这本书长期遭禁，直到 80 年代中期才与俄罗斯读者见面。它是回归文学带给人们的文学传记经典，具有很高的阅读与重读价值。

鲍里斯·扎伊采夫是位才华卓著的小说家、剧作家、政论作家，曾任莫斯科作家联合会和救济会主席等职。十月革命期间他的亲人相继罹难，他本人也遭逮捕，后幸而获释。这使他难以理解和接受革命带来的社会变化，于 1922 年离开故土，辗转意大利、德国后，落脚法国的俄侨大本营巴黎，域外漂泊五十年，直至身死。在第一次侨民文学浪潮中他创下斐然的文学成就，曾任巴黎俄侨作家协会主席，其文学声名与布宁、列米佐夫比肩，同时，作为白银时代作家，他与梅列日科夫斯基、勃洛克等诸多象征派诗人交往密切，但有别于所有同辈作家与诗人的，是他对俄罗斯传统文学的坚定守护与继承。

《屠格涅夫传》是扎伊采夫 19 世纪作家传记三部曲的开篇，可以说，屠格涅夫是传记作家扎伊采夫最想写的，也是最先写的俄罗斯经典作家。俄罗斯将这三部曲合集出版时，也都是将《屠格涅夫传》放在最前面，它被公认为作家文学传记创作的核心之作。扎伊采夫对屠格涅夫持有特殊的感情和兴趣，缘由在于，屠格涅夫是他的同乡（奥廖尔是他的出生地，后在卡卢加州长大，奥廖尔至今还有以扎伊采夫名字命名的图书馆），由于秉性气质，他自幼就喜欢屠格涅夫，喜欢他的文笔和温文气质，还在没离开俄罗斯时，扎伊采夫已经为屠格涅夫写下若干随笔。另外，扎伊采夫与屠格涅夫的创作所涉主题相同，同时人生命运也接近，都是长期侨居国外，却又都热爱着俄罗斯，其作品都写有类似的远方游子的怀乡和对故乡大自然浸心刻骨的思念，而后都客死他乡。《屠格涅夫传》是用屠格涅夫的文笔在写屠格涅夫，运用文学与生活相依相连的理念来诠释屠格涅夫生平与创作的关系，从而成就了一部真正的文学传记杰作。在《屠格涅夫传》中，扎伊采夫以事实为基础，运用大量作家文本、信件、日记或回忆等，用诗一般的语言，却又不带渲染与夸张地书写屠格涅夫完整的情感生平，这是为俄罗斯屠格涅夫学奉献上的一份独特的屠格涅夫情感存档，从而有别于以往任何一本屠格涅夫传记著作；书中，扎伊采夫对屠格涅夫情感世界中的一众女性予以神话人物类型分类，同时辅以新的定位，并对屠格涅夫创作中的情感描写予以个性化解说，认为屠格涅夫乃情感王国的艺术家，并以政论手法对"西方派"代表屠格涅夫的故国情怀予以明证，栩栩如生地再现了屠格涅夫的故国亲朋、心爱女人，乃至庞大的俄罗斯和西欧同时代文学家、音乐家、文化活动家等的交际圈，从而说明，正是俄罗斯与欧洲的文学气场培育了作家完整的精神个性。

书中另一亮点是，扎伊采夫运用比较的手法写屠格涅夫，其间含有屠格涅夫与列夫·托尔斯泰、陀思妥耶夫斯基的比较，与别林斯基、赫尔岑、安年科夫的比较，与福楼拜、左拉等的比较，借此越发鲜明地凸显屠格涅夫的思想与艺术内涵，特别难得的是，就体裁、题材、思想与艺术等方面，扎伊采夫对屠格涅夫两副面孔的评说视角与象征派领袖人物梅列日科夫斯基不谋而合，且他在随笔中认定，屠格涅夫"女性的温柔"的书写也为索洛维约夫的"永恒的温柔"提供了启示和理论产生的基础。

《屠格涅夫传》1931年完稿于巴黎，1932年由巴黎"青年基督协会出版社"出版，但直至80年代中期回归文学兴起才与俄罗斯读者见面，旋即引发读者与研究家们的浓厚兴趣，称之为传记经典。同时因写作过程远离苏联意识形态纷扰，却又怀着对俄罗斯传统文学的深情厚谊，传记以崭新的视角、令人悦目的结构布局和令人信服的定论，让人们得以从今天的审美视角多方位领略屠格涅夫的情才双绝。

2023年是屠格涅夫逝世140周年，谨以此书表达对这位伟大俄罗斯作家的深情纪念。屠格涅夫是一位俄罗斯文学在欧洲的伟大鼓吹者，正是他让普希金、莱蒙托夫、陀思妥耶夫斯基、托尔斯泰等一批俄罗斯文学经典作家在欧洲声名远扬，同时他也结交了一大批欧洲一流作家，自己也在欧洲赢得了世界性文学声誉。就他对欧洲各国语言的掌握，扎伊采夫如是慨叹："他比欧洲人更欧洲。"他通晓法语、德语、意大利语、英语、西班牙语、拉丁语、老科恩语等，在给维亚尔多的一封短信里，总共六个单词，屠格涅夫用了六种语言，写尽了自己的五味杂陈，体现了作家卓绝的语言天才。这让译者也享受了大艺术家的语言盛宴，但同时也深感这本书的翻译难度之大。因为率性书写的扎伊采夫在书中高频率镶嵌进各种外语原文词汇，却不给出其意思，极少给出出处，甚至是世界范围内的艺术家，抑或作品名，只给出各语种原文，极少给出俄译。在此，衷心感谢一众学术同人的无私相助：我的俄国朋友 A.

Родионов、Р. Робертовна、Ю. Лиякхин、Т. Иванова、И. Беляева、Т. Ковина，吉尔吉斯斯拉夫大学的 Джумалиева Г.；我的本单位同人武瑷华教授，外国文学研究所法国文学研究专家车玲教授和法语系语言学的傅荣教授；还有我的莫斯科大学同学、北京大学赵桂莲教授。是他们以极大耐心，帮我翻阅大量工具书，追寻词汇与短语等的语种来处，精准认定每个外来词的确指，给了我继续翻译下去的信心与力量。

翻译这本书的过程，我领略了"痛，并快乐着"的幸福感觉，也有译笔艰涩的举步维艰，为此本人曾写下《自画像》自嘲：

每天就这么赤膊，
伏在热烘烘的书桌，
滚落的一颗颗汗珠，
不经意变成一个个字砣，
我吃力地盯着屏幕，
想知道自己敲上去的是什么。

汗水腌得我双眼发痛，
抹去它也就抹去了我的思索，
回头再看眼前，
仍旧是有形无神的杂货……

的确，本人全力以赴地翻译这本书时正是一年中最为炎热的时段。天气酷热，室内闷热，因为本人不喜欢用空调，汗水腌痛了双眼，常常是睁不开来，热汗泡得桌沿起皮，但我却苦中有乐，仍忘情于扎伊采夫的精彩描述。伴随扎伊采夫的文字，我跟一位好友叙说：我天天都为屠格涅夫揪心，天天都被屠格涅夫感动……

本书根据莫斯科《各民族友谊》1998年出版的《屠格涅夫传》（文学传记）译出，为便于读者阅读，本书附有书中人物姓名索引。

感谢广西师范大学出版社选中这本书，并在翻译过程中给予了大力帮助与支持，让我有了从新的视角认知屠格涅夫的机会。只惜译者水平有限，本书译文中的谬误和疏漏之处在所难免，敬请读者朋友予以指正。

王立业

2022年10月16日于中关村南大街40号院

译名简释

艾伯特，埃德蒙·弗朗索瓦·瓦伦丁（1828—1885）：法国作家，《十九世纪报》编辑。在巴黎屠格涅夫追悼会上发表过演讲。

阿克萨科夫，谢尔盖·季莫费耶维奇（1791—1859）：散文家、诗人、时评家，著有《奥伦堡省猎人笔记》（1852）、《家庭纪事》（1856）、《回忆》（1856）、《孙子巴格罗夫的童年》（1858）、《我与果戈理相识的经过》（1880）等。

阿克萨科夫，康斯坦丁诺维奇·谢尔盖耶维奇（1817—1860）：时评家、批评家、诗人、历史学家、语言学家，斯拉夫派领袖之一。С.Т.阿克萨科夫之子。

阿克萨科娃，维拉·谢尔盖耶夫娜（1819—1864）：著有回忆录《果戈理生命的最后几天》（1908）、《关于果戈理的信》（1936）和《日记》（1913），其中包含了有关屠格涅夫的有趣陈述。С.Т.阿克萨科夫之女。

安德森，阿道夫（1818—1879）：德国国际象棋大师，被称为19世纪中期世界最强棋手。

安年科夫，帕维尔·瓦西里耶维奇（1812—1887）：批评家、文学史家、散文家、回忆录作家，著有《普希金传记材料》（1855），以及《卓越的十年，1838—1848》（1880）、《文学回忆录》（1880）、《屠格涅夫的青春：1840—1856》（1884）、《与屠格涅夫通信六年：1856—1862》（1885）、《摘自六十年代与屠格涅夫书信》（1887）等。

安东科斯基，马克·马特维耶维奇（1843—1902）：乌克兰雕塑家。

安东诺维奇，马克西姆·阿列克谢耶维奇（1835—1918）：批评家、时评家，曾在《现代人》杂志工作，对屠格涅夫的创作持有偏见。

阿尼姆，贝蒂娜·冯（1785—1859）：原姓布伦塔诺，德国女作家。著有《歌德与一个孩子的通信》（1835）、《冈德洛德》（1840）。

巴枯宁，米哈伊尔·亚历山大罗维奇（1814—1876）：哲学家、时评家、无政府主义思想家，巴枯宁兄弟中的老大。

巴枯宁兄弟姐妹：亚历山大、亚历山德拉、尼古拉、帕维尔、塔吉娅娜（屠格涅夫的朋友）。

巴拉丁斯基，叶甫盖尼·阿布拉莫维奇（1800—1844）：俄国诗人。

别林斯基，瓦西里昂·格里高利耶维奇（1811—1848）：哲学家、文学评论家、革命民主主义者。

别林斯卡娅，玛利亚·瓦西里耶芙娜（1812—1890）：奥廖尔人，别林斯基的妻子。

别涅季克托夫，弗拉基米尔·格里高利耶维奇（1807—1873）：诗人、翻译家。最初屠格涅夫十分欣赏他，后来在别林斯基的影响下改变了对他的看法。"你知道吗？"他于1856年12月16日写信给托尔斯泰，"我在杂志的包皮上吻了马尔林斯基的名字——在本尼迪克托夫的诗集上哭着拥抱格拉诺夫斯基——听说开始同他们作斗争的别林斯基很傲慢，我感到非常愤怒。"

本肯多夫，亚历山大·赫里斯托弗罗维奇（1781或1783—1844）：伯爵、骑兵上将，镇压十二月党人起义的参与者。1826年起任宪兵司令和御前办公厅第三厅厅长。

别斯图热夫（马尔林斯基），亚历山大·亚历山大罗维奇（1797—1837）：散文家、诗人、批评家，北方十二月党人协会最积极成员之一。

鲍里索夫，伊万·彼得罗维奇（1832—1871）：姆岑斯克地主，与屠格涅夫和费特（伊万的妹夫）私交甚好。

鲍特金，瓦西里·彼得罗维奇（1811—1869）：批评家、时评家、翻译家，著有《西班牙信札》（1857）；别林斯基和赫尔岑朋友。

布柳洛夫，卡尔·帕夫洛维奇（1799—1852）：风景画家。

卡利亚，维尔戴尔（1806—1893）：德国哲学家与戏剧家。

维亚尔多，克拉迪（1852—1914，即"迪迪"、克拉夫迪娅）：嫁于沙穆罗。路易与波琳娜的女儿。

弗里德里希，威廉·路德维希（1797—1888）：普鲁士王国国王（1861年1月2日—1888年3月9日在位），1871年1月18日加冕为德意志帝国第一任皇帝。

维亚尔多，路易（1800—1883）：散文家、批评家、回忆录作家、翻译家，波琳娜·维亚尔多的丈夫。

维亚尔多，米舍尔·费尔南达·波琳娜（1821—1910）：原姓加西亚，法国女歌唱家和作曲家；屠格涅夫的朋友。

维亚尔多，路易莎·波琳娜·玛利娅（1841—1918）：路易与波琳娜的大女儿，嫁于艾利特格·德·利亚·屠尔。

维亚尔多，玛丽安娜（1854—1913）：路易与波琳娜的女儿，嫁于杜维尔驽阿。

维亚尔多，波尔（1857—1941）：小提琴家；路易与波琳娜的儿子。

沃夫丘克，马尔科（1833—1907，真名：玛利亚·亚历山大罗芙娜·韦林斯卡娅-马尔科维奇）：乌克兰与俄罗斯女作家。

沃耶伊科夫，亚历山大·费多罗维奇（1778或1779—1839）：诗人、翻译家、批评家、出版商、记者。

弗列夫斯卡娅，尤利娅·彼得罗芙娜（1841—1878）：男爵夫人。原姓瓦尔帕霍夫斯卡娅，是弗列夫斯基将军的妻子。弗列夫斯基是屠格涅夫的密友，于 1858 年死于高加索；弗列夫斯卡娅死于 1877—1878 年的俄土战争，死前为战地护士。屠格涅夫曾经为她写过一首散文诗《纪念弗列夫斯卡娅》。1958 年懂得感恩的保加利亚人在普莱文斯出版了一本书，里面有关于女英雄的文件和故事。这份出版物中包括屠格涅夫散文中的一首诗和他写给她的许多书信节选，以及 Я.П.波隆斯基的一首诗《红十字下》。

弗谢沃洛日斯基，尼基塔·尼基季奇（1846—1896）：萨维娜的第二任丈夫。

加西亚，马努埃尔（1775—1832）：西班牙著名男高音歌唱家和音乐教育家，波琳娜·维亚尔多的父亲与老师。

盖杰奥诺夫，亚历山大·米哈伊洛维奇（1790—1867）：1833—1858 年间皇家剧院经理。

盖杰奥诺夫，斯捷潘·亚历山大罗维奇（1815—1878）：戏剧家，1867—1875 年间皇家剧院经理。盖杰奥诺夫的儿子。

黑尔韦格，格奥尔格（1817—1875）：德国革命民主主义诗人。

赫尔岑，亚历山大·伊万诺维奇（1812—1870）：俄国哲学家、作家、革命家。

赫尔岑，娜塔莉亚·亚历山大罗夫娜（1817—1852）：原姓扎哈尔英娜，赫尔岑的妻子。

赫尔岑，娜塔莉亚·亚历山大罗夫娜（塔塔，1844—1936）：赫尔岑的女儿。

赫尔岑，奥尔加·亚历山大罗夫娜（1850—1953）：嫁于莫诺；赫尔岑的女儿。

格鲁克，克里斯托弗·威利巴尔德（1714—1787）：德国作曲家。

冈察洛夫，伊万·亚历山大罗维奇（1812—1891）：作家，代表作有《平凡的故事》《奥勃洛莫夫》《悬崖》等。

霍夫曼，恩斯特·西奥多·阿玛迪斯（1776—1822）：德国作家、作曲家。

格拉诺夫斯基，季莫菲·尼古拉耶维奇（1813—1855）：历史学家、莫斯科大学教授，俄罗斯西方派首领。

格列苯卡，叶甫盖尼·帕甫洛维奇（1812—1848）：散文家，俄语与乌克兰语诗人。

格列赛尔，彼得·阿潘洛诺维奇（1833—1892）：从 1882 年起任彼得堡市行政长官。

格利鲍耶陀夫，亚历山大·谢尔盖耶维奇（1795—1829）：19 世纪初期俄国的剧作家。他出身贵族家庭，毕业于莫斯科大学。代表作：喜剧《聪明误》（又译《智慧的痛苦》）。

格里戈罗维奇，德米特里·瓦西里耶维奇（1822—1899）：散文家、回忆录作家，著有《文学回忆录》（1892—1893）。屠格涅夫与其相识于 1846 年 4 月。格里戈罗维奇最先站出来支持刚刚出道的契诃夫。

詹姆斯，亨利（1843—1916）：美国作家，屠格涅夫的崇拜者。

杜勃罗留波夫，尼古拉·亚历山大罗维奇（1836—1861）：文学批评家、政论家。

德鲁日宁，亚历山大·瓦西里耶维奇（1824—1864）：散文家、批评家、翻译家。

季雅科夫，瓦尔瓦拉·亚历山大罗芙娜（1812 年生）：原姓巴枯宁娜·杜维尔弩阿，见"玛丽安娜·维亚尔多"。

日托娃，瓦尔瓦夫卡·尼古拉耶芙娜（1833—1900）：屠格涅夫母亲的养女，著有《屠格涅夫家事回忆录》（1884）。

茹科夫斯基，瓦西里·安德烈耶维奇（1783—1852）：诗人、翻译家。

扎戈斯金，米哈伊尔·尼古拉耶维奇（1789—1852）：作家、戏剧家。

卡尔德隆，德·拉·巴尔卡·佩德罗（1600—1681）：西班牙巴洛克戏剧家。他的创作标志着巴洛克文学达到高峰。

康杰米尔，安齐奥赫·德米特里耶维奇（1708—1744）：诗人，著有《讽刺诗》。

卡拉特金，彼得·安德烈耶维奇（1805—1879）：喜剧演员和轻松喜剧作家（写有 68 个剧本），著有《回忆录》（1880）。

科瓦列夫斯基，马克西姆·马克西莫维奇（1851—1916）：历史学家、社会学家，莫斯科大学教授。著有回忆录特写集《回忆屠格涅夫》《屠格涅夫的巴登时期》和《在国外》。

科兹洛夫，伊万·伊万诺维奇（1779—1840）：抒情诗人；1821 年失明。

柯里佐夫，阿列克塞·瓦西里耶维奇（1809—1842）：诗人。

科尼，安纳托里·费多罗维奇（1844—1927）：司法活动家、文学家，写有《彼得堡屠格涅夫葬礼回忆》与《契诃夫回忆》等书。

库德里亚绍夫，波尔菲利·季莫费耶维奇：瓦尔瓦拉·彼得罗夫娜的家庭医生。

库科里尼克，涅斯托尔·瓦西里耶维奇（1809—1868）：戏剧家、散文家、诗人、艺术批评家、记者，其长篇小说《怀疑》《摇篮曲》《云雀》，系列作品《告别"彼得堡"》等，至今广为流传。

库罗奇金，瓦西里·斯捷潘诺维奇（1831—1875）：讽刺诗人，《星火》杂志出版人（1859—1873）。

拉夫罗夫，武科尔·米哈伊洛维奇（1852—1912）：（从1880 年起）《俄罗斯思想》杂志的编辑与发行者，契诃夫在此杂志发表了许多文章。

拉夫罗夫，彼得·拉夫罗维奇（1832—1900，笔名"П. 米尔托夫"）：哲学家、社会学家和时评家、民粹派思想家，著有《历史信札》（1870）。

拉姆拜尔特，伊丽莎白·叶戈罗芙娜（盖奥尔吉耶夫娜）（1821—1883）：财政部部长康克林伯爵的女儿，将军拉姆拜尔特伯爵（1809—1879）的妻子；屠格涅夫的近友。现存 115 封屠格涅夫写给伯爵夫人拉姆拜尔特的信件。

罗蒙诺索夫，米哈伊尔·瓦西里耶维奇（1711—1765）：科学家、诗人、语言学家和哲学家。

卢托维诺沃，伊万·伊万诺维奇（1753—1813）：屠格涅夫母亲的叔父，斯帕斯科耶-卢托维诺沃庄园组建者。

马利勃朗，玛利亚·菲利希娅（1808—1836）：原姓加西亚，法国歌剧演唱家，波琳娜·维亚尔多的姐姐。

马斯洛夫，伊万·伊里奇（1817—1891）：社会活动家；别林斯基1848年小组聚会的参加者。

梅里美，普罗斯佩（1803—1870）：法国作家，曾翻译屠格涅夫作品。屠格涅夫与梅里美相识并相处于1857年初，于伦敦。两位作家通信多年，现存有96封屠格涅夫致梅里美的信，1817年梅里美住宅发生火灾，屠格涅夫信件化为灰烬。

米克卢霍-马克莱，尼古拉·尼古拉耶维奇（1846—1888）：民族志学者与旅行家，著有若干关于屠格涅夫的回忆录。

蒙塔朗贝尔，夏尔·福布斯·勒内（1810—1870）：法国政治活动家；贵族院议员、制宪会议和立法会议成员、天主教党领袖。

摩菲，保罗·查尔斯（1837—1884）：美国国际象棋大师。

穆尔，托马斯（1779—1852）：爱尔兰诗人。

穆罗姆采夫，谢尔盖·安德烈耶维奇（1850—1910）：律师、时评家。

尼古拉耶夫，穆辛-普希金·米哈伊尔（1795—1862）：1845年至1856年任彼得堡书刊检查委员会主席和彼得堡学区督学。

涅维罗夫，亚努阿里·米哈伊洛维奇（1810—1893）：格拉诺夫斯基和斯坦凯维奇的朋友；1838—1839年间和屠格涅夫一起成为柏林大学学生。

涅克拉索夫，尼古拉·阿列克谢耶维奇（1821—1877）：诗人，革命民主主义者。

奥陀耶夫斯基，弗拉基米尔·费多罗维奇（1803—1869）：散文家、美学家、文学与音乐批评家、作曲家；文学沙龙主人，正如舍维廖夫发现，在奥陀耶夫斯基的沙龙沙发上难舍难离的是整个俄罗斯文学。

奥佩库申，亚历山大·米哈伊洛维奇（1838—1923）：雕塑家。作品有莫斯科普希金纪念碑（1880）、比亚蒂戈尔斯克莱蒙托夫纪念碑（1889）等。

奥斯特洛夫斯基，亚历山大·尼古拉耶维奇（1823—1886）：著名戏剧作家，代表作《钢铁是怎样炼成的》。

帕纳耶夫，伊万·伊万诺维奇（1812—1862）：记者、作家，和涅克拉索夫一同担任《现代人》杂志编辑。

帕纳耶娃，阿芙多吉娅·雅科夫列芙娜（1820—1893）：原姓布里扬斯卡娅，第二次婚姻中姓格罗瓦乔娃，作家（笔名斯坦尼茨基）；著有《回忆录》（1889，1972）。

皮塞姆斯基，阿列克塞·费奥菲拉克托维奇（1821—1881）：小说家、散文家。

皮奇，卡尔·阿道夫·路德维希（1824—1911）：德国文学家、批评家、艺术家、回忆录作家，用安年科夫的话说，他"将在自己祖国普及屠格涅夫的创作作为自己一生的任务"。

普列维，维雅切斯拉夫·康斯坦丁诺维奇（1846—1904）：自1902年起任内务部部长和宪兵军团头目，后被社会革命党击毙。

普列特涅夫，彼得·亚历山大罗维奇（1792—1865）：诗人、批评家、出版家，彼得堡大学俄罗斯语言文学教授。

波隆斯基，约瑟芬·安东诺夫娜（1844—1920）：雕塑家，诗人 Я.П. 波隆斯基的第二任妻子。

波隆斯基，雅科夫·彼得罗维奇（1819—1898）：诗人，屠格涅夫的朋友；著有屠格涅夫回忆录。

勒南，欧内斯特（1823—1892）：法国作家、历史学家和东方学语文学家，法兰西学院院士。在巴黎屠格涅夫追悼会上发表演讲。

萨维娜，玛丽亚·加夫里洛夫娜（1854—1915）：演员，与屠格涅夫过从甚密并有书信来往；写有屠格涅夫回忆录。有关这段友情的历史请参见科尼回忆录《屠格涅夫与萨维娜》（作者一开始称自己的作品为《屠格涅夫最后的爱情》）。

圣维克托，保罗·德（1825—1881）：法国唯美主义作家、戏剧与艺术评论家。

圣伯夫（1804—1869）：法国文学评论家、诗人。

谢洛夫，亚历山大·尼古拉耶维奇（1820—1871）：作曲家、音乐批评家。

索洛维约夫，弗拉基米尔·谢尔盖耶维奇（1853—1900）：哲学家、诗人、时评家。

斯坦凯维奇，尼古拉·弗拉基米罗维奇（1813—1840）：哲学家、诗人，莫斯科文学哲学小组（1831—1839）组建者，加入这个小组的有阿克萨科夫、巴枯宁、别林斯基、鲍特金、格拉诺夫斯基、卡特科夫、萨马林等。

斯塔修列维奇，米哈伊尔·马特维耶维奇（1826—1911）：历史学家、记者、《欧洲导报》与报纸《秩序》的发行人与编辑。

斯温伯恩，阿尔加侬·查尔斯（1837—1909）：英国诗人、剧作家、文学评论家，吟咏对象是感觉和对享受的渴望。

苏马罗科夫，亚历山大·彼得罗维奇（1717—1777）：诗人、剧作家，俄罗斯第一本文学杂志《勤劳的蜜蜂》的发行人。

托波洛夫，亚历山大·瓦西里耶维奇（1831—1887）：屠格涅夫近友。

屠格涅夫，亚历山大·米哈伊洛维奇（1772—1862）：俄罗斯官员，医学部执政长官，托博尔斯克公民总督。O．A．屠格涅娃的父亲。

屠格涅夫，尼古拉·伊万诺维奇（1789—1871）：散文家、历史学家、经济学家，和屠格涅夫以及许多文化科学活动家过从甚密。作为十二月党人秘密协会奠基人之一曾经准备接受绞刑（没有到场，因为他成功乔迁国外）。他的官职与贵族身份于1864年得到恢复。

屠格涅夫，尼古拉·尼古拉耶维奇（1795—1881）：掌管屠格涅夫庄园的本家叔叔。

屠格涅夫，尼古拉·谢尔盖耶维奇（1816—1879）：作家的哥哥。

屠格涅夫，谢尔盖·伊万诺维奇（1791—1827）：А.И.屠格涅夫患有精神疾病的哥哥，死于巴黎。

屠格涅夫，谢尔盖·尼古拉耶维奇（1793—1834）：作家的父亲。

屠格涅娃，瓦尔瓦拉·彼得罗夫娜（1780—1850）：原姓卢托维诺娃，作家的母亲。

屠格涅娃，波琳娜（别拉盖娅）·伊万诺夫娜（1842—1919）：嫁于布柳耶尔；作家的女儿。

屠格涅娃，奥尔加·亚历山大罗夫娜（1836—1872）：嫁于索莫夫；作家的远亲。

图奇科夫，阿列克塞·亚历山大罗维奇（1800—1879）：将军，年轻时与十二月党人亲近；奥加廖夫和赫尔岑的朋友。

图奇科娃–奥加廖娃，娜塔莉娅·阿列克谢耶芙娜（1829—1913）：奥加廖夫的妻子，后来与赫尔岑姘居。著有《回忆录》（1959）。

丹纳，伊波利特（1828—1893）：法国历史学家、哲学家、文艺理论家。

丘特切夫，尼古拉·尼古拉耶维奇（1815—1878）：屠格涅夫的朋友，于1850—1853年间掌管他的斯帕斯科耶庄园。

丘特切夫，费德罗·伊万诺维奇（1803—1873）：哲理诗人。

丘特切娃，亚历山德拉·彼得罗夫娜（1822—1883）：丘特切夫的妻子。

恩泽，瓦恩哈根·冯（1785—1858）：德国作家，曾与屠格涅夫相遇。

费奥柯基斯托夫，叶甫盖尼·米哈伊洛维奇（1829—1898）：历史学家，1883年起任印刷业总管理局局长。著有回忆录《在政治与文学之幕后：1848—1896》。

阿法纳西耶维奇，费特·阿法纳西（父姓申欣，1820—1892）：19世纪唯美主义代表诗人。

费希特，约翰·戈特利布（1762—1814）：德国哲学家。

弗罗洛夫，尼古拉·格里高利耶维奇（1812—1855）：地理学家、翻译家，杂志《地球科学与旅行商店》发行人；与斯坦凯维奇小组亲近。

赫拉斯科夫，米哈伊尔·马特维耶维奇（1733—1807）：诗人、剧作家。

霍夫林一家：尼古拉·瓦西里耶维奇，奔萨地主；妻子玛利亚·德米特里耶芙娜（1801—1877），女儿亚历山德拉·尼古拉耶芙娜（1823—1901），是儿童文学作家，嫁于巴赫梅季耶夫。

霍米亚科夫，阿列克塞·斯捷潘诺维奇（1804—1860）：诗人、政论家，斯拉夫学派创始人之一。

恰达耶夫，彼得·雅科夫列维奇（1794—1856）：作家、哲学家，著有《哲学书简》。

夏尔科，让-马丹（1825—1893）：法国医生，神经病理学和心理疗法创始人。

施密特，海因里希·朱利安（1818—1886）：德国批评家。

谢普金，米哈伊尔·谢苗诺维奇（1788—1863）：莫斯科小剧院著名演员，在屠格涅夫多个剧本中扮演角色。

埃德蒙，沙尔（1822—1877）：真名卡尔·埃德蒙德·霍耶茨基，法国时评家、波兰侨民。

我思，我读，我在

Cogito, Lego, Sum